体育教学训练方法
创新与应用

白玉雪　罗康荣　谢孟楠◎著

吉林文史出版社

图书在版编目（CIP）数据

体育教学训练方法创新与应用 / 白玉雪，罗康荣，谢孟楠著 . -- 长春：吉林文史出版社，2023.6
ISBN 978-7-5472-9488-8

Ⅰ . ①体… Ⅱ . ①白… ②罗… ③谢… Ⅲ . ①体育教学—教学研究 Ⅳ . ① G807.01

中国国家版本馆 CIP 数据核字（2023）第 116003 号

TIYU JIAOXUE XUNLIAN FANGFA CHUANGXIN YU YINGYONG

书　　名	体育教学训练方法创新与应用
作　　者	白玉雪　　罗康荣　谢孟楠
责任编辑	陈　昊　张　蕊
出版发行	吉林文史出版社有限责任公司
地　　址	长春市福祉大路 5788 号
网　　址	www.jlws.com.cn
印　　刷	北京四海锦诚印刷技术有限公司
开　　本	787mm×1092mm　16 开
印　　张	16.75
字　　数	397 千字
版　　次	2023 年 6 月第 1 版　2023 年 6 月第 1 次印刷
定　　价	52.00 元
书　　号	ISBN 978-7-5472-9488-8

前　言

在体育教育过程中，促进体育教学和运动训练的协调发展，具有十分重要的意义，两者之间的相互性，为体育教学和运动训练的协调发展提供了理论依据。在实际体育教学过程中，通过对现状进行分析，能够明确体育教学训练过程中出现的问题，在此基础上进行深入分析并且提出相应的解决策略，探讨促进体育教学训练协调发展的新路径，才能有效提高体育教学训练实效性，使人们提高自身的体育运动技能，丰富体育运动理论知识，进而有效促进自身的全面发展。

基于此，本书以"体育教学训练方法创新与应用"为题，全书共设置十二章：第一章，阐述体育与体育教学、体育教学改革创新的背景、体育运动训练的特性及其影响因素、体育运动训练的发展趋势；第二章，分析体育教学的目标、内容、原则与环境；第三章，讨论体育教学训练的传统方法、体育教学方法的视角创新、体育教学方法的选择与优化；第四章，通过体育教学微课、慕课、混合式教学与翻转课堂教学模式，探讨互联网背景下体育教学的方法创新应用；第五章，论述体育训练的项群理论、体育训练的工程规划、体育训练的基本原则、体育训练的主要方法；第六章，阐述创新思维及其在体育训练中的生成、体育训练中的创新思维应用、体育科学化训练及疲劳消除；第七章，研究体育教学训练的实践应用，包括田径项目、羽毛球项目、篮球项目与排球项目；第八章、第九章与第十章，探讨体育精神、女排精神与篮球精神；第十一章，研究课程思政的内涵、体育课程思政及其实践策略、中华体育精神融入体育课程思政建设的时代意蕴与路径、女排精神融入体育课程思政的潜在逻辑与驱动效应探索；第十二章，从新媒体、物联网与虚拟现实方面，探究互联网时代体育教学训练的创新实践。

本书有三大特色：一是将理论与实践相结合，力求做到理论精练、实践性强，满足广大体育教学工作者的现实需求；二是注重章节之间的逻辑性、连贯性等，从而确保体育教学训练的完整性和系统性；三是所涵盖的内容全面，有助于读者更好地理解与应用。

本书共十二章，其中第一作者负责一、二、三、四章内容撰写，计 10 万字；第二作者负责五、六、七章内容撰写，计 7 万字；第三作者负责八、九、十、十一、十二章内容撰写，计 12 万字。

本书的撰写得到了许多专家学者的帮助和指导，在此表示诚挚的谢意。由于笔者水平有限，加之时间仓促，书中难免有疏漏与不严谨之处，希望各位同行、专家、教师提出宝贵意见。

目　录

第一章　体育教学训练基础 ……………………………………………… 1

　　第一节　体育与体育教学 …………………………………………… 1

　　第二节　体育教学改革创新的背景 ………………………………… 8

　　第三节　体育运动训练的特性及其影响因素 ……………………… 15

　　第四节　体育运动训练的发展趋势 ………………………………… 26

第二章　体育教学的原理阐释 …………………………………………… 30

　　第一节　体育教学的目标 …………………………………………… 30

　　第二节　体育教学的内容 …………………………………………… 32

　　第三节　体育教学的原则 …………………………………………… 39

　　第四节　体育教学的环境 …………………………………………… 42

第三章　体育教学的方法及其优化 ……………………………………… 48

　　第一节　体育教学训练的传统方法 ………………………………… 48

　　第二节　体育教学方法的视角创新 ………………………………… 54

　　第三节　体育教学方法的选择与优化 ……………………………… 66

第四章　互联网背景下体育教学的方法创新应用 ……………………… 73

　　第一节　体育教学微课方法的创新应用 …………………………… 73

　　第二节　体育教学慕课教学模式的创新应用 ……………………… 78

　　第三节　体育教学混合式教学模式的创新应用 …………………… 84

　　第四节　体育教学翻转课堂教学模式的创新应用 ………………… 88

第五章　体育训练的体系与方法 ·· 92

第一节　体育训练的项群理论 ·· 92

第二节　体育训练的工程规划 ·· 95

第三节　体育训练的基本原则 ·· 104

第四节　体育训练的主要方法 ·· 107

第六章　体育训练创新及疲劳消除 ·· 113

第一节　创新思维及其在体育训练中的生成 ·· 113

第二节　体育训练中的创新思维应用 ·· 115

第三节　体育科学化训练及疲劳消除 ·· 117

第七章　体育教学训练的实践应用 ·· 125

第一节　田径运动项目与训练 ·· 125

第二节　羽毛球技术教学与训练 ·· 135

第三节　篮球教学方法与体能训练 ·· 139

第四节　排球运动教学与心理训练 ·· 144

第八章　体育教育中的体育精神 ·· 155

第一节　体育精神的内涵解读 ·· 155

第二节　体育精神的价值选择 ·· 161

第三节　体育精神的内容与特性 ·· 166

第四节　体育精神的发扬与传承 ·· 170

第五节　体育精神融入体育教育的途径 ·· 176

第六节　排球教学中学生体育精神的有效培育 ·· 178

第九章　体育教育中的女排精神 ·· 180

第一节　女排精神的本质 ·· 180

第二节　女排精神的影响 ·· 184

第三节　女排精神的价值实现 ·· 192

第四节　体育排球教学中女排精神的渗透 ·· 197

第十章　体育教育中的篮球精神 ·················· 205

第一节　篮球精神的内涵与载体 ·················· 205

第二节　篮球精神的体现——篮球文化 ·················· 208

第三节　篮球精神文化的功能特性 ·················· 219

第四节　篮球精神文化对体育教育的促进 ·················· 229

第十一章　体育课程思政建设与精神融入 ·················· 232

第一节　课程思政的内涵阐释 ·················· 232

第二节　体育课程思政及其实践策略 ·················· 237

第三节　中华体育精神融入体育课程思政建设的时代意蕴与路径 ·················· 244

第四节　女排精神融入体育课程思政的潜在逻辑与驱动效应探索 ·················· 250

第十二章　互联网时代体育教学训练的创新实践 ·················· 253

第一节　新媒体时代体育教学的创新实践——以健美操为例 ·················· 253

第二节　物联网在体育训练中的应用 ·················· 254

第三节　虚拟现实在体育训练中的创新实践 ·················· 255

参考文献 ·················· 257

第一章　体育教学训练基础

第一节　体育与体育教学

一、体育

(一) 体育的特征

文明社会进入到一定发展阶段，出现了现代体育，作为在社会各个阶层和各个领域都得到了普及的艺术形式，现代体育主要表现出以下基本特征：

1. 国际化特征

作为在国际范围内普遍存在的社会现象，学校体育教育、公众自发性体育活动及体育赛事等从不同的角度完善、发展了现代体育的理论性和实践性，使之得到了不同程度的国际化渗透。

2. 社会化特征

现代体育的社会化是指由全社会来兴办体育，发挥现代体育的社会功能，使体育成为一项社会活动。在我国，现代体育并未像发达国家一样呈现产业化趋势，政府包办为主、逐步面向多元化社会管理仍然是现代体育在我国的发展状态，但实际上，现代体育已经不仅仅承担着强身健体的社会职能，还开始逐步地改变人们的生活方式和生活质量。

具体来讲，现代体育的社会化主要表现在以下三个方面：

(1) 竞技体育的社会化，即以个人或企业牵头成立的某体育项目俱乐部或以产业系统为核心建立的体育协会等。

(2) 大众体育的社会化，即人们开始积极参与体育项目、投资体育活动或增加在体育活动上的消费支出。

(3) 学校体育的社会化，即学校体育场馆面向社会大众开放以及学校利用社会体育基础设施开展体育教学等现象。

3. 科学化特征

现代体育的科学化是指体育管理、体育锻炼、体育训练和体育教学等方面得益于现代科学技术发展呈现出的基本属性，其中，尤以体育运动训练的科学化属性最为突出，从优秀体育人才的选拔到科学的训练方案制订、体育成绩预判以及医务监督等过程都需要在科学技术的支持下完成。同时，体育运动训练和体育赛事对电子计算机、激光和遥测空间技术等的引用，都为现代体育增加了科学化的色彩。

4. 商业化特征

现代体育的商业化是促使体育运动适应于现代社会的有利因素，主要包括体育活动的投入、出于商业性收益的运动员转让、电视转播权、赛事门票、广告收益、体育活动场所及基础设施有偿使用等内容。

（二）体育的类型

1. 学校体育

学校体育是在各个学校开展的有目的的体育教育活动，旨在提高学生身体素质，教授体育知识、技能等，同时也可以培养学生的意志品质。学校体育是体育的一部分，也是教育的一部分。我国体育事业的发展离不开学校体育。学校体育教育的主要目的是锻炼学生的身体、增强体质，培养学生的意志品质以及终身体育的思想。学校体育由体育课、课外体育活动、体育训练和课外比赛竞技四个部分组成。

2. 竞技体育

竞技体育可以最大限度地激发人们的潜能，使人们的体格、体能、心理、运动技能等能力得到锻炼。人们为了在比赛中获得好成绩，会进行一系列科学训练和比赛，这些都属于竞技体育的一部分。竞技体育是文化领域中特殊部分之一，在体育领域中占有最高地位，也是世界体育文化的主体，在大众文化中也具有很高的地位。竞技体育将人体的能力发挥到极限，观赏性和感染力较强。同时，竞技体育也可以凝聚、团结民族力量，振奋民族精神。

3. 社会体育

社会体育主要是人民群众为了锻炼身体、进行康复训练、休闲娱乐等而进行的体育活动，它的形式多样，受众广泛。社会体育主要群体是人民群众，涉及社会生活的各个领域，包含的内容也十分多样，比如娱乐体育、休闲体育、养生体育、医疗体育等。当今社会，人们不断提高对自身的发展重视程度，对自身知识水平和身体素质要求也更高。身体素质主要是围绕身体健康、体形、精神状态和自身气质等，人们会选择进行社会体育和学校体育活动来提高身体素质。

（三）体育的功能

体育的功能产生于体育的本质和社会的需要，并从促进社会物质文明和精神文明中表现出来。体育的功能具体如下：

1. 健身功能

体育是以身体的直接参与来表现的，这是体育最本质的特点，它决定了体育的健身功能。

（1）改善大脑供血和供氧，提高中枢神经系统的适应能力，能使人心情舒畅，调节社会、生活和工作的压力。

（2）促进人体的生长发育，加速新陈代谢。

（3）对人体内脏器官构造的改善有着积极的作用。

（4）刺激骺软骨的增生，促进骨骼的生长。

（5）提高肌肉的工作能力。

（6）提高人体的免疫力、抗疾病能力和心理承受能力。

（7）提高对自然环境和社会环境的适应能力，预防疾病，延缓衰老。

2. 娱乐功能

体育运动既可以帮助人们提高身体素质，也可以获得精神上的愉悦，陶冶情操，人们可以在运动中暂时放下繁忙的工作，让身心获得暂时的休息。实现体育娱乐功能的主要途径是参观和参与。体育运动具有极高的观赏性，尤其是高水平的竞技体育活动，能够展现出力量与速度的完美结合，让观众欣赏到人体力量和运动之美。另外，体育活动可以让参与者彼此相互配合，在与他人的竞技中获得不一样的身心体验，娱乐自身。

3. 社会化功能

人的社会化就是个体社会化，是人从生物的人变为社会的人的过程。而在这一转变过程中，体育运动扮演着重要角色。人们学会的基本生活技能都是通过体育运动获得的，刚出生婴儿的被动体操，儿童的打闹嬉戏，长大后适应社会，等等，都需要通过体育活动获得。人们在进行体育运动时，必须遵守体育规则，通常由教师或教练告知规则并进行监督，这一过程就是让人们养成遵守社会规则的行为习惯。

体育运动具有社会性，在体育运动中，人们相互交流，彼此默契配合，可以促进人际交往，提高人们的沟通能力。为了促进人类社会健康发展，就要在社会各类人群中普及健康和体育运动相关知识，使青少年、中年人、老年人等不同年龄段的人，都能通过获得体育知识，并进行健康的体育活动，培养健康的生活方式。在促进个体社会化方面，体育已经深入社会生活的方方面面，扮演着重要的角色。

4. 教育功能

体育是教育的重要组成部分，体育的教育功能也是它最基础的功能。人们参与各类体育活动的同时也在接受教育，无论是在学校、俱乐部还是训练场以及其他各类场所的锻炼，都会有教师、教练和同伴进行指导和教授。尤其在校学生处于身体生长发育阶段，也处于世界观、价值观的形成时期，进行体育运动，不仅可以提高学生身体素质，增强体质，而且还可以让学生接受意志品质和思想道德规范等方面的教育。

同时，体育具有群体性、国际性、礼仪性和竞技性等特点，可以向人们传递某种价值观。此外，还可以激发群众的爱国热情，增强民族凝聚力，教育人们积极健康发展。人们在观看体育比赛和参与体育活动过程中也会受到社会的影响，接受社会教育。

5. 政治功能

体育和政治客观上相互关联，体育在政治中主要有两个作用：①在国际比赛和交流中具有重要作用；②在群众体育中具有重要作用。

国际比赛可以反映出一个国家的实力，从一个国家竞技体育水平的高低，可以看出一个国家政治、经济、文化等方面的发展情况。在竞技比赛中取得胜利可以增强人们的民族自豪感。此外，体育还可以增进不同国家之间的文化交流，服务于外交，通过国际比赛连接不同国家，促进交流合作和友好往来。

6. 经济功能

经济发展为国家发展提供物质保障，体育的发展也离不开经济的支持。一个国家的体育运动发展情况通常可以反映出这个国家经济发展水平。经济发展促进体育发展，体育运动的发展又可以推动经济进步。如今，体育作为第三产业，在经济中的地位日益提升，与商品经济联系日益紧密。体育运动主要从两个方面获得经济收益：一方面，大型运动会，通过售卖门票、印发纪念币、邮票、体育彩票等获得收益；另一方面，日常体育活动，利用体育设施，组织热门体育项目比赛，开展娱乐体育活动，售卖体育服装、体育设施，同时组织旅游活动，体育咨询等来获得经济收益。

二、体育教学

体育在整个教育过程中具有不可替代性，体育是学校教育的重要组成部分，同时又具有体育的属性和功能，是促进学生全面发展的重要手段。体育属于教育学和体育学下的学科层次，所以体育和教育有相同的属性。一方面，学校教育的构成包括学校体育，因此二者的目标是相同的；另一方面，体育中也包含学校体育。

因此，体育的属性也应被学校体育展现得淋漓尽致，通过基本的身体运动和练习，强健体魄，加强人体机能，让学生的身心得到更好发展。总的来说，通过基本的身体运动和练习，运用科学的培育方式提高学生身体机能，让德、智、体、美在人心理和生物潜能不断开发的过程中得到发展，实现身体和心理的健康，就是学校体育的目标，也是教学发展的总目标。

（一）体育教学的任务

"学生的体质是学校为社会培养人才的一个重要保证，作为高等教育的重要组成部分，学校体育的重要性日渐突出。"[①] 我国学校体育要实现的目标既要依照体育功能、学生所处的年龄段，还要依照我国教育事业和现代社会的发展需要，其目标是让学生具备健康体育的意识，提高体育技能，自觉坚持体育锻炼，增强自身体质。让学生有正确的体育观念、良好的行为习惯和思想品格，全面发展德、智、体、美、劳，为发展社会主义事业打下良好的基础。以下这些任务可以帮助体育教学更好地实现目标：

第一，增强体质、增进健康，是我国学校体育要完成的最重要任务。其既反映了体育具备的最本质功能，也符合当前我国学生身心健康发展和社会主义建设的需要。学生基本都处在最具生命活力的青年期，特别注重身心的健康发展，可以在这一时期督促学生对体育健康的学习，让学生养成良好的生活习惯，身体健康和心理健康两手抓，鼓励学生参加各种各样的文化活动，坚持锻炼身体，保证学生的内脏功能和身体发育良好，增强体质，让锻炼更有效果，增加身体抵抗力，具备快速适应环境和参与各种活动的能力。

第二，坚持锻炼身体，学习体育健康知识并掌握相关技能。为保证学生具备正确的体育意识，充分了解体育健康知识，激发出学生参与体育锻炼的热情，保证身体健康，就需要学生不断学习有关体育和健康方面的知识，要科学地参与运动项目的锻炼，熟练掌握其技术，并养成坚持锻炼身体的好习惯。这些可以很好地满足学生以及当代人身体健康的需要。

第三，培养良好思想品德、意志，促进学生个性完善发展。育"体"和育"心"在学校体育中同样重要。体育本身具备的特征为学校体育提供了多种多样的形式，但要在筹备体育竞赛、开展运动训练活动、安排体育课程等过程中时刻关注对其思想和意志方面的学习。鼓励学生积极锻炼身体，早日投身于建设社会主义现代化中；培养学生具备奋发图强、敢于拼搏、吃苦耐劳、团结友爱的优秀品格；鼓励学生积极养成健康的行为，具备发现美、表达美、热爱美的能力，让学生实现更高更好的追求，全面提高学生在个性方面的发展。

---

① 许砚田，毛坤，邢庆和 . 高校体育教学模式的探讨［J］. 北京体育大学学报，2001，24（4）：508.

第四，提高运动技术水平，为国家培养体育人才。大学积极推动群众性体育活动的同时，也应着重培养一些具备专项运动才能、体育运动突出的学生，科学合理地为他们安排训练活动，让学生充分发挥体能和智能的长处。要始终遵循体育运动的规则，为学生灌输正确的竞技教育知识，展开科学、系统的训练，让学生的运动水平得到极大提高。这样不仅可以丰富学生的课余生活，也有利于开展各类群众体育活动，还可以增加国家竞技运动人才的储备量。

（二）体育教学的内容

体育教学内容可以说是以有关身体运动的学习和身体运动的技能形成为主要培养目标的内容，是以运动为媒介，以大肌肉群的活动状态进行教学的内容。简言之，体育教学内容是运动实践，是通过实际练习完成教学的。正因如此，体育教学不同于其他教学，一方面，它在传授体育技能的过程中锻炼了学生的学习和认知能力；另一方面，在实际训练中还带动学生身体练习，使其生理机能也得到加强。学生在参加体育学习的过程中，要通过运动中的肌肉本体感觉的形成与动作的记忆，来判断自己是否真正掌握了教学内容，因此在体育教学内容中，学生的学习是要将思维和行为联系起来的。所以，体育教学内容的学习尤为强调练和做等实践行为，因而呈现出运动实践性的特征。

1. 体育教学内容的组成

（1）田径运动。学校体育教学中的田径运动不仅是对田径技能的教学，它还与学生基本的活动能力，不惧阻碍、敢于竞争的心理需求等有直接联系，因此，体育教师在进行田径教学时要对以上内容进行全面考量。具体来说，体育教师不能只着眼于竞技项目，而应该综合文化、心理、竞技、体能等多种要素，从教学的视角分析要素之间的内在联系，并对教学内容做出取舍。只有这样，筛选、组织的教学内容才是符合学生需求，能引起学生学习兴趣的。通过对田径教学内容的选择、优化，学生才能理解田径运动的作用和意义，初步掌握运动中涉及的跑、跳等基本技能的特征和原理，在掌握田径相关知识的基础上，有意识地将学到的技能运用到日常生活或体育锻炼中，使学生掌握基础的田径技能，真正学有所得，从而对其今后的生活产生持续的、长久的影响。

（2）球类运动。球类运动种类丰富，因此，在选择球类运动教学内容时教师要全面考虑不同球类运动的教学顺序、不同球类运动间的联系等，要注重球类运动的实战性和竞技性特征。一般来说，足球、篮球、羽毛球、乒乓球等都是球类教学的主要项目，这些项目也较受学生喜爱。教师在组织球类教学时首先要对球类运动的共性及球类比赛相关知识有所涉及，在帮助学生对球类运动有一个大致了解后再集中对 1～2 种球类基本技术和重要技能进行训练，让学生掌握技巧，并能参与球类比赛。由于球类教学中涉及的技术和战术相对于其他体育运动难度更高，且同一球类不同的技术之间是相互联系的，因而教师在选取教学内容时不能只着眼于单一的技能训练，而应该适当举办球类比赛，在比赛中引导学生将单一技能融会使用。在实战中不仅能提高学生的技术，还能最大限度地调动学生的兴趣。

（3）健美运动。健美运动既是一项表现运动又是一项锻炼身体效果较好的运动。健美运动的教学内容包括民间舞蹈、健美操、体育舞蹈、韵律操、艺术体操等内容。健美运动融合舞蹈和运动元素，伴随着音乐和节奏，能将人的形体美和运动时的动态美充分展现出来，因而这项运动受到学生的普遍欢迎。健美运动教学中，教学内容的选择既要包括该运动的相关基础知识，引导学生掌握基本的健美运动技能，还要通过舞蹈音乐培养其节奏感，通过舞蹈动作教学改善学生的体态，使其舒展身体，提升身体表现力。健美运动教学内容还与乐理、舞蹈原理、审美等内容相关。因此，教师在筛选教学内容时还要对舞蹈乐理知识有所涉及，并将培养审美意识作为教学目标之一。以往这部分教学内容考虑动作教学的因素多，而教一些基本原则并让学生尝试自编的要求较弱，应予以考虑加强。

（4）瑜伽运动。瑜伽运动是一项有着五千年历史的关于身体、心理以及精神的练习，起源于印度，其目的是改善身体和心性。瑜伽能够改善人们生理、心理、情感和精神方面的能力，是一种使身体、心灵与精神达到和谐统一的运动方式。它是一个通过提升意识，帮助人类充分发挥潜能的体系。瑜伽运动教学是指在教师的指导和学生的参与下，按照教学计划及教学大纲要求，由教师向学生系统、有效传授瑜伽理论知识、瑜伽体式及培养学生能力的过程。由于瑜伽理论意义深厚，流派种类多，瑜伽体式动作繁多和拥有不同级别的练习，并在音乐的伴奏下进行，使得瑜伽练习更加需要身、心、灵的全面投入。在瑜伽教学的每一个阶段与每一个细节，都应该细致入微，重视基本姿势与呼吸的配合，注重心、身、灵的完美结合，重视提高单个体式、组合动作和成套动作的质量。为了完成好瑜伽的教学任务，教师在教学实践过程中，不仅要全面贯彻体育教学原则，而且要根据瑜伽教学特点，采用多种有效的教学方法和手段。

2. 体育教学内容的选择

选择体育教学内容主要涉及三个方面的考量，即选择的依据、原则和方法，这些是每位体育教师都需要考虑的问题。在课程改革不断推进的背景下，体育作为学校教育的重要组成部分之一，也需要紧跟新时代的教育需求，积极推动课程改革，精选、优选教学内容。选择科学、合理的体育教学内容是推动体育教学现代化、科学化的重要路径，是体育教学研究开展、体育教师培养、体育教学工作推进的前提。总之，教学内容选择是体育教学的基础工作，值得每一位体育教师重视。

（1）体育教学内容选择的依据。主要包括：①学生能学到一定的体育相关知识，满足其今后体育锻炼和体育欣赏的基本需求；②让学生的身体机能得到增强，满足学生身体发展的需要；③让学生在学习中体会到体育运动的作用和趣味，帮助其养成终身锻炼的意识。总之，筛选内容时，必须以学生为主体，看它是否有利于学生的"学懂""学会""学健""学乐"。这不仅是体育教学效果评价的四个视角，还是选择体育教学内容的四大依据。

（2）体育教学内容选择的原则。教师在筛选教学内容还要遵循一些基本要求，即筛选的原则，具体来说，选择时要遵循五大原则：①教学性原则。所谓教学性原则就是选择的内容应当具备学习价值，这就要求所选内容是健康的、积极向上的，对学生的身体素质提升和精神品质培养都有一定作用。②健身性原则。健身性原则要求教学内容能充分调动身体的大肌肉群，能给学生带来全面的身体锻炼，且锻炼的难度和强度要适宜其身体发展需求。③趣味性原则。趣味性原则顾名思义，选择的教学内容要富有趣味性，能吸引学生，让学生在学习中体会出该内容的乐趣所在。④文化性原则。文化性原则强调所选择的内容要具有一定的文化性，最好选择能反映当地民族特色或区域特色的体育项目。⑤可行性原则。可行性原则就是选择的教学内容应和学校的体育教学设施、教学场地、师资力量等相符合，是切实可行的教学内容。

第二节　体育教学改革创新的背景

一、体育教学与创新教育

以创造性发展的原理为指导，在兼具艺术性和科学性教学方法的作用下，使学生的健康个性、创造能力和创造意识得到有效培养，进而全面推动创造性人才培养目标实现的新型教学方法，即为创新教育。

作为学校教育的有机构成，体育学科既统一于其他学科，又具有自身的个性。通过体育教育，学生获得了开阔和专属的活动和学习环境，以及满足其实践、操作、思维和观察需求的表现机会，相对于其他学科，体育学科在开发和提高学生创新能力方面优势明显。

所以，作为体育教学改革和素质教育目标实现的重要途径，将创新教育渗透到体育教学中，有助于学生创造性思维、创新能力、观察能力以及知识信息获取能力的培养。

（一）体育教学中的创新教育是多样化教学

1. 多样化教学模式

如强调学生学习技能和实现心理发展的模式，侧重教学安排的模式，侧重教学内容的模式，侧重生生关系或师生关系的模式以及突出综合运用多重模式的倾向等。这些教学模式无论是学习状态由被动向主动的过渡，还是生理改造向培养终身体育意识的过渡，抑或是由学会向会学的过渡，都充分表明各个教学模式适用范围的专属性，虽然仍须进一步完善这些教学模式，但其在有机结合体育教学理论和时间上的作用必将越来越凸显。

2. 有机结合多种教学方法，方式灵活

如为了促进学生个性发展而采用的多样化培养层次结构和灵活多变的培养形式。多样化的教学形式主要表现为理论教学、小组创编队形、分组考核、电化教学、提示教学、循环教学、分段教学、集体教学等，为了实现使学生性情得到进一步陶冶、学生情感得到有效激发的教学目标，教师应当积极组织生动有趣的活动，如我国体育发展史回顾活动、体育明星访问活动、观影活动等，以激发学生的情感共鸣。

（二）体育教学中的创新教育是自主性教学

求异创新是创新教学的重要内容，即强调通过对学生的独立分析问题能力培养来实现学生从不同角度思考问题、解决问题的目标。在教学实践中，教师要坚定激发学生学习积极性、培养学生创新思维的方向，通过多样化、创新化、灵活性教学方法的应用，来实现促进学生发散求异、自主探究的教学情境的构建，以及自主表达、各抒己见的浓郁讨论氛围的营造，最终挖掘和开发学生的创造力。

如果教学活动开展的前提、过程和结论都是确定化的，那么就会造成学生的直线性思维，进而阻碍学生创造性思维和独立意识的培养，以及增加优化学生思维品质的难度。而若是减少讲解的比重，则可以赋予教学内容独特的思维价值，使学生思维能力的发展得到有效推动。除了提出各种发散性问题以引导学生探索不同答案和解决问题的多重方法，教师还可以鼓励学生大胆提出疑问，通过以上两种路径，使学生的创造性思维得到有效训练，同时凸显学生对问题进行发现、分析和解决的创造力。

在 21 世纪为了适应社会发展的需要，学校体育必须实施创新教育。提高我国国民素质和国家创新能力的关键是具有创新能力的人才。体育教师在创新教育起到什么作用，要培养学生的创新意识和创新能力，教师就必须是一个创新者。

1. 体育教师应具有创新的意识

作为国家发展的基础，创新为国家的发展和民族的进步输送着源源不断的动力源泉，教师是否具备创新意识和创造力，将对学生创新能力和创新意识的培养发挥决定性作用。而若想提升教师的创新意识，先要创新教育教学，如创新使用教材、器材、教学方法与手段等。

学生是体育教师教学活动的接受者，因而，基于对教材特征和学生个性差异的精准把

握，体育教师还应当重视所采用教学方法的针对性，坚决避免出现以统一化标准对待差异化学生的现象发生。

体育教育是构成国家教育创新体系的有机部分，针对这一点，教师必须树立正确客观的认识，同时，要将取其精华、去其糟粕的原则贯穿在继承传统体育教育的全过程，既进一步强化科学研究，又体现时代发展的趋势，使学校体育彰显中国特色。

当然，作为兼具终身体育意识、实践能力和创新精神于一身的和谐健康的公民，体育教师也要将培养创新型人才作为其开展创新教育的根本目标。

2. 体育教师必须具有较高的综合素质

评判一名教师是否具备创新能力，应当参照其是否能在学生创新的激发，以及学生创新能力的多角度、多层次培养方面发挥重要推动作用。具体来讲，创新型体育教师必须具备以下基本素质：

（1）爱岗敬业的职业道德，这是指引教师正确认识体育教育现实意义，同时在体育教育中兢兢业业、勇于奉献的思想保障。

（2）广阔的视野、敏捷的思维以及对新知识、新信息的接受能力，这是体育教师全面了解体育学科、对体育学科最新动向进行把握的基本前提。

（3）对前沿教学理念和创新思维方法的熟练掌握，以及较强的综合能力（如开发和利用创新教育资源的能力、创造性思维能力、教学实践能力、教育科研能力等）。

（4）基于对师生良性互动的进一步强化和良好创新氛围的营造，体育教师要能够引导学生求新存异、勇于探究，要能够对学生创新主动性、能动性的激发以及成功欲望的启发发挥重要的诱导作用。

（5）为了正向指导学生的人格养成和学业发展，教师必须不断提升个人内心世界的丰富性和人格空间的开放性水平。

总之，基于教师的主动作用，体育课堂教学能够使学生的主体性得到充分发挥，面对学生提出的各种疑问，教师要端正态度、正确对待、积极鼓励，以为 21 世纪素质教育要求的满足培养具备创新能力的优秀人才。

二、现代社会发展对体育教学要求

知识经济主导国际经济，这是 21 世纪的主要时代特征，为此，为了培养大量优秀人才以满足知识经济时代社会发展的现实需求，世界各国纷纷对自己国家的教育进行了调整和改革。作为学校教育的重要环节，体育在培养各领域专业人才身体素质方面发挥着重要作用。随着现代社会发展生活休闲化、教育终身化、学习社会化、信息传递网络化、资产投入无形化和经济发展可持续化等基本特征的日益凸显，学校的教育改革与发展，以及人才培养方针和途径，乃至与未来社会发展、社会生活需要相吻合等都面临着严峻的挑战，而这也成为我国学校体育现阶段迫切需要解决的重要问题。

具体来讲，现代社会发展对学校体育的要求主要包括以下两点：

（一）提高学生身体素质

在不断变化发展的生产方式影响下，现代社会人力资源结构中的脑力人员数量与日俱增，相应的结果便是体力从业人员的同等减少，而现代社会生产的全新特征便是以高度的精神紧张对高度的肌肉紧张取而代之。

在我国各学校中，在日常生活中体力活动量减少和通信设备、城市交通现代化水平不断提升双重因素的影响下，人们走路的时间和机会大大缩减，而生活富裕水平的提升也增加了人们在日常生活中对食物中高蛋白、高脂肪成分中能量的摄取和吸收，从而导致了肥胖人群的扩大化，这也充分表明了现代社会发展的双面性，一方面提升了人们的生活幸福指数，另一方面也减少了人们的体力活动，使社会大众由于运动量过少、运动时间有限而纷纷出现了现代文明病。

作为服务于社会发展、祖国进步的基础，青少年的健康体魄集中体现了中华民族的旺盛生命力，因而，学校开展体育教育要始终秉持并严格践行健康第一的指导思想。作为增强体质、增进健康的积极手段，学校体育在对现代社会文明病的防治方面同样发挥着最有效、最积极的作用。

从这个层面来讲，学校体育要服务于学生身体素质的提高，从而最大限度地满足现代社会对人的身体所提出的要求。

（二）提高学生社会适应能力

随着现代社会的发展，教育者越来越重视提升人的社会适应能力，这主要取决于在影响人的生活和工作方面，适应能力的高低明显高于知识掌握情况和身体健康状况的优势。然而，从现实层面来讲，学生在适应社会方面普遍存在一定的问题。

在日益紧张的生活节奏，以及日益残酷的竞争面前，人们适应自身所处环境的程度直接决定了其面临和应对这些挑战的效果，除了对自然界的约束，"物竞天择，适者生存"的法则对人类的社会生活具有同样效益的约束。提高学生的社会适应能力拥有多重渠道，而学校体育教育则是其中极其重要的一个方法，因为只有在"社会"环境下，也就是建立与他人之间的内在联系的前提下，才能确保大多数体育项目的有序性和有效性。

在参与学校体育教学活动的过程中，当运动需要不同时，参与对象往往需要"扮演"其中的某种角色，并以特定的体育道德标准和体育规则为指导来组织体育活动，长此以往，学生在接触和体验与社会经历相近的各种情景时所采用的方式会更加集中、直接和主动，而从本质上来讲，这既是学生最早接触的具备社交雏形的场所，又体现了一种社会活动，同时在学生社交能力、独立工作能力以及社会适应能力的同步提高方面发挥着不可或缺的重要作用。

三、体育教学对人格的塑造

（一）体育教育中人格教育的意义

整体上讲，凡是以实现健康人格塑造为最终目标的教育类型，也就是对与意识倾向相联系的人格因素（如态度、观点、操行、品德、爱好、性格、气质等）的健康发展发挥重要促进作用的教育内容，均可被称为"人格教育"。学生的全面发展所涉及的对象，并不仅仅是小部分人，而是满足社会发展需要的全体学生的共同进步，它要实现的发展目标也是涵盖德智体美劳等内容在内的人格的全面发展，是摆脱了统一范本和标准束缚，具有明显个人独特性的个性发展，是基于学校推动的、学生的当前发展而存在的可持续化的终身发展。

在体育学科教学任务和教学性质的双重影响下，体育教育应当将人格教育纳入其教学体系的重要内容，"体育教学在培养学生健康体魄的同时，也很好地培养了学生的群体的人格健康发展。"[1] 从学校开展体育教育的角度来讲，应当坚定提高学生心理、身体和社会适宜能力整体健康水平的体育教育方向，践行"健康第一"的思想指导，通过多个领域（如行为、情感、认知、技能等）并行推进课程结构的构建，在课程实施的全过程贯彻和落实学生健康水平的增进理念。

同时，我国对体育教育在培养学生健康人格方面的责任进行了明确规定，如，以体育精神的发扬为前提，带动乐观开朗、积极进取生活态度的建立；对体育活动与自信、自尊之间的关系进行正确客观理解；推动克服困难、坚强不屈意志品质的建设；以体育活动等方法对情绪进行调控；以提高对群体健康和个人健康的责任感为前提，带动健康生活方式的形成；以和谐人际关系的建立为前提，促进良好合作精神和体育道德标准的形成，等等。

除此之外，将人格教育渗透到体育教育当中，也与教育的现实需求相适应。

---

① 王宇航. 体育教学对学生人格发展的影响 [J]. 运动, 2015 (23): 87.

（二）体育教育对塑造学生健康人格的作用

1. 培养竞争能力和参与意识

随着现代社会开放程度的日益提升，人们越来越重视个人对社会的融入和奉献，认为这是人生价值得以体现的有效路径。

作为社会群体的活跃度最高的人群，学生在融入多样化、挑战性、丰富性的体育项目方面具有得天独厚的先天优势，甚至对于学生群体而言，融入体育活动也是其明确个人定位以及在娱乐、体验、竞技、观赏的过程中有所收获。优胜劣汰在当下的竞争社会背景中，已经成为社会大众的共识，基于此，我们必须在学生培养方面进一步凸显其勇于面对挑战、勇于应战的能力和勇气。

本质上来讲，体育的发展过程集中体现了人类竞争意识、创新意识和表现意识的实践和可持续发展。尽管，含蓄、谦逊是我国传统儒家思想的核心与内涵，而在这种思想的影响下，青年人无法充分展现其个性和能力，但是，积极进行能力、水平和自信的自我展示和表现恰恰是体育活动对学生的重要求，只有这样，才能将学生展现在别人面前，使其他人更直接、更透彻地了解学生的能力和魅力。与此同时，除了对学生机体质量的有效改善之外，参与体育活动还对学生的性格与气质、自信勇敢人生态度的养成发挥着重要影响力，从而推动着其树立勇于接受挑战的勇气。

2. 培养团体意识和创造能力

团队的力量永远高于个人力量。置身于一个纷繁复杂又充满挑战的社会里，更多需要通过团队的力量、集体的智慧去克服困难，攀越高峰。团队集体项目在体育运动中出现的频率极高，集体是每一个成员能力发挥和潜力挖掘的环境，而成员之间的相互配合、协调统一则为集体项目的成功提供了重要保证，因而，就必须杜绝极端的利己主义、自我中心以及对集体力量进行无视等情况的出现，坚定健康积极的道德基础，以集体荣誉感、责任感来升华个人思想境界，捍卫集体利益。

同时，要让成员正确看待"个人力量在集体力量面前的渺小和微不足道"，从而培养其集体主义价值观，促进其乐于助人、合作意识优良品质的养成，以及为其参与学习活动提供动力保障，通过对先进技术和知识的掌握，有效推动社会的进步和个人的社会融合程度。当然，我们也不能因此而完全忽视个人的创造能力，一个集体的创造能力必然来源于集体中每一个个体的创造力。因此，提高学生的创新思维和创造力是培养、完善其人格的必然要求。只有这样，才能保障学生思维活动的积极性，引导其自主思考，对原方案进行及时调整，从而有效应对瞬息万变的赛场，使学生思维的创造性和灵活性得到有效培养。

3. 培养挑战意识和自律能力

体育教学过程中，通过教学内容的巧妙设置、方法手段的有效实施等，诱导学生向难题、障碍、对方挑战。使学生在经历过筋骨之劳、体肤之累和心灵之震颤后，能够收获一段宝贵的挫折经历，能够获得来自对自我、对手和困难加以战胜后的愉悦感。

同时，教师作为这一过程的主导者，应当从方法论上指导学生，使其战胜困难、不断前进，有效鼓励其自信心，当他们面对挫折展现出退缩状态时，要教会学生坚持不懈，直至最后的胜利。经过长时间的训练，学生们不仅学会了积极乐观地面对和处理现实境遇，还可以在迎接新挑战时保持积极健康的心态，从而奠定其健康人生价值观的基础。

除此之外，公平合理是体育的基本属性，我们应当遵循其特定的游戏规则，以免因违反规则受到牵连，而受限于既定规则，也是任何人参与体育游戏和竞赛活动的基本前提，更是参与者道德行为沿着固定方向发展的制度保障。

学生越是表现出对教师和教练的尊重、对规则的遵守、对裁判的服从、对观众的尊重等，越是收获了大部分人的喜欢；反之，学生若是表现出了对裁判和观众的无视以及极端个人主义、动作粗俗鄙夷等状态，就会因对体育规则和"公德"的触犯被处罚和制裁。体育活动的开展，就是进一步明确其"个人意志为集体需要让步"的思想意识，使其能够在符合体育规章制度的相关规定范围内组织和发展个人行为。更进一步来讲，在依法治国时代背景下，逐渐培养其遵纪守法、以"法"律己的优秀道德品格。

在对健康人格进行培养的过程中，应该重视协调学生体育能力培养与人格教育之间的关系，使学生的体育能力得到显著提高是现代体育教育的根本任务，所以，在开展体育教育的过程中也应当始终贯彻这一根本任务。

但是，在人格塑造方面，体育教育同样发挥着重要的载体作用。所以，除了使学生的体育能力得到显著提升，体育教育还应当充分发挥其人格教育、审美教育和思想教育的多元功能和多重任务。因而，要严格避免过度强调体育健身性，将体育学科等同于培养学生健身方法这一"纯健身训练"课的工具的误区，只有这样，才能确保人文价值源远流长，才能使素质教育的根本宗旨得到有效践行。同样地，还应当精准把握对体育人文性和体育教育的人格教育功能加以凸显的程度，从而使体育学科培养体育能力的价值得到有效保障。

总之，为了确保体育教学双向性功能的最大限度发挥，必须首先保障高度统一体育学科的工具性和人文性。

第三节 体育运动训练的特性及其影响因素

一、体育运动训练的特性

（一）目标专一，任务多样

体育运动训练以创造优异运动成绩为目的，因此训练目标非常专一，安排的训练项目、内容都具有专门性。随着现代竞技运动的快速发展，比赛竞争也越来越激烈，要求运动员各种能力都要有所突破，不断刷新成绩。因此，不但要开展全面训练，并且要在此基础上依据运动专项的特殊要求，在不同训练阶段采用各种手段开展专项训练。运动训练强调专门性，但也不排斥有利于专项运动能力提高的其他项目的训练内容和手段。实际上，很多运动训练项目之间都相互借鉴、参考有利于自身的方法。因此，运动项目、内容的专门性不仅是指专项本身，也是从运动训练目的和可能性上来讲的。

虽然体育运动训练有明显的专项的专一性，但具体训练任务方面却是多样的。有的运动训练项目不但要开展各种体能训练，还要开展技术训练；不但要开展战术训练，还要开展心理素质训练。这些任务既有训练因素方面的训练任务，也有非训练因素的训练任务。

（二）内容复杂，方法多样

体育运动训练功能和任务是多样的，训练过程是复杂的，而运动训练内容也表现出复杂的特点，这也就要求不断探索更多的训练方法、手段，并在此过程中进行科学合理的优选。现代运动训练的基本手段是开展身体练习，而只有进行各种身体练习才有可能提高运动能力。

在具体的训练实践中，既要根据不同任务选择运用最有效的手段和方法以提高训练的效果，又要采用多种手段、方法达到同一目的，从而提高运动员的兴趣，使运动员能够主动、自觉、积极地进行训练。

（三）过程长期，安排系统

运动员肌体的生物节奏变化是周而复始、循环往复的，运动竞赛安排也具有周期性的特点，按一定的动态节奏，循环往复、逐步提高地安排训练内容和负荷量度，因此运动训练的过程也是长期的。运动员有肌体经过长期系统训练，才有可能产生良好的训练适应。

从本质上讲，运动能力提高过程是运动员有肌体对训练刺激产生适应并由量变到质变的过程。在运动训练中，没有长时间量的积累，就不会有质的变化和提高。由于在长期训练过程中受多种因素的影响，需要以科学严密的训练计划做保证，把计划安排的长期性与阶段性紧密结合起来。

（四）计划科学，有针对性

现代训练的科学化水平越来越高，其科学性主要体现在运动训练的计划中，教练员、运动员实施训练以训练计划为依据，没有计划的训练，不过是一种盲目散漫的训练；但是有计划而安排不科学，也难以达到最高的训练成效。

运动训练在很大程度上是个人的训练过程，优异运动成绩的取得，与运动员的天赋才能、运动素质的发展、技术与战术的掌握、心理素质的优劣以及文化素养的高低有密切的关系。而这些基本能力又存在着很大的个体差异，并在一定程度上可以相互补偿。只有针对性强的训练刺激，才会最大限度地挖掘和发挥运动员的潜力，提高运动员训练水平。

在一些集体对抗项目，如篮球、足球、排球的训练中，由于位置和分工的不同，也要实施一定程度的个别训练。但是要注意的是，针对性并不是否认群体训练中特定的训练过程和时间，练习形式、内容、方法安排上的一致性。

（五）负荷极限，重视应激

在体育运动训练过程中，只有对运动员有肌体通过练习施加强烈的刺激，才能引起有肌体深刻的反应，充分地挖掘出肌体的最大机能潜力。运动员如果不能承担大负荷乃至极限负荷的训练，是难以适应现代训练和比赛要求的。现代运动训练负荷越来越大，为了在竞技比赛中获胜，在日常训练当中的训练量或训练强度都大大超过了比赛所需，这是运动训练发展的趋势。

如今，各个国家都选择这种"超量"的训练理念。这也就要求运动员从事非常人所能承受的艰苦训练。当然，极限负荷是相对的，是就运动员个体而言的，当某一训练阶段的负荷达到运动员个体的极限，并适应时就要进一步提高负荷水平。

运动训练要求最大限度发挥人体机能潜力，人体运动能力的提高是人体适应能力的提高。想要提高人体适应能力，那么就必须最大限度地通过各种运动应激刺激作用于运动员肌体。只有运动员具有承受高水平负荷的能力，才能拥有高水平的运动成绩。专项运动成绩实际是运动员对专项负荷强度的承受能力，而承受负荷强度的能力越高，显然运动成绩就越好；反之就越差。因此，在运动训练中要根据机能适应规律科学地加大运动负荷直至最大负荷。

（六）效果有表现性，表现方式有差异性

运动训练的效果和最终目的，主要是运动成绩的提升以及对身体健康的促进。训练的

效果以及通过训练提高的运动技术水平和成绩都需要通过比赛来表现。在正式比赛中表现出来，才会得到社会的认可。在比赛中不能表现出训练中最高成绩水平的运动员，就不是一个真正优秀的运动员。因此，在日常训练中要加强对运动员比赛能力的培养，以力争将平日中的训练成果在重大比赛中以优异的运动成绩表现出来。在运动训练的过程中既要着眼于竞技能力的提高，又要根据长期、近期参加比赛的安排，进行科学的训练。

运动成绩要通过一定方式表现，但运动项目比赛方式不同，所以运动成绩的表现方式也各不相同，有的用功率指标表现，有的用比分表现，也有的用评分方式表现。这些表现形式都有十分严格的规则和制约条件，否则即便是正式比赛中表现出来也不一定能得到承认。

二、体育运动训练的影响因素

（一）运动员自身因素

1. 运动员的身体素质

良好的身体素质是运动员从事任何一个身体活动的基本素质，同时也是其参加竞技体育运动的基础素质，能够在很大程度上影响运动员的运动能力。一般情况下，竞技体育运动都需要运动员具备较高的身体素质，特别是在选材的过程中，对运动员的形体发展有着非常高的要求。

运动员选材的主要目的在于充分挖掘并利用运动员天生的体育运动潜力，相比于"经验筛选""自然淘汰"等经验选材，能够在很大程度上降低时间、人力、物力、财力等方面的成本，能够有效降低淘汰率，提高选材成功率。很明显，运动员本身所具有的身体素质是选材过程中需要考虑的首要因素。

运动员的身体素质水平也会随着其运动技能水平的提升得到相应的提高，而身体素质的提高又能够为运动员运动技能的发展提供良好的基础。因此，运动员的身体素质与运动技能之间是相辅相成、相互影响的关系，在体育运动训练中，二者都非常重要，缺一不可。

运动员的身体素质包含很多种，不同的身体素质都在很大程度上影响运动员的运动技能，但是站在技能形成的生理依据上看，人的身体素质主要包括协调素质、柔韧素质、力量素质、平衡素质、灵敏素质和速度素质等。

良好的体能是运动员的基本运动能力，而运动员的体能素质发展状况主要决定于其身体形态、身体机能以及运动素质的发展状况。其中，身体形态指的是人体外部与内部的形态特征。能够反映机体外部形态特征的指标主要包括高度、长度、围度、宽度、充实度等，高度主要包括身高、坐高、足弓高等，长度主要包括腿长、臂长、手长、头长、颈长、足长等，围度主要包括胸围、臂围、腿围、腰围、臀围等，宽度主要包括肩宽、髋宽等，充实度主要包括体重、皮质厚度等。能够反映机体内部形态特征的指标主要包括心脏纵横径、肌肉的形状与横断面等。我们在日常生活中，能够看到不同的人在体型上存在着较大的差异，人的体型一般与其所具有的某些能力有着密切的关联，例如，一个身材壮硕且高大的人，一般有着较好的力量素质，但是并不适合参加短跑、长跑等项目；一个身材瘦小的人一般在铅球、赛艇、足球等项目中缺乏足够的优势。

2. 运动员的身体条件

身体条件也是运动员参加体育训练的一项基础素质，也对运动员的运动训练有着非常重要的影响。通常情况下，个体的身体条件主要是由其生理特点、身体形态和身体健康、伤痛情况等因素决定的。

（1）运动员的生理特点。运动员的生理特点也对运动员的运动训练有着非常大的影响，特别是对于女运动员而言。女性的生理特点导致其存在相应的心理特征，女运动员参加运动训练的不同阶段中，所具备的运动能力也存在较大的差异性，女运动员的生理特点导致其心理特征也发生相应的变化。就女运动员而言，在参加运动训练的过程中，应该根据其生理特点合理安排训练负荷、训练强度、训练内容、训练手段以及训练方法等。

（2）运动员的身体形态。在一些体育运动项目中，运动员体型的变化也会影响其成绩水平的提升。例如，在投掷标枪和推铅球这类体育项目中，运动员的体型能够对其运动成绩造成影响主要有两个方面的原因：一是运动员的力量素质一般与其身高成正比的关系。由于器械的重量是固定不变的，这就为其成绩的提高提供了良好的条件。二是对于身材高大的运动员而言，在投掷标枪和铅球时，是在相对较高的位置出手投掷的，这就会使得器械飞行的水平距离更远。当然，随着年龄的增长，人的身体形态也会发生一定的改变，因此，要根据运动员的年龄特点有针对性地进行训练。

（3）运动员的身体健康状况和伤痛情况。毫无疑问，良好的身体健康状况能够帮助运动员承受高强度、大负荷、长时间的运动训练。运动员的伤痛能够在很大程度上影响其正常训练，从而大大影响了其运动成绩的提高。

3. 运动员的心理能力

运动员的心理能力是指的是与其运动训练、运动比赛相关的个性心理特征，同时也包括运动训练与比赛中所需要具备的对自我心理活动进行调整的能力。

运动员的心理能力在体育运动训练中发挥着非常重要的作用，众所周知，相对于抑制质、胆汁质的人，多血质、黏液质的人更加适合参加体育运动训练，而且在体育运动比赛中也通常有着较好的表现。观察力强的运动员，通常能够在比赛中善于利用各种时机。而想象力丰富的运动员通常表现出更加明显的创新精神。在射击、射箭、弓弩项目中，运动员的心理能力则发挥着更加显著的作用，对其总体竞技能力、竞赛结构等都有着非常大的影响。

在当前这个高度开放的社会中，对于竞技水平高的运动员而言，其体能素质、技能水平等方面的悬殊一般不是很大，其竞赛的最终结果也通常是毫厘之差，而这一细小的差距通常是由运动员的心理能力造成的。运动员的竞技水平越高，彼此间的竞争也更加激烈，心理能力对其竞赛结果的影响也就更加明显，甚至有时候心理能力是决定胜负的关键性因素。

在体育运动训练与比赛中，运动员既要消耗大量的体力，但同时要消耗巨大的心理能量，体育运动竞赛不只是运动员体能素质、技能水平和战术运用方面的较量，同时也是心理能力方面的较量。

良好的心理能力能够显著增强运动训练的效果，当运动员拥有良好的心理能力时，其通常会有以下方面的表现：

（1）拥有稳定的心理状态。运动员的心理状态能够集中反映运动员当前的心理活动情况，能够对运动员的运动训练效果产生非常直接的影响，在运动员体育运动训练、体育运动比赛中发挥非常重要的作用。

（2）拥有足够的自信心。自信心是运动员在训练和竞赛中完成动作的基础心理能力。

（3）拥有足够的心理调控能力。当运动员拥有良好的心理调控能力时，说明其已经具备比较成熟的自我发展意识。运动员对自我心理的调控主要体现在自我意识的控制。

4. 运动员的运动智能

运动智能是运动员总体竞技能力的重要组成部分，涉及多方面的学科知识，包括体育学科知识，同时也包含运动训练能力以及运动竞赛能力。现代运动训练与竞赛对运动员的智能水平有着更高的要求，甚至是在某些情况下，运动员的智能水平直接决定了其比赛的成败。当运动员拥有较高的运动智能水平时，其往往能够对体育运动的专项特点与规律、体育运动训练理论与方法等形成更加深刻的认识，并且能够更加熟练地掌握体育运动技术与运动技巧等。而且在体育运动训练中，也能够更加准确地理解教练员的意图，并能够积极自觉地配合教练员，高效地完成训练计划与训练任务，进而实现自身总体竞技能力的显著提升。

不仅如此，当运动员拥有较高的运动智能水平时，通常能够合理利用各种先进的运动技术，以快速熟练地掌握运动技巧，同时也能够更加准确地理解运动战术的精髓，并将战术灵活运用于竞赛中。

通常情况下，对于竞技运动运动员而言，其智能专项特点主要体现在以下几个方面：

（1）敏锐的观察力。竞技运动属于技能主导类项目，拥有敏锐的观察力，往往能够更加快速且熟练准确地学习掌握技术动作，对动作和技术的掌握程度高，有利于提升运动训练质量。

（2）良好的记忆力。拥有良好的记忆力的运动员，往往能够更加快速且准确地记住技术动作要领，能够有效缩短其动作技能的自动化时间，使其在较短的时间内取得良好的训练效果。

（3）较强的理解力。当运动员拥有较强的理解力，其能够更加快速且准确地理解复杂动作的规律与技术要点。

（4）高超的模仿力。在体育运动训练中，模仿力发挥着非常大的作用，是运动员学习动作技术的基础能力。

（5）顽强的意志品质。体育运动训练过程比较艰辛且漫长，需要运动员具备顽强的意志品质，只有如此，才能够克服训练过程中的各种困难，进而实现自己运动技术水平的不断提高。

（二）教练员素质因素

教练员在体育运动训练中发挥着非常重要的主导作用，教练员的工作能够在很大程度上影响运动员运动训练水平的提高，这已经成为人们的共识。在体育运动训练中，教练员的身体素质、心理素质、社会文化素质等因素都会直接影响运动训练的过程和结果。

1. 教练员的身体素质

良好的身体素质是人们从事生产生活活动的基础素质。良好的身体素质不仅对于运动而言极其重要，同时也对教练员非常重要，对于其生活水平与工作效率的提升都至关重要。教练员的工作并不是单纯的脑力劳动，也需要利用自身的体能，同样也是一种体力劳动，教练员除了需要为运动员的训练制订计划之外，还需要亲自参与其中。教练员的工作比较特殊，除了需要具备一定的专业知识之外，还需要具备良好的身体素质，这也是教练员的基本要求，也是教练员在训练过程中的综合表现，教练员具有良好的身体素质，不仅能够在运动中充分发挥自身的优势，同时也能够适应多种运动要求，能够更好地开展训练工作。

2. 教练员的心理素质

对于教练员而言，良好的心理素质也是必不可少的基本素质。心理素质的好坏能够直接影响教练员在运动训练与比赛过程中的心理状况，只有当教练员具备良好的心理素质，才能够帮助、引导运动员在比赛中保持稳定的情绪，并在训练中保持高度的积极主动性。

教练员的心理素质也会对运动员的训练情况、比赛中的表现产生直接的影响。在体育运动训练过程中，拥有良好的心理素质的教练员，往往能够有效增强整个队伍的凝聚力，也能够帮助运动员在比赛中获得更好的成绩。良好的心理素质也能够帮助教练员对整个队伍的训练情况进行高度关注，能够做到仔细地观察每一个运动员的表现，对每个运动员的优势与不足进行分析了解，并根据不同运动员的具体情况进行针对性训练，从而为每个运动员量身制订相应的训练计划，如此一来，有利于进一步提升运动员的技能水平。

与此同时，拥有良好的心理素质的教练员，往往能够积极主动地与运动员进行沟通交流，拉近彼此之间的心理距离，与运动员保持高度的默契，能够有效培养运动员持之以恒、奋勇拼搏的精神。教练员能够做到随时观察、了解运动员的心理变化，并采用相应的激励措施，充分调动运动员参加运动训练的积极性，也能够帮助运动员调整情绪，避免运动员产生过于暴躁或者低落等不良情绪，使运动员能够始终保持稳定的情绪，引导运动员在不同的比赛条件下，很好地控制自身的情绪，能够冷静、灵活地应对各种突发情况，能够快速找到各种问题的解决方法。

在运动训练过程中，教练员需要耐心地向运动员讲解技术和战术方面的知识，在这一过程中需要结合自身的一些演示，需要教练员耐心细致地讲解，与运动员形成良好的关系，如此才能够赢得运动员的尊重，这样在比赛中更加有利。教练员应始终保持积极乐观的情绪，尽量不要产生消极悲观的情绪，特别要注意自觉增强自我情绪控制能力，保持积极稳定的情绪，并善于调整自身的情绪。当运动队出现失败等干扰正常训练工作的情况时，教练可以通过听音乐、阅读文学、做休闲运动来转移注意力，从而消除不良的情绪。

3. 教练员的社会文化素质

（1）文化素质。教练员所具备的文化素质也能够影响体育运动训练的效果，具体而言主要包括以下三个方面：

第一，教练员需要掌握哲学、社会学、体育史、思维科学、行为学等基本知识。知识是人类认识和改造世界的经验总结，是对事物的系统认识，是在某一学科方面的知识结构，反映了对基本概念和基本原理的掌握情况。现代社会已经进入了一个以知识为基础，信息化、数字化的高科技时代。由于很多教练员的知识结构比较单一、浅薄、不具体。即在资料占有、信息收集与处理等方面缺乏足够的科学性与合理性，工作缺乏足够的组织性、概括性、抽象性和规律性，如果不改变这一现状，很难跟上现代运动训练的发展步伐。教练员特别需要掌握一定的哲学原理和方法论以及政治经济学、社会学和军事科学等方面的理论知识。另外，教练员还需要掌握和运用一定的思维科学和行为科学方面的知识，形成丰富多元的知识结构，这对于体育运动的高水平训练非常重要。

第二，教练员需要对运动生物力学、运动管理学、运动社会学、运动医学、运动生理学、竞赛等相关知识进行一定的了解。特别是需要掌握体育社会学科知识，如体育教育学、体育管理学、体育心理学、体育社会学等，这些都是教练员知识结构中的重要组成部分。另外，教练员还需要熟练掌握体育生物学科知识，如运动解剖学、运动生理学、运动生物化学、运动生物力学、运动营养学、运动保健、运动医学等，以更好地开展运动训练工作。

第三，教练员除了需要掌握以上相关学科知识之外，还需要对这些学科的最新进展和发展趋势进行密切关注，及时更新丰富自身的知识结构，以更好地满足竞技体育发展的需求。教练员需要熟练掌握相关专业训练理论、专业技战术理论、体育训练科学、竞技体育管理、体育项目比赛规则、裁判法等知识。教练员在对一般训练理论与训练方法进行掌握的基础上，还需要掌握一定的特别训练知识，如运动员选材方面的知识等。

（2）思想道德素质。思想道德素质是个体非常重要的素质，同样的对于教练员来讲，也需要具备良好的思想道德素质。教练员的思想道德素质会直接影响运动员的发展，思想道德素质主要包括政治思想和职业道德两个方面，政治思想方面主要是树立正确的三观，一个优秀的教练员必须有崇高的理想，不断攀登世界高峰的精神，努力学习和艰苦斗争，以致力于优秀运动员的培养。教练员的职业道德主要体现在以下四个方面：

第一，把对专项运动的忠诚放在首位。为国家争光是教练员职业道德的核心内容。作为一名合格的教练员，需要具有强烈的事业心、高度的责任感和献身体育的精神。这一精神能够影响教练员在运动训练过程中的责任感。

第二，以人为本，关心运动员的成长。教练员需要依靠言传与身教共同影响运动员，其自身的理想、信仰以及对生活的感悟等都会对运动员形成很大的影响。因此，教练员不仅需要用自身的严格训练来带动运动员，同时也需要用良好的思想道德来影响运动员，教练员不仅要对提高运动员的技术和战术能力倾注所有的热情和关心，也要对运动员的文化学习与个人生活给予积极关注，运动员在面对困难和挫折时，更要鼓励和鞭策运动员。

第三，热爱集体，团结协作，公平竞争。教练员必须处理好个人与群体的关系，特别是与其他教练员的竞争关系，才能实现公平竞争、共同进步、共同提高。处理好运动员之间的关系。必须平等对待所有人，有明确的奖惩措施。在市场经济条件下，教练员应杜绝腐败，避免舞弊，实现公平竞争，这一精神也会大大影响运动训练的效果。

第四，学习上勤奋上进，不厌烦，对自己严格要求，治学严谨。教练员应积极进取，改革创新，不断总结经验，不断学习新知识，探索更加科学合理的训练方法和手段，不断提高竞技水平。教练员自身的学习精神、训练态度以及创新精神等也都会影响运动员的训练效果。

（3）审美素质。在体育运动训练中，教练员的审美素质也会在一定程度上影响运动员的训练效果，因此，作为一名教练员，还应该具备一定的审美素质，因为在对运动员进行训练的过程中，当教练员拥有足够的审美素质时，其会对运动训练产生的效果包括：①能够增加整个训练过程的趣味性，积极采用各种具有趣味性的训练方法与手段；②能够从审美的角度训练运动员，促使运动员形成良好的心理素质，并使其能够在训练过程中提高审美能力；③能够积极主动地营造良好的训练环境，确保整个训练环境的干净整洁，衣服颜色鲜艳，严格按照美学原则来展开训练，这样一来，能够显著提高运动员对整个训练过程的兴趣度，进而有利于提高运动训练的效果。

（4）能力素质。教练员的能力素质是其开展运动训练所必不可少的素质，在运动训练中发挥着至关重要的作用，能够大大影响运动训练的效果，因此，作为一名教练员，应该具备一定的能力素质，这是保证其运动训练活动能够得以顺利且有效开展的重要基础素质，具体而言，包括以下几个方面：

第一，选拔能力：科学选拔运动员是培养高水平运动员的基础。通过科学的选拔方法可以挖掘出有前途的运动员，并使他们尽快融入运动队。根据运动项目发展的需要，教练员应该熟练掌握合理的选拔程序和科学的选拔方法。

第二，现场指挥能力：在体育运动比赛过程中，比拼的不仅仅是运动员的技术水平以及一些战术规划，更重要的还是心理素质。在比赛过程中会出现很多突发情况，尽管在比赛之前做出了一系列的预定，但是比赛过程中还是可能会出现多种变化，这也会影响到运动员的心理状态。这就需要教练员具备高超的指挥能力，要根据现场比赛的变化情况灵活调整计划与决策。

第三，创新能力：想要培养高质量的运动员，不仅需要教练员做好整体的培训工作，同时还需要教练员具备一定的创新能力，不断地选择全新的技术手段和训练方法，不仅有利于促进运动训练效果的提升，同时也有利于培养出高质量的创新型人才。

第四，管理能力：教练员的管理能力也能够大大影响整个队伍的训练效果与竞技水平。运动队的管理要素主要包括计划、组织、指挥、协调和控制等。作为一名教练员，应该认识到哪些因素具有普遍性、特殊性、实用性等。优秀的团队需要三分训练和七分管理，教练员承担着组织者和管理者的责任。从这一角度上看，教练员的管理能力极为重要，这是保证各种训练活动有效开展的重要基础，也能够更好地约束运动员参加运动训练。明确运动员本身的生活制度，确定具体的管理办法，这样也能够让教练员进行有效的外部监督，做好整个队伍的组织管理，促进整个队伍竞技水平的提升。

第五，沟通表达能力：良好的沟通表达能力在运动训练中也至关重要。表达能力是一个人通过口头语言、书面文字、行为、表情等来传递信息、表达思想感情，以实现个人意志的能力，是教练员的基本业务能力。沟通表达包含了两个过程，即信息的发出和接收，主要包括语言信息、非语言信息。

语言信息：①语言正面、诚实；②话语简单、明了；③声音洪亮，及时重述；④确保使用术语的前后一致。

非语言信息：以非语言方式传递信息可以通过不同的途径。面部表情和身体语言是两个使用最普遍的非语言表达方式，它们在执教过程中具有不可替代的作用。

教练员的能力素质需要上述能力相互配合，任何一方面的能力不足都会影响到其他能力的提升，也都会影响运动训练的效果。因此需要将几种能力协调发展，这样才能够更好地提高教练员的综合能力，以促进运动训练效果的提升。

4. 教练员的业务素质

（1）课堂教学能力。教练员课堂教学基本能力集中表现在以下几个方面：

第一，熟悉教材。教师要熟悉教材，理解教材，做到因材施教。教练员上课不可能手捧教案和教材，必须具有把所授教材烂熟于心并熟练传授的能力。

第二，熟悉运动员。教师要充分地了解运动员，熟悉运动员，做到因人施教。教练员应该具有迅速熟悉运动员情况，分期分批记住运动员姓名，了解运动员学习态度和运动技术技能掌握现状及两头冒尖运动员的基本状态的能力。

第三，熟悉教学方法。教师应具备熟悉体育教学方法和手段，并有在课程教学实际中熟练运用的能力。

第四，熟悉组织教学方法。组织教学是体育课堂教学的核心，任何好的教学方法都需要通过教师的组织手段来实现。教师应具备根据教学的需要和运动员的实际情况，采用相应的组织教学方法有效组织运动员练习的基本功。

第五，体育示范能力。技术动作示范是教练员必须具备的基本能力。教练员做专业技术动作示范时，不但要能进行完整技术动作示范，而且能做分解技术动作的示范；不但要做正确动作的示范，而且要做错误动作示范，技术动作的示范要做得惟妙惟肖。

第六，灵活运用的能力。教练员应该具备善于观察运动员在学习过程中出现的各种情况，及时灵活运用教材、教学方法和组织教学手段，使运动员在单位时间内获取更多的信息，掌握技术技能，提高学习效果的能力。

第七，师生交流与互动能力。体育教学活动涉及教与学的两个方面，需要师生之间有广泛的接触与交流。教师在与运动员互动活动中，须了解运动员，改进方法，寻求运动员的配合；运动员须理解教师，跟随教师的教学思维循序渐进地从事练习，这样，有助于增强师生感情，提高教学效果。

（2）组织活动能力。学校体育竞赛活动是运动员从事业余体育锻炼的主要活动形式之一，在这些活动中，教练员是主要的组织者和指导者，应该具备组织运动员体育竞赛活动的能力，善于制定竞赛规程、绘制竞赛表格、召集会议、培训裁判、布置比赛场地和器材、组织练习和比赛等。不但能利用竞赛活动对运动员进行体育文化的传播，向运动员传授参加比赛的技能和技巧，同时能向运动员灌输"公平、公正、公开"的竞赛原则，培养运动员正确的胜负观，并能及时妥善解决比赛中发生的纠纷，使运动员体育竞赛活动健康发展。

（3）业余训练能力。业余训练是学校体育课程教学的基本活动之一，应包括校代表队和体育俱乐部的训练两个方面。学校体育代表队是学校体育的窗口，每个学校都需要有构建体育窗口的意识，教练员就是这个窗口的建造者和主角。教练员作为校代表队的教练，应该具备带队、训练、比赛的能力，能选材组队、制订训练计划、参与代表队管理、实施训练、研究对手、带队比赛等。在训练的过程中，教练员除训练比赛外，还应该积极与运动员所在院系保持经常的联系，对他们的思想作风、生活起居、学习成绩进行严格的管理和指导，使得运动员能顺利完成学业和训练比赛的双重任务。对运动员凭兴趣爱好组建的体育俱乐部，教练员应给予辅导、训练，提高运动员的运动水平。

（三）训练方面因素

训练方面的影响因素主要包括训练理论指导、训练的系统性安排这两个方面，具体如下：

1. 训练理论指导

在科学技术高速发展、节奏快的现代社会中，任何一个体育项目的发展，都需要以相关的理论研究为支撑。随着高水平训练的出现，运动训练中开始产生各种更加复杂的新问题。无论是哪种体育运动项目，只有进行科学的训练，在科学的理论指导下才能够获得更加显著的效果。

2. 训练的系统性安排

由于现代运动训练具有周期性特点，因此当前的运动训练需要进行系统性安排。站在系统科学的角度上看，运动训练实际上就是一个系统的工程，因此，可以利用工程原理来对运动训练工程结构进行构建。

（四）社会客观因素

对运动训练的发展产生影响的社会因素主要涉及竞赛规则、场地设备、领导的重视程度等方面。

1. 竞赛规则

竞赛规则对运动技术的发展方向和发展速度有着非常直接的影响，因此，竞赛规则也能够对运动训练中各种安排及成效标准产生非常直接的影响。不管是哪种运动技术，都必须在规则允许范围内才能够得以存在与发展。例如，篮球三分球的规则能够促进远投技术的发展，增加乒乓球的直径也将进一步丰富乒乓球的技术动作。在学习、训练、运用以及创新运动技术的过程中，都需要对规则进行深入研究与合理利用，并要能够对规则未来的发展变化情况以及其对运动技术发展所产生的影响进行准确预测。

2. 场地设备

场地设备是开展运动训练的重要物质基础，能够对运动训练效果产生很大的影响。一般情况下，质量高、数量足的场地设备能够降低客观条件因素对运动员运动训练的影响，有利于运动员以最佳的状态投入到运动训练中，相反，如果场地设备质量不高、数量不足，不仅会影响运动员的训练效果与运动成绩，而且还很容易造成不必要的运动损伤。同样的，在特定的情况下，运动训练中所使用的设施器材的先进情况，也会大大影响运动员运动技术水平的高低以及运动成绩的好坏。

从某种意义上讲，运动训练的高效开展、运动技术的发展离不开良好的场地设备条件，甚至场地设备条件的情况还会影响某些运动技术的存在。例如，撑竿跳高中的"弹射"过杆技术，离不开玻璃钢杆；乒乓球中的"倒拍"发球和削球技术，离不开两面不同性质的球拍胶皮。

3. 领导的重视程度

领导的重视程度，通常也会在一定程度上大大影响运动项目的开展质量。作为一个决策者，领导如果能够积极听取教练员和运动员的建议和意见，并积极组织相关部门参与到体育运动的训练与竞赛工作中，同时及时采取相应的措施，以对运动训练与竞赛中所存在的各种问题进行解决，这就有利于很好地促进运动训练的高效开展与广泛普及。

第四节　体育运动训练的发展趋势

如今，全民健身及可持续发展理念深入人心，受其影响，竞技体育活动也逐步走向科学化、和谐化，现代运动训练发展领域将更加宽阔、更加深入，出现了很多有关运动训练的新观念、新思路、新方法、新手段，并包含丰富的现代科技元素。人们不再满足于最初仅仅依照师徒相传的经验训练，而已经深刻地意识到，必须在运动训练实践中应用新思想、新观念、新理论、新科技成果、新方法与手段、新器材仪器，这样才能更快地提高运动员的成绩，提高竞技水平。概括与把握当今运动训练科学化的发展趋势，有利于转换传统的训练观念、训练思路，找出其中存在的问题，达到育人和贯彻夺标竞技体育思想的目标。从近些年的运动训练实践来看，现代体育运动训练的发展趋势将会表现在以下几个方面：

一、体育运动训练科学化

体育运动训练科学化就是人们对客观规律正确认识后产生的行为原则、决策理论及方法学原理等，并运用这些科学原理、方法及先进技术组织实施并有效控制运动训练全过程，进而实现训练目标的动态进程。教练员和运动员以科学理论与科学原理为指导，在各方面通力协作下，广泛运用现代科技成果，采用科学的训练方法与手段，对运动训练的全过程实施最佳化控制，以最小的付出取得最佳的训练成效和创造理想运动成绩的过程。科学化训练的基本内容包括科学选材、科学诊断、理想训练目标与目标模型、科学的训练计划、有效地组织与控制训练活动、科学组织竞赛、训练信息化、良好的训练环境、高效的训练管理等。

二、体育运动训练系统化、最优化

现代体育运动训练活动是以竞赛为导向的、以在竞技活动中取得一定的成绩的目的性活动，这是一个系统性的复杂工程。随着现代化的发展理念的形成，运动训练活动也逐步重视整个运动训练过程中的系统性安排与策划，从运动训练的实施到运动成果的取得，都离不开系统性的规划与计划，将系统控制思想与理念日渐与运动训练活动相融合，才能促使现代运动训练逐步走向系统化。

最优化的运动训练则要求运动训练要采取最适宜的训练方式方法，对训练的整个过程实行最高效、最低耗的训练组合，实行准确的信息反馈机制，根据运动员的实际情况制订最佳的训练计划，提高运动竞技能力。

三、体育运动训练将被高科技理论与技术整体渗透

从运动训练角度讲，科学技术对运动训练的作用体现在以下三个方面：

第一，人们不再满足于仅把运动成绩作为衡量训练效果的唯一标准，而是将评价的标准更多地投向训练的效率，即计算投入与产出的比值。这就要求从技术角度加大投入，微观上加强训练过程的监控，宏观上提高运动员成才率，缩短培养过程，延长运动寿命，即以最小的付出获得最大的效益。

第二，运动员的培养是一个系统、复杂和长期的过程。这个过程无论是纵向上的选材

阶段、基础训练阶段、专项训练阶段和高水平训练阶段，还是横向上的专项特点、人体生长发育特点、运动员个体差异以及场地和设备条件等因素，都需要高科技理论和技术的支持。

第三，随着运动员竞技水平的提高，肌体各器官、系统的功能及它们间的协作不仅达到了相当高的水平，而且也越趋向或接近生理的极限。进入最佳竞技阶段的运动员，竞技能力发展的可塑空间逐渐减少，对训练负荷与手段的要求明显增加，运动成绩增长与运动损伤间的矛盾日趋突出。此时，只有依靠先进的科学理论与技术，才能使运动员各个方面的潜能得以充分挖掘和最优匹配，促使运动成绩进一步提高。

四、体育运动训练将更加重视恢复

运动训练与恢复时刻相伴相生。对于高水平运动员来说，除比拼训练水平外，很大程度上也在较量体力的恢复能力。因此，如何消除疲劳就成为高水平运动员预防运动伤病、保持持续参赛能力和提高专项运动成绩的关键因素之一。合理的恢复要建立在多学科平台基础上，适时把握不同运动员比赛、训练和不同项目所消耗的能量及膳食特点，把握比赛或训练对运动员构成物质的消耗与营养因素构成的关系，配置相应的各种心理、生物干预措施，使营养恢复系统整体化、制度化和功能化。

从体能主导类项目训练的发展趋向看，除了加强传统上的恢复手段和措施外，一些力量训练与有氧训练也被作为提高恢复能力的重要手段，将被动的恢复转变为主动的恢复。全新的恢复理念使得人们已不仅从肌体疲劳恢复的专门措施与手段方面，而且从训练的负荷方面加强恢复能力的培养，从基础上提高运动员的恢复能力。恢复是一项非常复杂的工作，光靠教练员是难以完成的，管理工作者、科技人员、运动医生、营养师等也都是运动恢复活动的积极参与者，把各方面人员结合在一起分别从不同的角度进行分工合作才能搞好恢复工作。

五、心理训练将专项深化

随着竞技体育竞争的日益激烈化，在竞技体育各项目中，心理训练不再是可有可无的鸡肋，尤其在备战奥运会等这样的大赛中，心理训练更是得到普遍的强化与重视。心理训练的目的是帮助运动员提高和完善从事专项运动所必须具备的各种心理素质和个性心理品质，消除各种心理障碍，掌握调节心理状态的技能和方法，从而在训练和比赛中最大限度地挖掘和发挥运动员的潜能。不同类型的运动项目对运动员心理能力的要求不同。例如，在射击等技能类项目中，运动员心理能力的强弱将对比赛结果产生极为重要的影响。

六、强调力量素质训练

力量素质决定速度素质的提高、耐力素质的增长、柔韧素质的符合；力量素质是选材的依据，是运动素质的基础。几乎所有的竞技运动项目，不管是以技术和灵巧为主的非体能类项目，还是以力量为依托的体能类项目，力量训练都受到教练员的重视。

力量训练的发展动向与趋势为：当代力量训练的核心是专项力量训练，发展专项力量不仅要采用负重的专项技术练习，而且更重要的是改进"力量房"的训练，使其严格按照专项的运动方式、运动速度、肌肉收缩类型和发力大小等特点进行力量练习。力量分类的细化是当代力量训练的又一发展趋势，它促使力量训练在方法、任务、要求和检测等方面日趋细化。

第二章 体育教学的原理阐释

第一节 体育教学的目标

一、体育运动教学目标的结构

（一）体育运动教学目标的外部特征

体育运动教学目标的外部特征，就是不属于体育教学目标内容以内的，但规定着体育教学目标内容的特点与标志等。具体而言，体育教学目标的外部特征主要如下：

1. **体育运动教学目标的层次**

体育运动教学目标是有层次结构的，而且不同的层次结构在功能方面是有一定差异的。此外，体育教学目标的层次结构又有横向与纵向之分。

（1）体育运动教学目标的横向层次。体育教学目标的横向层次，从实质上来说反映了各种具体的体育教学目标之间的关系。具体来看，体育教学目标从横向角度大致可以分为知识目标、体能目标、技能目标和情意目标。这几个方面的目标是相互独立又有一定联系的，对于总体体育教学目标的实现发挥着重要的制约作用。

（2）体育运动教学目标的纵向层次。体育教学目标的纵向层次，从实质上来说反映了体育教学目标的上下层次关系。具体来看，体育教学目标从纵向角度来说大致可以分为课程教学目标、水平教学目标、学年教学目标、单元教学目标、课时教学目标等。

2. **体育运动教学目标的着眼点**

教学目标都是围绕着需要解决的问题来制定的，"需要解决的问题"便是教学目标的着眼点。只有切实明确了教学目标的着眼点，所制定的教学目标才能更有针对性和可操作性。基于此，学校在制定体育教学目标时，要明确需要解决的教学问题。

（二）体育运动教学目标的内部要素

在了解了体育教学目标的外部特征后，就可以来了解其内部要素了。体育运动教学目标的内部要素主要有如下：

第一，条件。条件是决定目标难度的因素，在规定目标难度和学习进度时，可以利用目标中条件因素来进行变化。以排球垫球来说，目标"自己抛球后将球垫起"和"接垫同伴隔网抛来的球"在难度上是不同的，而使难度不同的是垫球的条件。

第二，标准。在对目标的难度进行改变时，标准也是一个十分重要的因素。以排球垫球来说，目标"垫出的球要达到 2 米的高度，并落到本方场地中"和"垫出的球要达到 3 米的高度，并落到本方场地的前半场"在难度上是不同的，而使难度不同的是垫球的标准。

第三，课题。在对目标的难度进行改变时，课题也是一个十分有效的因素。一般来说，课题是通过改变动作形式（运动课题）来使目标的难度发生改变。比如，体操中的平衡运动的课题。

课题 A：手放在什么位置都可以，做十秒钟的单脚站立。

课题 B：手在体前相握，抱膝盖，做十秒钟的单脚站立。

很明显，这两个课题下的目标在难度上是不同的。

二、体育运动教学目标的功能

对体育教学目标的功能进行分析，能够帮助人们更好地了解与掌握体育教学目标，并为体育教学目标的设计提供科学依据。具体而言，体育教学目标的功能主要如下：

（一）定向功能

体育教学目标是对体育教学目的的反映，在体育教学的开展过程中，体育教学目标发挥着方向性的作用，即体育教学活动是在体育教学目标的指导下开展的。基于此，体育教师在开展体育教学活动时，必须以体育教学目标为指导。

（二）激励功能

就体育教师来说，当体育教学的目标确定之后，会激励其为实现这一目标而全身心地投入体育教学工作，并在工作中始终保持较高的热情，确保体育教学目标能够实现。就学生来说，当体育教学的目标确定之后，会激发其参与体育教学活动的兴趣和积极性，这对于体育教学取得良好的效果具有积极的意义。

（三）规范功能

体育教学相比其他学科教学来说，要更为复杂。再加上新课程标准对体育教学提出的新要求，使得体育教学的难度进一步加大。在此影响下，一些体育教师在开展体育教学活动的过程中，很可能出现无法保证体育教学科学性的现象，继而导致体育教学无法取得理想的效果。要避免这种情况的发生，一个有效的举措便是让体育教师确实明确体育教学目标的规范作用，即要切实依据体育教学目标来选择教学内容、实施教学行为等，以确保体育教学的科学性和有效性。

（四）评价功能

所谓体育教学目标的评价功能，就是可以体育教学目标为标准来评价体育教学活动的效果。比如，足球课程教学的目标之一是让学生掌握足球运动的相关知识与技能，那么在评价足球教师是否完成了教学活动时，就需要考虑其所教授的学生是否掌握了相关的足球运动知识与技能。

第二节 体育教学的内容

随着基础教育课程与教学改革的深入，体育课程教学内容和教材也相应变化。体育教学内容是体育教学系统的核心和基础，是教学过程中"教"与"学"双边活动的中介和载体，体育教学内容是体育教学计划、教学大纲、教材中体现出来的体育与健康的知识和技能体系。

一、体育教学内容的含义

体育教学内容是伴随着体育教学活动而出现的，由于文化、教育和社会发展的差异，不同时代有不同的体育教学内容，对体育教学内容相关问题的认识也各不相同。通常认为，体育教学内容是教师依据体育教学目标选择出来，并在体育教学中传授给学生的体育与健康知识技能的总和，包括体育基本知识和与运动有关的卫生保健知识、身体锻炼方法和各种运动技能。体育教学内容包括以下两层含义：

第一，体育教学内容有别于一般的教育内容。首先，体育教学内容是依据体育教学目标而选择的，在制定目标时充分考虑了学生身心发展需要、教学实际条件等因素；其次，体育教学内容是以身体活动为基本手段来进行的教育，以身体锻炼、身体练习、运动技术与技能学习和教学比赛等组织形式为主的教学形式，而语文、数学、英语等学科则是通过理性知识传授为主的教育。

第二，体育教学内容也有别于竞技运动的内容。竞技运动中的训练虽然也有育人功能，与体育教学类似，体育教学和竞技运动的内容都是运动项目而且大部分相同，但二者的目的和对运动项目的运用都有很大差异：体育教学以培养健康的合格公民为目的；竞技运动以培养高水平运动员和出优异运动成绩为终极目标；体育教学内容需要根据社会发展和教育的要求进行必要的改造、组织和加工，而竞技运动内容不必和不允许进行改造。即使是相同的运动项目，二者对受教育（训练）者在体能发展的水平和动作技能的标准化程度等方面上的要求也迥然不同。

由于体育教学内容在形式、性质和功能上的多样性，使得体育教学内容在选择、加工、组织和教学过程控制中变得更加复杂。

二、体育教学内容的特点

（一）实践性

体育教学内容以身体锻炼、身体练习、运动技术与技能学习、教学比赛等组织形式为主，身体活动是这些教学内容的共同特征。身体运动的实践性是体育教学内容最突出的特点之一。这里的实践性是指体育教学内容绝大部分都与由骨骼支持的身体运动实践紧密相关，受教育者本人必须亲身参与这种以大肌肉运动为特点的运动时才可能学会这些教学内容。体育教学内容中的知识学习和道德培养，也必须通过运动过程和体育学习情境氛围，通过运动中的本体肌肉感觉和情感体验才能最终获得，这是与其他学科教育内容最根本的区别。

（二）健身性

由于体育教学内容以身体活动为基本手段，体育教学必然会对身体形成一定的运动负荷。因此，在运动方法和运动负荷合理的情况下，体育学习和练习自然会对身体产生锻炼的作用与效果。虽然由于教学时间的安排、运动负荷的大小、多少和学习目标的优先顺序等各种因素而经常处于非自觉状态，但只要在选择、分析和设计体育教学内容时，根据受教育者不同的身心特点，将这些健身性的内容进行科学的设计和控制，在体育教学中将以锻炼身体不同部位为主的内容进行搭配，在教学过程中对运动负荷大小进行合理安排，对每个教育内容的健身效果进行评价并反馈改进教学，就可以最大限度地发挥体育教学的健身效果。

（三）约定性

体育运动项目或身体练习方式是在一定的时间、场地、空间或在专门器械上，按照约定的规则和程序进行的，如"田径""郊游""沙滩排球""户外运动""沙地网球""平衡木""撑竿跳"等。也就是说，如果这些项目离开了特定时空的制约，其内容和形式就会发生质的变化，甚至内容本身就不存在了。由于体育教学内容的时空约定性，使体育教学内容对运动的时空有很大的依赖性，也使场地、器材、规则本身成为体育教学内容的制约因素。

（四）层次性

体育教学内容具有鲜明的层次性。体育教学内容的层次性表现在以下两个方面：

第一，体育教学内容内在的层次性，即体育运动的内在规律使体育教学内容的技术与战术之间、内容与内容之间存在着由简单到复杂、由易到难的递进式的层次性，这种内在层次性可以相互联系和相互制约，例如，篮球运动中的运球、传球等基本技术是篮球战术学习的基础，田径教学中的短跑教学内容是跨栏跑教学内容的基础等。体育教学内容的内在层次性是我们编制体育教学内容的依据。

第二，体育教学内容的外在层次性，即学生的生理、心理和社会特点等外在因素也具有递进式的层次性，这使得体育教学内容的安排应具备系统性、逻辑性并与以上层次性因素相适应。

（五）娱乐性

由于体育教学内容大多是竞技性的运动项目，参加者在这些运动过程中的学习、竞争、协同、挑战、表现、战胜、超越等心理体验和成就感、卓越感等，都会让人产生愉悦的审美体验。当学生在教学过程中真正感受到这种愉悦的体验时，就会强化在体育教学中对运动乐趣的追求动机，这也是体育教学内容与其他文化课内容的重要区别。

三、体育教学内容的分类

"对任何事物的分类无非都是为了通过对该事物进行整理和归类，从而加深对该事物的认识。对体育教学内容的分类也是如此，是为了对体育教学内容进行梳理，使其体系更加清晰，与体育教学目标的对应更加紧密，并能根据教学过程进行合理的排列"。[①] 在中国体育教学理论和实践的研究中，国内体育理论专家、学者对体育教学内容的分类做出了有益的探索。

（一）体育教学内容分类的要求

1. 符合社会发展的需要

体育教学内容在服从国家教育的基础上，随着社会发展和教育方针的要求而不断变化。因此，体育教学内容的分类也应与时俱进地适应社会发展的需要，也就是以目标加以

---

① 毛振明. 体育教学内容的分类方法［J］. 体育学刊，2002（06）：8.

分类，根据不同时代社会发展的需要，对体育教学内容有所增减。

2. 符合体育学科的本质

体育教学内容的分类应为体育教学实践服务，分类的正确与否需在实践中不断地检验。体育教学内容的分类必须符合体育学科要求，并且分类应遵循体育教学内在的逻辑性。因此，体育教学内容的分类应有整体性的观念，也就是体育教学内容的分类既要与体育教学目标、体育教学计划相互对应，又要与体育教学方法、评价等相互联系，使体育教学内容的分类成为一个有机的整体。

3. 符合学习者的要求

根据不同的年龄阶段变化，各阶段体育教学目标是不完全相同的，因此体育教学内容的分类也应有所变化。体育教学内容的分类要符合不同学段学习者的阶段性要求。

（二）体育教学内容的分类方式

体育教学内容是多种多样的，其所解决的教学任务、教学目标也是多方面的。因此，体育教学内容的分类方法应具有多样性和层次性特征。体育教学内容在分类时可以分成不同的层次，不同的层次又可运用不同的分类方法，但是在同一层次上则必须采用同一个分类标准进行分类，须保证同一维度应遵循"子项之和等于母项"的分类标准。目前体育教学内容经常采用的分类方法是依据人体基本活动能力分类、依据身体素质分类、依据运动项目分类、综合分类和体育功能分类五种分类方法。

1. 依据人体基本活动能力分类

依据人体基本活动能力分类是体育教学实践中较为常见的一种分类方法，它是以人的走、跑、跳、投、攀、爬、钻、平衡、支撑、踢、接等身体活动能力划分体育教学内容的。这种分类对于有目的、有计划地培养学生走、跑、跳、投、平衡等人体基本活动能力是有利的，且不易受到运动项目的限制。因此，这种分类方法不仅有利于不同教学内容的组合，而且也有利于发展学生的各种身体动作和基本活动能力，比较适合低年级的游戏等教学内容。

2. 依据身体素质分类

发展学生身体素质能力是学校体育教学的目标之一。这种分类是按照组成人体身体素质的速度、力量、耐力、灵敏、柔韧几个部分对有关体育教学内容进行分类。这种分类方法的特点在于：在发展学生身体素质能力方面分类明确清晰，有利于实现锻炼身体的目的和帮助学生正确认识各种体育运动项目与身体素质能力之间的关系。但是，由于许多项目并不是单纯发展练习者某一方面身体素质的能力，所以这种分类显得不够确切，而且这种分类往往容易带来对体育教学内容的文化特性的认识不足，从而容易使学生忽视体育运动的文化知识学习与养成。

3. 依据运动项目分类

依据运动项目进行分类是体育教学中最常见的教学内容分类方法之一，它是按照运动项目的名称和内容进行分类的，如田径、篮球、足球、武术、游泳、健美操等运动项目的教学内容。这种分类方法的特点在于以下两个方面：

（1）有利于教师和学生根据运动项目固有的特点进行教授与学习，因为这种分类方法与竞技体育中的运动项目几乎完全一致，在名称和内容上容易理解，有利于学生竞技运动文化的学习和掌握。

（2）容易否定非正式比赛项目或一些尚不规范的比赛项目，即使是奥运会、世锦赛等正式比赛项目，因其在规则、技能等方面具有高技艺、高难度、高水平的特点，这些内容往往既不适合学生身心发展的要求，也不符合学校的师资队伍、场地器材等教学条件，必须对其规则、难度等做出必要的改造，使之符合体育教学内容的选择与要求。

因此，这就对体育教师提出更高的要求，也对"竞技运动教材化"提出了更高的要求。

4. 综合交叉分类

综合交叉分类是指把体育教学内容按基本部分（必修）与选用部分（选修）、理论与实践教学内容、各运动项目的基本教学内容与提高身体素质练习教学内容等进行综合与交叉的分类方法。这种分类方法能够反映不同年龄阶段的学生的身心发展的特点和对学生体育与健康课程学习的基本要求，有利于实现体育教学的综合效果；既有助于保持运动项目的固有特点和系统性，又有助于加强身体锻炼的实效性，使运动项目的技术和发展学生身体素质的练习相互交叉配合。

5. 依据体育功能分类

依据体育功能分类把课程目标分为四个方面——运动参与、运动技能、身体健康、心理健康与社会适应。故此，体育教学内容也应该包括这四个方面的教学内容。这种分类方法能够使教师和学生更好地实现体育与健康课程的目标，但缺少具体的教学内容选编的参考范围和相应的考核标准。

总之，体育教学内容的分类方法具有多样性、复杂性等特点。这是由于对体育教学内容研究的角度不同和采取不同的分类标准而形成的。

四、体育教学内容的分析

体育教学内容的分析是解决"教什么"和"用什么教"的问题。体育教师在进行体育教学设计和教学实践前，要了解教师教什么，学生学什么，也就是先要知道教学内容，并对它进行详细的分析。为了保证体育教学目标的实现，体育教学必须有恰当的、适宜的体育教学内容为载体。分析体育教学内容是对学生起始能力变化为终点能力所需要的从属知识和技能，及对其上下、左右关系进行详细剖析的过程。

（一）分析体育教学内容的目的、意义

"用什么教"和"教什么"是体育教学内容的两个重要作用，"用什么教"是体育教学内容作为媒介的一面，而"教什么"是体育教学内容作为内容的一面。体育与健康课程标准已经明确了课程的目标体系，为体育课"教什么"指明了方向，如果不去实实在在地研究"用什么教"，必然会使体育课程目标成为一纸空文，其结果会导致空谈体育课程的多种功能，而学生依然得不到实惠，使体育课程的改革成为华丽的"空中楼阁"。因此，我们需要对体育教学内容进行详尽的分析，充分发挥体育教学内容在体育教学过程中的载体作用。

"用什么教"是教学素材的选择和加工，"教什么"则是对教材意义及价值的认识和处理。例如，教"前滚翻"是我们从许许多多体操动作中选出来的一个有代表性的连续体位变化的体操动作，而我们在教这个动作时往往是想通过前滚翻的动作使学生掌握简单的滚翻动作，同时培养学生紧急情况下，落地缓冲的方法，增强学生的方位感和时空感，克服心理障碍，培养灵敏素质和对体育运动的初步认识等。因为体育教学内容的特殊性和复杂性，在教授同一个教材时，有的教师这么教，有的教师那么教，有的教师强调技术，有的教师注重锻炼身体，有的教师侧重于教文化，有的教师教乐趣，有的教师教学习方法，等等。而一堂体育教学课是为实现具体的体育教学目标而实施的，因此，我们有必要对体育教学内容进行分析，充分认识教材作为媒介和内容的整体作用，使体育教学内容的选择能为高效、成功、愉悦的体育课堂教学提供保障。

1. 分析体育教学内容的目的

（1）有助于充分挖掘体育教材的价值，使其更好地为实现体育教学的多种功能服务。

（2）详细地分析体育教材内容，能有效确定体育教材内容的范围和深度，为因地制宜地选择教材内容提供条件。

（3）通过对体育教材内容进行分析，揭示体育教材内容各组成部分之间的关系，为教学安排奠定基础。

（4）给体育教师提供"如何教"和给学生提供"如何学"的指导，从而有效地促进体育教学目标的达成。

（5）有助于教师和学生能结合学校的实际情况，为较好地实现体育与健康课程目标，选择适宜的教材内容。

（6）明确了教师应该"教什么"和学生应该"学什么"的问题。

2. 分析体育教学内容的意义

（1）有利于最大限度地发挥体育教材内容为实现体育教学目标的载体作用。

（2）有利于体育教学资源的充分挖掘和利用。

（3）有利于激发和保持学生的体育学习兴趣和满足学生的发展需要。

（4）有利于提高体育教师根据教学实际，选择、改进和创编体育教材内容的能力。

（5）有利于体育教学效率和教学质量的提高。

（二）分析体育教学内容的步骤

1. 分析体育教学内容的相关文化知识信息

体育教学内容是根据体育教学的要求从体育运动素材中精选而来的。每一种体育运动素材都有自己的起源、历史和发展现状。每一个体育教学内容本身都具有特定的文化知识信息。分析体育教学内容的文化背景，有助于体育教师更好地从教材中提取相关的文化知识，提高学生的体育文化素养。

2. 分析体育教学内容的功能

体育教学内容的最重要形式和载体是运动项目，通常具有非常丰富的内涵和多样化的潜在功能。体育教学内容功能的挖掘既要全面，又要准确，这样才能为体育教学目标的实现提供条件。对体育教学内容功能的分析主要依据体育与健康课程的四个学习方面，即运动参与、运动技能、身体健康、心理健康与社会适应来分析。在项目潜在功能分析中既要分析该项目具有什么样的潜在功能，又要分析这些功能需要什么样的具有教学环境及活动条件才能转化为教育教学的效果。

3. 分析体育教学内容的特点

了解体育教学内容的特点是我们实施体育教学过程的关键环节，只有熟知体育教学内容的特点，才能设计出实效性高的体育教学组织形式、教学方法和教学媒介，并为最终教学任务的完成提供保障。体育教学内容特点的分析主要从两个方面着手进行：一是分析该教材内容的优点，如有利于学生体能发展、学生的创新空间大，对教学场地、器材的要求低，安全性能高、教学组织简单等；二是分析该教材的局限性，如技能学习和掌握的难度大，对学生的体能要求高，趣味性较差，枯燥、乏味等。

4. 分析体育教学内容的重难点

教材的重点，通常称为教材的关键，是指完成某一个动作时最主要的环节，学生对这一最主要的环节掌握与否，会影响到整个动作的完成。分析体育教学内容的重点，可以从两个思路出发：第一，根据体育教学内容体系涉及的知识内容，对教材进行深入细致的分析；第二，挖掘知识的教育功能，把握教学重点，这主要是确定非知识性教学重点的思路。

教材难点是指在实现体育教学目标过程中出现的障碍，主要是学生因接受知识的能力差异而产生的困难，在体育教学实践中，分析教材难点的方法很多，在寻找突破难点的方法时，要善于抓住突破难点的实质。主要抓住三个关键：①明确什么地方难；②找出为什么难；③善于抓住难的焦点。如把教学活动的障碍比作一次障碍赛，那么难点就是达到终点过程中的障碍物。我们认为体育教学的主要目的就是帮助学生解决学习中的疑惑和练习中的困难，困难疑惑就是教学的难点。

5. 分析体育教学内容的时代性

体育教学内容都具有明显的时代性，尤其是新兴体育运动项目体现了社会的某些流行元素和时尚气息，非常符合现代青少年的个性特点和价值取向。如街头篮球体育教学内容就非常明显地具有张扬个性、展现自我以及追求超越的特点。

第三节　体育教学的原则

一、全面发展原则

体育教学应以促进学生的身体锻炼为基础，促进学生身心的全面协调发展。在体育教学中，除了促进学生身体健康外，还应将体育教学与心理学、美学和社会学等学科知识结合起来，全面提高学生智力、心理素质、美育（感）和能力等多方面的发展，以培养适应社会主义现代化建设需要的人才。

体育教学全面发展原则的基本要求包括以下四点：

第一，体育教师在体育教学中认真学习和领会体育教学大纲（或课程标准）精神，全面贯彻教学大纲（或课程标准）的目标和要求。

第二，体育教师应树立现代体育教学价值观念。用现代体育教学价值观去评价和衡量现代体育教学质量。现代体育教学除了具有一定的生物学价值，还具有心理学、教育学、社会学及美学的价值。

第三，在体育教学的准备、实施、复习、评价等阶段中，通过制定教学任务、选择教学内容和运用各种教学手段和方法，都应注意增强学生体质并促进其全面发展。

第四，体育教师在制订各种体育教学工作计划和编写教案时，应在课堂中给予学生足够的身体练习时间，并在教学中重视学生的心理发展，

二、合理安排运动负荷原则

体育教学合理安排运动负荷的基本要求包括以下五点：

第一，运动负荷的安排要服从体育教学目标。体育教学的目标是培养学生健康体魄和健康的心理素质，因此，基于这个目标可以明白，体育教学不是为让学生不断超越身体极限的挑战自我，也不是为了增加运动负荷而大运动量训练，竞技体育中单纯为了金牌而无限制地加大运动负荷的方法不适用于各级学校的普通学生的体育教学。

第二，运动负荷的安排要服从学生身体需求。体育教学应为促进学生身体发展而服务，因此，体育教学中，运动负荷的大小应充分考虑学生的身体发展状况与需要。教师要合理地安排运动负荷，就必须了解学生的身体发展情况（包括不同性别学生的生理差异、学生在不同生长发育阶段的特点等），运动负荷安排要体现对学生身体的无伤害性，同时有利于促进学生身体发展。

第三，运动负荷的安排要充分考虑学生之间共性与个性关系，需要体育教师在运动负荷方面考虑周全。一方面，教师要从学生的整体情况来考虑。这个整体情况主要是指学校学生的年龄段有相对趋同性，因此他们的身体素质发展有类似的特点。另一方面，教师在整体趋同性的基础上，还要关注一些个人特殊情况，如对伤病学生的运动负荷安排应酌情减少。

第四，运动负荷安排应为逐步提高学生自我控制运动负荷能力服务。体育教育虽主要以使学生参与身体练习为主体，但是也不能忽视学生对体育理论方面的知识讲授，这种理论教学往往能够让学生更好地理解体育的意义，从而促使他们主动参与到体育锻炼中来，而不是仅仅在课堂中参与。因此，体育教师应加强学生的体育运动理论知识的教育，提高学生自己判断运动负荷是否合理的基本能力，并使学生能在体育活动中自主调节运动负荷。

第五，体育教学中应重视合理休息。运动负荷的安排与休息方式、休息时间有关。科学合理地安排休息方式、休息时间和心理负荷，对于顺利达到理想的体育锻炼效果有着重要作用。

三、循序渐进原则

体育教学循序渐进原则的基本要求包括以下三点：

第一，制定好教学文件、安排好教学内容。在保证教学文件和教学内容都安排妥当的情况下，才能执行教学工作。因此，在进行教学工作之前一定要制订系统科学的教学计划方案。在制订教学计划文件时，每个运动项目、每次课、每学期的内容和教法，都应前后衔接，逐步提高。教学计划中内容的安排对教学工作的实施效果具有至关重要的作用。因此，教学计划的制订既要考虑该运动项目的由易到难、由简到繁的顺序；又要考虑与其他运动项目之间的关系。项目的安排应遵循循序渐进的原则，以保证前一个项目的学习有利于后一个项目的学习。

第二，不断提高学生生理负荷。学生的生理负荷可以采取波浪式、有节奏地逐步提高，因为机体需要一定时间的适应，课程交替有节奏的安排。合理利用超量恢复是生理负荷提高的有效措施。

第三，教师要不断提高自身的文化素养，深刻了解学生身心发展的一般规律和特点，了解各项教材的系统性及其之间的关系。

四、巩固提高原则

体育教学巩固提高原则的基本要求包括以下五点：

第一，在体育教学中，教师应合理安排训练计划。让学生进行反复强化的练习，增加练习的密度，不断巩固运动条件反射，使其获得进一步的巩固和提高。制订合理的训练计划是让机体在巩固提高的过程中避免出现过度疲劳损伤机体。

第二，体育教师应重视良好体育教学方法和训练方法的选择。教学中，可采用改变教学方式或者改变练习条件来达到巩固提高的目的。

第三，增加运动密度和动作重复的次数，反复强化，不断巩固运动条件反射，提高技术水平、身体素质和体育能力。

第四，教师要给学生布置适量的课外体育作业或家庭体育作业，将课内课外结合起来，达到巩固提高的目的。

第五，不断提出新的学习目标，培养学生进行体育运动兴趣和进取动机。

五、因材施教原则

体育教学因材施教原则的基本要求包括以下四点：

第一，引导学生正确对待个体上的差异。差异的存在，如果利用得当，还是一个教育鼓励学生之间互相帮助、培养团队意识和集体精神的好方法。学生之间的运动天赋和对体育的了解各有不同，要在体育教学中贯彻个体差异性的原则，教师应在自己充分了解学生个体差异性存在的基础上，向学生讲解个体差异的存在，并引导学生正确看待差异。差异的存在是客观的，然而这却不能成为歧视天赋较差的学生的理由，同时教师也不能过分偏爱天赋较好的学生。

第二，深入细致地研究和了解学生之间的差异。一方面，学生要对学生个体的差异性进行全面的了解，这是贯彻个体差异性原则的前提条件。为此，教师可以在学期前进行一些测试或座谈交流，弄清不同学生在身体条件、兴趣爱好和运动技能等方面的差异。另一方面，教师应认识到学生个体差异并不是一成不变的，如有些学生在一开始的测评中被认为是没有很好的运动天赋，但是其本人非常热爱体育运动，在平时的课堂上也非常积极地配合教师完成各种教学内容，慢慢地学生的进步就会突飞猛进，对此，教师要有长远的眼光，要能发现不同学生在运动方面的天赋。

第三，丰富教学实践，选择适当的教学方法。在体育教学中，有些项目是不能根据"等质分组"的原理来处理区别针对性教学的问题。因此，教师面对这种情况就要运用其他方法来对待个体差异性，如安排"绕杆跑""定点投篮"等教学方法。这些项目的设立是为了能够给那些在某些项目中没有任何特长的学生，让他们依旧对体育产生兴趣，而不是因为参与某项运动的成绩太差而觉得自己成为体育课堂的"局外人"。体育教师应让每一个学生都能参与到体育教学活动中来，体验运动的快乐。

第四，重视学生个体差异性与统一要求的统一。在体育教学中，提高全体学生的综合素质是每个教师的目标，因此在制定教学目标时，都会考虑到目标的可行性，要满足大部分学生的要求。学生的个体差异是客观存在的，教师应在教学中充分重视这点，但是体育教师也要立足于整个班级的教学，对学生统一要求，以促进学生完成教学任务，达成体育教学目标。

第四节　体育教学的环境

一、体育运动教学环境的基础内涵

人受不同的环境影响产生不同的行为特征。环境可分为社会环境和自然环境，其改变可对个体乃至社会造成极为重要的影响。在体育教学活动中，外在环境同样可以作为评价教学质量的指标，影响体育教学活动的顺利开展和学生的身心健康培养。具体来讲，教学环境是一个由多种因素构成的复杂系统，对于促进教育计划的制订、教学活动的展开以及教学结果的评价具有重要意义。教学环境联系着学科的形成和发展。作为教学环境中的一种，体育教学环境是一种特殊的人类生存环境，良好的体育教学环境可以促进学生和教师身心健康发展，学生不仅可以从中提高体育学习能力，教师也能够利用其顺利组织体育教学活动。另外，体育教学环境因其多样性、复杂性的特点，其实施需要综合考虑实际情况和客观条件。

与其他学科不同，体育学科的上课场所具有多变性。对于体育教学活动来讲，学生和教师参与的场所大多在室外，且需要具备一定的体育教学器材和教育硬件设施，并且要求学生积极参加到活动中去。体育教学环境具体可以分为人文层面环境、物质层面环境。对于人文层面环境来讲，体育教师需要充分考虑学生的实际条件开展教学活动，充分提高学生参与的主动性和积极性，并且给予人文关怀，合理安排教学时间、教学内容；对于物质层面环境来讲，体育教师应为学生营造良好的体育学习场所，并且为学生提供比较完善的体育教学设备和器械，促进学生身心健康发展。

二、体育运动教学环境的主要特性

体育运动教学环境是体育教学活动的实施基础。从体育教学实践活动中可以看出，体育教学环境相较于其他学科开展的教学活动来说，具有更加复杂、明显且直接的影响。营造良好的体育教学环境是师生展开、参与教学活动的起点，也是师生参与其中最重要的依托，如果失去这一依托，体育教学活动便不能顺利展开，师生的教与学也就失去了立足点。另外，其影响因素的多样性和范围的广阔性，体育教学环境的重要性常被人所忽略，从而影响体育教学活动实施的最终效果。但实际上，体育运动教学环境在体育教学活动进程中起着维持、推进作用，这主要是由于体育教学环境的复杂性、动态性以及可控性所决定的。

（一）体育运动教学环境的复杂性

对于体育教学环境来讲，其影响因素更为复杂和多样，这也是与其他学科教学环境有所不同的区别之一。详细来讲，体育教学活动的场地大多选择在室外或是增加开阔的空间，而极少选择在室内，因此，这种特征也就决定了体育教学环境的复杂特性。除此之外，体育教学环境还可能受到校风、班风、体育文化氛围、师生关系、气候条件以及地理条件等外部条件因素的影响，因此环境更加复杂。

（二）体育运动教学环境的动态性

体育教学环境具有开放性和多维度的特点。通常来说，体育教学环境的设计是根据学校实际情况和提前制定的教学目标、计划，专门组织开展的一种全天候动态变化环境，并且最后再进行选择、论证和加工处理，将环境影响因素统一整合，从而使其能够系统、集中地发挥作用，促进体育教学活动顺利开展。

三、体育运动教学环境的设计原则

体育教学环境的设计，应该"对教学过程实时记录，掌握学生的情感感知、社会感知和位置感知，提升教学环境的全面性、适应性、可操作性"。[①]

如果想要为学生的学习营造非常优秀的氛围，那么需要注重体育运动教学环境的有关设计，进行教学环境设计的时候要考虑体育这门学科的具体特点，然后科学地设计。与此同时，也要考虑体育学生的心理需要、学习需要。具体来讲，应该遵照以下几个方面的原则：

（一）整体化和协调化原则

教学环境设计过程当中涉及很多方面，所以，要求教学环境在设计的时候要从整体角度出发，注重不同方面之间的协调，也就是要按照整体化原则以及协调化原则展开相应的设计工作。教学环境设计的涉及设计主体是学校和教师，因此要求学校和教师认真分析、综合规划，将不同的影响因素充分考虑到设计过程当中，保证不同的因素可以协调发挥作用，最终设计出优秀的教学环境。

综合考虑教学环境设计的影响因素，需要学校的领导以及学校的教师观察学生的学习以及学生的生活，例如，应该注意师生之间的和谐关系的构建，应该注重学生之间的友好相处，应该注意班级教室的构造安排、班级风气的打造等。这些因素都是环境设计需要考虑的因素，而且不同的因素之间应该协调处理，与此同时，环境设计还要参考教育目标、美学目标。

（二）教育化原则

设计教学环境主要的目的是让学生有更好的学习环境，间接促进教学质量教学效果的提升。因此，环境设计一定要体现出教育化原则，学校是学生学习的重要场所，教学环境设计过程中也主要把学校当作是设计对象，也就是说，教学设计应该针对有限的学校教学环境进行科学规划，要综合地利用校园的各个空间，让学生能够感受到校园传递出的浓厚的学习氛围。

（三）自然化原则

教学是针对学生开展的，所以，在进行环境设计时要综合考虑学生的心理活动以及学生的个性特点。在当今的学习时代，学生和自然环境的距离越来越大，学生在了解自然环境的时候也是从书本的角度进行的。为了让学生和大自然更亲近，在教学环境设计过程当中应该加入更多和自然景观有关系的要素，这可以让学生和大自然之间的关系更为亲近，而且大自然要素的增多也有利于学生身心健康发展，可以让学生更好地释放学习压力、精神压力，可以让学生始终在相对轻松的心理环境下学习。

（四）人性化原则

教学环境设计是为了让学生有更好的学习效果、学习成就，因此设计环境的时候要关注学生的需求，考虑学生的想法，也就是要体现人性化原则，要让环境设计符合学生的学习需要，让学生认为学习环境是舒适的。

（五）社区化原则

学生生活在校园当中，校园也是一个巨大的集体，校园存在于社区系统当中，因此社区环境也会影响的学校环境的发展，也会影响学校发展。而且，当下非常提倡学校教育和社区教育之间的联合，非常注重学校社区环境的一体化发展，所以，学校在设置教学设施的时候也会考虑周围的社区环境，而且学校不仅仅为学生服务，它还会为社区当中的公民提供一些服务。在进行教学环境设计的时候要考虑到社区学校环境，要考虑社区居民的要求，而社区环境也应该在设计的时候更多地考虑学校学生的需求，也就是说，二者要相互理解相互考虑，通过联合的方式促进彼此的共同发展。

"在互联网背景下，充分运用先进技术手段实现智慧体育教学环境设计，对于营造智能化体育学习环境、打造个性化体育教学具有重要的意义。"[①]

四、体育运动教学环境的完善优化

（一）自然环境的优化

一般情况下，如果所在的地理位置不同，那么面临的自然环境也会有所差异，自然环境对教学产生的影响也就是不同的。学校可以积极利用自然环境的优势，以此来弥补自然

---

① 于海.互联网背景下智慧体育教学环境设计策略［J］.武汉冶金管理干部学院学报，2021，31（02）：81

环境当中的不足之处，进而为学生提供更好的教学环境。学校在对自身的自然环境进行分析和考量的过程当中，可以很快地找到自然环境具有的优势。例如，北方地区在冬季的时候有很大的降雪量，可以更多地开展与冰雪有关的运动；山区学校周围的场地是非常多样化的，可以为学生开设更多的越野活动或者登山活动；海边城市可以为学生开设更多的水上运动项目。

想要为学生提供更好的体育教学环境，那么学校需要致力于构建室内体育场馆或者风雨操场，这样才能避免恶劣环境对体育教学活动的影响，不仅如此，还应该在场地周围建设更多的绿植草地，这样可以让运动场地的空气质量得到明显的改善，还能为学生遮挡阳光，降低环境的噪声污染，而且这样绿色健康的环境也会让师生的教学活动更加愉悦。

体育教学过程当中可以选择的教学方法或者教学内容是很多的，教师可以根据自然环境灵活地为学生选择适合的运动方式，教师选择具体活动的时候要避免学生活动的开展在极限环境当中进行，要注意培养学生对体育运动的兴趣。

（二）设施环境的优化

体育教学活动的开展离不开体育教学设施，体育教学环境的设计也需要考虑到教学设施。教学设施包括参与教学的教师、使用的运动器材、活动开展的操场或者体育场馆等，这些设施会直接影响教学活动，并且会影响到最终教学活动获得的教学效果。不同的学生对于教学设施的外观特征会有不一样的想法或者感觉，例如，体育场馆内部的灯光设计、颜色设计、设置安排会影响学生的感官，也会影响到教学效果。

1. 合理布置场地和器材

合理配置教学设施可以让学生的身体以及学生的心理得到更好的发展，也可以让教学取得更好的教学效果，更可以让学生对体育运动投入更多的精力。例如，在进行体育活动的时候，学生会看到体育场地的各种器材，如果体育场地的环境是非常整洁的、非常干净的，那么学生也会想要快点加入体育活动。但是，如果场地是比较杂乱的，那么学生可能就会抗拒参与体育活动。

在体育器材投入使用之后会产生一定的磨损或者是老化，有一些需要螺丝连接的体育器材也可能出现螺丝松动，这会对体育活动的开展产生一定的安全威胁，所以，需要注重运动设备的维护，要经常检查运动场地是否有安全的隐患。除此之外，还要对发现的老化器材或者磨损器材进行定期保养，只有教师做到了日常检查、日常维护，学生参与体育活动的安全才有保障。

2. 完善体育场地设施条件

学校除了提供更加优质的场地条件之外，还要考虑到场地当中的采光设置、照明设置以及声音设置。通常情况下，体育课的开展需要依赖室内场馆，所以，室内场馆的照明设计、采光设计或者声音设计都会影响到教学活动的效果，如果场馆内部光线比较暗，那么学生很难看到老师写在黑板上的体育知识，这会直接影响学生知识的吸收和理解，进而会影响到体育学习的效果。如果场馆内部的光线非常强烈，那么就可能会导致反光现象的出现，这会导致学生运动过程当中视力受到影响，最终的教学效果也没有办法提升。

除此之外，场馆应该为学生提供安静的学习环境，避免噪声的影响，这样学生才能集中注意力，才能在最大限度上避免噪声对其注意力集中产生的不良影响。如果学生的注意力频频没有办法集中，那么学生就容易产生运动疲劳，而且情绪波动也会更大，难以稳定地开展体育活动。有的时候甚至会攻击他人。如果是在室外开展体育活动，那么噪声的影响是一定存在的，学校应该想其他方法尽量地为体育教学活动的场地提供更为安静的环境。

3. 搭建体育场地设施色调环境

体育教学环境的色调也会对教学结果产生一定的影响。一般情况下，色彩会影响到学生的心理状态或者情感状态，如果色彩是红色的或者深黄色，那么学生更容易处于激动状态，如果是绿色或者蓝色，学生可能会感觉很轻松。也就是说，相比之下，暖色调更容易激发学生的兴趣，例如，在双杠运动当中学生更喜欢红色的双杠，而不喜欢木制的双杠。体育设施本身设定的颜色以及学生体育运动服装的颜色也会对教学效果产生影响，如果班级着装比较统一，那么班级学生在体育活动当中的凝聚力就比较强。

第三章 体育教学的方法及其优化

第一节 体育教学训练的传统方法

"体育教育是当前课程体系中的重要组成部分，承载着学科育人的重要使命。"[①] 体育教学方法的分类，具体地讲，就是把众多的体育教学方法按照一定的标准归属到一起，又按照某些不同特点把它们区分开来，建立体育教学方法的次序和系统，以下针对一部分体育教学训练的教法、学法与练法，进行探讨。

一、体育教学训练的传统教法

（一）语言教学法

所谓语言教学法，是指教师通过语言方式来描述体育知识、文化、动作要领、技术构成、教学安排等一系列活动要点的方法，学生通过对教师的语言的理解，逐步掌握知识的要点。

1. 讲解教学法

讲解教学法，是指教师通过讲解来展开教学活动内容。讲解法一般用于体育理论的教学，讲解教学体育教师需要注意学生所处的认知能力和知识水平。如果讲解的深度和难度超出了学生认知能力的范围，让大部分学生感到难以理解，则说明教师阐释的方式或者选用的教学内容不适合学生。讲解法的使用要注意以下要点：

（1）明确讲解的内容和目标，讲解的过程要突出讲解内容重点和难点，讲解要有较强的目的性和针对性，也就是说在讲解之前就已经预设好讲解将要达成什么样的目标，以便于在讲解过程中对课堂的整体方向有所把握。避免信马由缰、脱离主题地讲解，这样往往使学生无法理解教师的用意，浪费了课堂的宝贵时间，导致课堂效率过低。

（2）保证讲解内容的准确性。教师要有科学严谨的教学态度，高度重视讲解内容尤其是体育历史文化、专业术语的解释、技能方法的描述要准确到位。

[①] 崔志强. 体育教学初探［J］. 学周刊，2019（20）：155.

（3）注意讲解的形式要简单明了、生动有趣。任何繁冗拖沓、枯燥乏味的内容都容易让人产生厌倦的感受，因此教师要善于利用图片、视频与语言讲解相配合，同时采用多样化的表达方式，将知识点描绘得更加形象自然，加以肢体动作以促进学生对语言描述的理解。

（4）讲解要由表及里、易懂易学。对于同样的知识点，不同的教师进行教学的效果往往会产生一定的差异，产生这种差异性最主要的原因之一就在于教师引导学生进行理解的方式。优秀的、有经验的教师往往更善于通过对比、类比、递推、递进式提问等形式来启发学生的想象思维和主动思考，促进学生对于知识的敏感性，能够发现知识之间的内部联系，并形成自我的认知能力和属于自己的知识体系，并且能够灵活地完成对知识要点的迁移。

（5）注重讲解的知识在逻辑上的先后顺序以及它们之间的内在关联性，以便于学生能够更快地完成对知识的掌握并形成较为稳定的知识体系。

2. 口头评价法

作为体育教学中的教学方法之一，口头评价是最为快速和直接的一种评价和提醒，它不拘泥于某个具体的时间点和地点，既可以在课堂中进行，也可以是在一节课结束之后，体育教师对学生的学习和练习以及获得的学习效果进行简要的、概括性的点评。口头评价可以按照评价的性质分为积极评价和消极评价两种，具体如下：

（1）积极评价——带有肯定、表扬和鼓励的性质的评价。

（2）消极评价——由于学生的表现不够理想，具有一定的批评和鞭策作用的评价。由于该评价是以批评的性质为主，因此教师要尤其注意沟通的技巧，注意措辞的方式，就事论事，既要让学生充分认识到自己的不足之处，又要保护学生的自尊心。

3. 口令、指示法

口令、指示的语言凝练，短促有力，因此在体育教学的实践中教师可以适当通过口令指示给予学生一定的知识，这种方式尤其适用于体育教学中的动作教学。口令和指示法的应用有以下要求：

（1）发令的声音要清晰、洪亮。

（2）注意使用口令法和指示法的时机。

（3）注意口令和指示发出语速和节奏，太快了学生跟不上，太慢了会削弱其力度和有效性。

（二）直观教学法

直观教学法是通过给予学生的视觉等感官以刺激来促使学生对体育知识产生深刻的了

解，直观教学法的优势和特点是直接、生动、形象，因此产生的效果往往也更具有震撼力和持久性。体育教学中有以下常见的直观教学法：

1. 动作示范法

动作示范法指在体育教学中，教师通过对教学内容的动作示范，来帮助学生熟悉动作的结构和动作的要领，同时对该技术动作有一个整体上的、比较形象化的了解。应用动作示范教学法应注意以下四点：

（1）明确示范目的。在示范之前，要明确示范的目的是什么，通过动作的展示，要使学生达到什么样的学习效果。进行动作示范之前，要指导示范的目的是什么，要展示什么。

（2）动作的示范要标准连贯。因为教师的演示就是学生学习和模仿的参考，所以教师的示范必须正确，否则一旦学生形成错误的动作习惯，对其后续的学习会带来许多麻烦与不便。

（3）注意要选择合适的示范位置和角度。这样做的主要目的是要使所有的学生都能清晰地观察到动作示范，从而对技术动作产生一致性的、准确的理解和认识，为了实现该目标，教师可以选择从多个角度来进行多次示范等方法。

（4）将示范与讲解相结合。通过示范、讲解两种方式的配合，调动学生的听觉、视觉和触觉等多个感官的功能，使学生对技术动作有更为深刻的理解和认识。

2. 案例教学法

案例教学法，就是在体育教学中用反面对比和类比等方法来列举例子，让学生能够更好地理解所教授的内容。案例教学法有如下的具体要求：

（1）案例的选取要适合，确保能够产生目标要达到的加强、对比等方面的作用。

（2）选取有关战术配合的案例时，其案例的分析要尽量详尽一些，并且要注意从攻和守两个角度来进行分析。

3. 多媒体教学法

多媒体教学方法在现代体育教学中的使用越来越广泛，与传统的板书教学最大的区别和优势在于：多媒体教学可以形象生动地将教学内容展示出来，通过动画和视频演示、慢放和定格等操作，可以将每一个动作的每一个重点和细节都精准地定位、展示和分析，从而使学生对动作技术有更加快速、清晰、深刻的认识，这是传统的肢体示范和口头讲解都无法实现的。需要强调的一点是，多媒体教学法的运用需要多媒体教学设备等硬件条件的支持，也需要教师具备多媒体操作技能作为软件方面的支持。

4. 教具与模型演示

利用教具和模型等实际物体来辅助体育的教育教学，使学生对于技术结构的理解会更加的简便和轻松。其中需要注意以下要点：

（1）根据教学内容的实际需要提前将教具和教学模型准备好。

（2）教具、模型的展示要全面到位。尤其如果是对器材进行具体的介绍和讲解的时候，可以让学生近距离地观察和体验。

（3）使用过程中要注意保护教具与模型，使用完之后要小心地收纳到指定的容器内，并放置到安全的地方以防损坏。

（三）游戏教学法

游戏教学法，指教师通过游戏娱乐的方式促使学生对体育知识要点的掌握。该教学方法应用比较广泛，可用于各个学习时期尤其适合于低龄的学生。其最大的优势在于可以极大地调动学生的学习积极性。在进行游戏教学法的过程中需要注意以下几个方面：

第一，注意游戏的设计其所涉及的行为方式、思维方式都应当与所教授的内容具有较高的相关性。

第二，游戏的设计和选择要注意学生的兴趣和偏好。应选择学生感兴趣的内容、方式。

第三，在游戏开始之前，教师要讲清楚游戏的规则和游戏的目标是什么。注意游戏规则、目的的讲解。

第四，在开展游戏的时候，鼓励学生要尽力而为，队友之间要形成良好的合作。

第五，在游戏过程中，教师要扮演好"警察"的角色，对于犯规的学生要给予一定的惩罚。

第六，游戏结束后，体育教师要问问学生的感受如何，同时对学生的表现给予中肯全面的评价。

第七，在整个游戏教学的过程中教师要提醒学生注意安全，提醒并禁止具有安全隐患的行为。

（四）分解教学法

分解教学法是与完整教学法相对的，更适合于高难度的运动项目。分解教学法的主要优势分步教学，将原本很复杂的动作变得更容易理解和模仿，从根本上降低了技术动作的难度。具体来说，分解教学法的应用需要注意以下几个方面：

第一，科学地选择技术动作的分解的节点，不要破坏整个动作的连贯性。

第二，注意依次教学和加强衔接练习。对于分解后的各个部分要按照其先后顺序进行练习，之后还要将各个环节的衔接处结合到一起，并对此做专门的强化练习。

第三，将分解法和整体法相结合运用，可以获得更好的教学效果。

二、体育教学训练的传统学法

（一）合作学习法

合作学习法，是指在学习的过程中强调合作的重要性，强调学生之间的相互帮助和配合，通过合理地划分工作任务和相应的责任，最终能够共同圆满地解决问题，达到学习目标和任务。达到教师所设定的学习目标，完成教师布置的学习任务。

第一，确立学习目标，通过该合作式学习预期要达成的效果是什么，要重点培养学生在哪方面的能力。

第二，将全部的学生分成实力相当的小组，依据任务的特点，注意将不同性格、性别、特长的学生的合理搭配，以促使学生之间的相互取长补短。

第三，确定小组研究课题，引导学生合理地进行组内分工，并探讨如何提高全组的整体的学习效率。

第四，完成小组学习任务。

第五，各个小组之间进行学习和交流，分享各自的经验的心得，通过交流和分享各个小组可以相互学习，发现自身的优势和不足。

第六，教师关注、监督和评价学生学习的过程，并帮助学生一起做好学习的总结。

（二）自主学习法

自主学习法，是指学生主动发现、分析、探索，独立自主地进行体育学习的方法，但这并不意味着学生可以完全脱离教师的指导，而是要在教师一定的引导下开展的自主性学习活动。体育教师指导学生进行自主性的体育学习，应当注意以下方面：

第一，难度要适当。由于是自主性学习，学习过程以学生自己思考与探索为主，这对于学生来说并不是一件轻而易举的事，因此教师要注意根据学生的年龄阶段、认知特点，为学生选择难度适当的学习内容，保证具有一定的挑战性，但又不至于无法完成。

第二，明确学习目标。教师要为学生及其自主学习制定一个清晰的学习目标。通过这个学习目标学生要清楚地知道自己要完成的任务是什么，通过自主学习学生需要解决哪些问题以及要达到什么样的水平。

第三，学生要参照学习目标，在学习过程中学会自我调控：首先，对学习过程有一个整体的把握；其次，学会积累各种学习方法，并思考学习方法与运用场景之间的联系；再次，要有创新思维，在对具体情境进行较为客观的基础上将已有的知识进行迁移和组合，从而创造出专属于自己的新策略。

第四，教师要对学生的自主学习给予适当的辅助与引导。学生的自主性学习并不是放任不管的无组织的学习，相反它更是一种有计划、有目标的学习过程，在这个过程当中教师要关注学生的学习进度，如果出现不妥当的情况，学生的学习路径或思考方式与学习目标发生偏离就需要及时给予纠正。

三、体育教学训练的传统练法

（一）重复训练法

重复训练法，是通过不断重复进行某一个训练内容来提高身体素质和运动技能的一种体育学习方法。重复训练法的核心和本质就是通过重复性的动作使得某一固定的运动性条件反射不断地得到加强，使得身体产生一种固定的适应机制，进而使学生实现对技术动作的掌握。

1. 重复训练法的分类依据

一般来说，重复训练法有两种分类方法：一种是按训练时间的长短；另一种是按照期间间歇方式来划分的。

（1）依据训练时长划分，可分为：①短时间重复训练法（低于30s）；②中时间重复训练法（0.5～2min）；③长时间重复训练法（2～5min）。

（2）依据训练方式划分，可分为：间歇训练法和连续重复训练法。

2. 重复训练法的运用要求

（1）同一动作的反复练习容易使学生产生枯燥和厌倦之感，因此教师要关注学生的情绪的变化，并适当地给予调节。

（2）注意训练动作的规范性，同时还要注意训练的负荷。

（3）强调技术动作的正确练习，如果学生连续出现错误动作应停止练习，防止错误强化。

（4）科学确立学生训练负荷、强度和频率，要依据运动项目的特征和学生的实际情况来设定。

（二）持续训练法

持续训练法，是无间断地、持续地进行某项身体练习的训练方法，其前提要求就是要保持一定的负荷、强度和运动的时间。

1. 持续训练法的分类依据

持续训练法的分类方法可以根据训练持续时间来划分，可分为：短时间持续训练法、中时间持续训练法、长时间持续训练法。

2. 持续训练法的运用要求

（1）持续训练法既可以用于单个技术动作也可以用于组合性的技术动作。

（2）在训练开始前，应向学生介绍具体的训练内容及其顺序安排，同时提醒需要注意的要点。

（3）持续训练过程中，体育教师要提醒学生注意训练动作的质量，并对动作的质量做出具体的要求，这样才能使持续训练获得比较好的效果。

（三）分解训练法

分解训练与完整训练是相对而言的，是对训练内容的各个阶段和环节出发，对其中的每一个部分做精细化的研究和训练，并做到各个击破，最后达到整体掌握的目的。

1. 分解训练法的分类依据

（1）单纯分解训练法。把训练内容分解成若干部分，然后分别练习。

（2）递进分解训练法。把训练内容分解成若干部分，依照规律有序练习。

（3）顺进分解训练法。训练内容分解后，先训练第一部分，再训练第一、第二部分；再训练第一、第二、第三部分……步步为营。

（4）逆进分解训练法。与顺进分解训练相反，先训练最后一部分，再将前一个训练内容叠加训练。

2. 分解训练法的运用要求

（1）科学分解，对于浑然一体联系紧密的部分不能强行割裂。

（2）对各个部分要做精细化的研究，以便于达到训练动作的精细化、标准化。

（3）熟练掌握各个分解部分之后，要进行完整练习加以巩固。

第二节　体育教学方法的视角创新

一、健康体育视角下体育教学方法的改革

（一）健康体育的目标与原则

1. 健康体育的目标体系

健康体育首要目标就是强身健体。体育教学以育人为宗旨，以强身健体为出发点，以

发展学生鲜明个性、培养学生体育意识、养成终生体育锻炼习惯为主要目标。健康体育教学实施过程，就是指导每一位学生积极进行体育锻炼，促进学生形态结构、生理机能和运动素质健康发展，为工作、学习与生活奠定坚实的基础。因此构建一个由多个子系统组成的目标体系。

目标体系主要由三大目标和两大指标构成，其中两大指标指运动技能指标及健康锻炼指标和发展身体指标。这个目标体系宗旨是树立正确的健康观念和终身体育观念，掌握健康与卫生知识和科学锻炼的理论和方法；发展目标在于提高适应环境能力，发展心理健康和生理素质；意志品质教育方面：培养良好的道德规范，发扬团队合作的集体主义精神，激发积极进取的拼搏精神；运动技能指标中包含专项理论、运动能力、各级素质指标；身体指标有全面素质指标、身体机能指标和身体形态指标。整个目标体系全面、系统地分析学生在不同阶段、不同层次的发展目标，避免了体育教学的盲目性和随意性，也增强了学生追求健康体育的主动性和积极性。

健康体育的目标要理论联系实际，以锻炼身体为起点，循序渐进到专项体育运动，再深化到专项理论知识、科学锻炼的原理与方法，最后培养学生终身体育的习惯。

2. 健康体育的教学原则

在健康体育教学的实施过程中，必须遵守四大基本原则，才能避免体育教学过程中的盲目性与随意性，保证对健康体育锻炼的共同追求和向往。

（1）区别对待原则。根据不同的个人实际体质，每一个人的健康体育锻炼方法必然不同，应该结合实际选择适合自己的健康体育锻炼方法。普通高等学校招生除高中应届毕业生外还有成人高考，由于高考年龄限制的取消，大学生个体健康素质差异很大，情况也多种多样。因此应该采取区别对待原则，针对不同年龄层次不同健康状况群体的需要，传授不同内容，采用不同施教模式，实施灵活多样的健康体育教育形式。

（2）循序渐进原则。具体的健康体育锻炼应有科学合理的顺序和计划安排，应按照合理的顺序，穿插适当的休息，形成加强—适应—再加强—再适应的模式，逐步提高身体素质。良好的身体素质是掌握专项体育运动技术的基础。因此在健康体育教育课程安排上，从基础抓起，全面提高身体素质、发展体能，然后教授专项运动技能和知识，再结合学生自身特色发展属于自己的体育风格，历经被动接受到主动创新的过程，是教育未来发展的趋势。

（3）积极创新原则。需要（目的）—动机—兴趣—行动心理学的规律，说明人类行动积极主动性来源于需要。时代是不断进步的，任何事物的发展趋势总是前进的，而发展的道路又是迂回曲折的，健康体育也不例外。与时俱进，健康体育教学的理论和方法需要不断创新，专项运动技术与知识也需要不断完善创新，只有不断创新，新理论与新技能才能符合大多数人民的利益，满足学生个性化追求，得到广大当代大学生的支持和拥护。与此同时，学校健康体育才能在改革创新中求发展。

（4）积极主动原则。在平衡发展的基础上，健康体育锻炼必须使参与者认识到参加健康体育锻炼的重要性和寻求健康体育锻炼方法的积极性，充分调动他们的自主性和目的性，唤起学生对健康体育的共同追求和向往。了解不同学生的需要，针对当今体育教学存在的问题，加强对学生的体育健康理论知识教育。通过多样的体育运动形式，培养学生自觉参加体育锻炼的习惯，形成良好的全民健身的体育文化氛围，使体育成为一种兴趣。

（二）健康体育与体育教学的关系辨析

体育教学是面向全体大学生，以增进身体健康为核心目标的，通过身体锻炼增强学生体质，使学生进一步掌握专项基础知识和技能。在健康体育理论的视野下，除身体健康教育外，必须注重学生的心理健康教育和生活健康教育，使学生保持各种身体机能和能力的平衡发展。

1. 健康体育教学实施的必要性

体育是教育的重要组成部分，纵观体育教学改革发展历程，无论什么时代，即使体育教学改革方法不同，其改革的方向与落脚点都是培养学生健康的身体和强健的体质。因此归根结底体育教学本质目的是为了增强体质、全面提升心理和生理素质、提高社会适应能力。健康体育理念是体育教学改革的终极目标和出发点。古今中外，人们非常重视体育教学，通过体育教学来提高学生的体能，提高抵御外界疾病的能力，满足自己的兴趣爱好，培养持之以恒的毅力和艰苦奋斗精神的原动力。

中华人民共和国成立以来，我国体育教学不断变革与发展，经历了从"运动技术中心论"到"身体素质中心论"，到现在的"终身体育教育论"等，从应试体育教学向健康体育教学转变，继承与发扬体育教学的价值观念，进一步构建科学的体育教学观，促进和深化新时期体育教学改革。随着人类生活水平的提高和科学技术的进步，人们对与体育运动的理解也越来越深入。

学校为了培养学生健康的体魄，就要强调健康第一的思想，健康第一的思想为体育教育改革指明了方向。所为"健康"，不仅是身体健康，更重要的是心理健康。以"健康第一"为核心的健康体育教学主要帮助学生树立健康意识、养成正确的锻炼习惯和运动技能；相对应的体育教学的目的是让所有学生身心全面健康发展。学校为学生创造健康教育的条件，提高身体素质；丰富教学内容，培养学生的健康意识和自我适应社会的能力；结合学生身心特点和需要，让学生选择正确的锻炼方法和生活方式，学会用体育运动提高自己的健康水平。简言之，健康体育的教育观念是体育教学的重要任务。

2. 健康体育理念的教学地位

从健康体育教学理念提出后，体育教学改革一直以健康体育理念为中心思想，健康体育教学理念指导体育教学经过一系列曲折而艰辛的探索。在对健康认知的全方位理念下，由过去的只关注学生有无疾病转变为立足于生物学、心理学和社会学的三维空间，审视教学内容、方法和效果。依据区别对待原则，制订教学计划；根据学生的兴趣爱好来安排教学内容，有利于学生健康习惯的形成和培养。因此，体育教学改革应贯彻"健康第一"的理念。

另外，体育教学改革将实现健康体育作为最高目标。一直以来竞技体育都是体育教学活动的根本，教学任务有规定的标准，学生只是一味追求体育达标，忽视了自身的身心素质的提高，体育课程中并没有包含心理素质和社会适应等方面的知识。学校体育教学改革把实现健康体育作为最高目标，根本转变学生的体育观念，由被动学习转变为主动学习，激发学生的积极性，促进学生的全面发展。随着社会生活水平的提高，发展健康体育成为学校体育教学改革的必然要求，也能让学生以健康的身心进入社会，迎接新的生存压力和挑战。

总而言之，体育教学改革仍然要以健康体育为最高目标，从本质精神出发，为学生身心健康的发展奠定良好的基础，培养学生终身体育的观念。

（三）健康体育视角下教学方法的改革途径

1. 以"健康第一"为思想指导

随着时代进步，体育教学改革的首要任务是树立"健康第一"和"终身体育"的指导思想。让全面发展、协调发展、和谐发展等教育思想真正落实到素质教育中来，从而使学校体育教学长期、稳定和健康发展。根据健康的定义，我们将体育学科与生物学科、心理学科和社会学科相互联系，新时期的健康概念并不是传统的以身体健康为目标，没有疾病的状态，还注重心理健康和社会适应等多角度的要求，追求身心健康的最佳状态。

以"健康第一"为指导思想的体育教学改革重点加强对健康概念的全方面认识，尤其是教师，引领改革教育教学的内容、教材、目标、方法和评价效果。教学内容应以"健康第一"为中心，体育项目要同学生的实际相结合，符合个体性、时代性与发展性的特点与需要。换言之，"健康"成为衡量体育教学目标和方法是否有效的关键。因此，目前体育教学改革应全面贯彻"健康第一"的指导思想，以"终身体育"为体育教学宗旨，坚持把学生作为出发点和归宿，把握素质教育改革的春风，以促进身心全面发展为目标，培养学生终身、健康、全面体育锻炼的习惯。

2. 以社会化目标为课程导向

我们将广义上的课程目标定位于教育与社会的关系，而狭义的课程目标是指教育内部的教育与学生的关系，因此课程目标是连接学校体育与社会体育的桥梁，也是贯穿整个学校体育课程体系的核心，只有明确了课程目标，才能进行相关改革。健康思想指导下的体育教学将学校体育与社会体育相结合，学校体育课程目标以社会化教育目标为导向。

教育目标可以分为认知领域、情感领域和动作技能领域三个方面。社会化的课程目标涵盖面更广，依据社会公民应具备的基本素质，重点强调社会主义接班人应具备的"德智体美劳"五个方面素质的基本要求。具体细分为四个方面：①掌握体育锻炼的基本知识、技术、技能和卫生保健能力，以及适合自己的体育技能；②促进心理健康，养成良好的思想品德素质，提高身心全面发展；③培养学生对体育的兴趣与热爱，形成自觉主动体育锻炼的习惯，促进终身体育观念的形成；④以社会化为导向的课程目标还应与"健康体育"的理念相融合，实现健康体育、学校体育与社会体育一定程度上的有机融合，根据社会需求制定课程目标，按照健康体育要求促进学生全面发展。

3. 以"全面育人"为教学目的

体育教学应以"全面育人"为教学目的，不仅是增强学生自身身体素质和传授体育知识技能的情况下，还有教授学习的能力，进一步发展学生心理健康、思维能力、社会适应能力和培养新世纪具有竞争意识的社会主义接班人。因此，全方位的体育教学目的，包括体能、健康、娱乐、经济、生活、心理卫生等教学，以此全面培养学生适应未来踏入社会的激烈竞争与挑战。在体育锻炼中，能开发人的智力，活跃思维，善于思考；培养多方面的兴趣爱好，消除烦恼、焦虑、不安等心理障碍啊。体育教学想取得预期的体育教学效果，必须在"全面育人"的教学目标下，选择丰富的教学内容，采用多样的教学手段和方法，以公正、公平的态度设置教学评价标准。

为达到"全面育人"的目的必须采用多种健康体育指导形式：集中指导，适合少数人参加，动作简单的情况下；分组指导，根据不同目的、年级、锻炼水平、兴趣爱好自由、自愿分组进行；个别指导，针对个人实际情况制订相应的健康体育锻炼计划。

4. 体育教材内容的多层次化

目前大学生的身体素质发展千差万别，在教学过程中必须促使一般发展、共同发展和特殊发展、差异发展相结合，要求教材内容必须达到多层次化。总体上，体育教材内容应与时代接轨，提供给学生最基本的实用性强的内容。

（1）转变传统"一纲多本"的形式。所谓"一纲多本"是根据一个教学大纲，编写不同特色、品种的教材供不同地区使用，内容都是一样的，只是版本内容编排顺序不同。

随着教育改革的深入和素质教育的普及，"一纲多本"的教材形式已经不适应当时情况，相应的体育教材逐渐向"多纲多本"的形式变化。"多纲多本"有利于提高教材编写的质量，有利于教材多样化的发展等。

（2）教材内容编写达到多元化。多元化包括健康化、多样化、新颖化、形象化、体系化，把教材内容与课余活动游戏观相结合，增加趣味性，从而提高学生对体育学习的兴趣。

（3）教材内容范围多层次。如应涉及知识层面、技术层面、理念思想层面、方法技巧层面、思想情感层面，删除教材中过时陈旧的内容，增加具有时代气息的特色内容，除理论必修课外，还应开设多样的选修课供学生选择。

（4）教材内容应多注重实用性，减少理论性知识。健康体育教学以培养学生终身体育理念为宗旨，应增加接近生活的喜闻乐见的运动项目和健康教育内容，如网球、游泳、扩展训练、攀岩、足球、溜冰等。也要让学生了解目前体育教学中较前沿的理论成果和研究方向。同时，课程内容应设置相应的必修课程和选修课程，学生根据自己的爱好与兴趣，择其所好，通过教师的启发与引导，自主学习体育项目活动。

（5）新教材的内容多以运动医学和运动心理学为主，关于健康方面甚少。围绕"健康第一"的指导思想，在教材编写中，应将心理、饮食和疾病等健康知识与体育课程内容相融合，作为因果关系阐述。只有正确饮食，做到体内各机能均衡活动，有预防疾病的意识和常识，才能达到自身健康，再通过自觉体育锻炼和心理健康，才是健康体育的全面目标。

5. 树立学生主动的体育观念

主动锻炼的体育观念是指健康体育的需要，是培养全面发展人才的需要，是提高人口素质的需要。现代的体育教学主要以发展学生的创新能力为出发点，培养未来社会需要的创新人才，使学生产生强烈的欲望参加体育锻炼。在体育教学中，教师既在教学过程中起主导作用，也强调教师与学生、教与学的多边互动是相互联系和相互配合的。

树立学生主动的体育观，需要做到以下四个方面：

（1）强调学生的主体性，学生的学习活动具有独特个性，教师激发学生学习和锻炼身体的主动性和积极性。

（2）强调师生活动的多边活动，传统教学只限于师生之间单向活动，学生一直处于被动地位，现代教学模式应建立在师生多边活动基础上，对提高学生的主动性和积极性具有重要意义。

（3）注重学生学法的指导性，教学方法理论还包括教的方法和学的方法，教师要侧重学生的学的指导，使学生掌握体育科学的学习方法，在教学过程中对学生计划的制订与实施、学习内容的安排与计划、学习方法的选择与运用给予必要的指导与建议。

（4）注重学生的创新性，树立主动体育观是学生创新能力的前提，在教学过程中，根据已有知识、经验。从各个方面去发展问题，寻找解决问题的方法，在不断获得成功的过程中，养成自觉经常体育锻炼的习惯，突破压抑的教学方式。

二、终身体育视角下体育教学方法的发展

（一）终身体育与体育教学的关系辨析

学校体育和终身体育两者的关系密切，都是属于体育这个范畴，而在发展终身体育阶段，学校体育被纳入终身体育的体系中。学校体育是终身体育的重要组成部分，也是终身体育的基础，终身体育是学校体育的延续和发展。

1. 学校体育是终身体育的基础

学校体育是人们进行体育实践与身体教育的重要过程，是人们进行终身锻炼的基础阶段，是终身体育的一个重要环节，是个体接受的体育教育中最为系统、最为规范的教育，它是培养个体终身体育意识、提高终身体育能力和形成"终身体育"思想的最重要的时期，在整个终身体育教育系统中具有重要的地位。

学校体育教育是学生终身体育习惯养成的一个最重要、最关键的时期。学校是培养人才的基地，体育教育是培养人才的基础，合格人才不仅要有渊博的专业知识，还必须具有一个健康的体魄。体育的功能可以有效地改善和提高人体的健康状况。保持身体健康需要长期不懈地参加体育锻炼。学校体育教育不仅是让学生简单上体育课，更重要的是让学生了解相关体育知识，掌握一定的健身方法，养成体育的锻炼习惯。学校体育教育要及时加强学生主体意识的培养，提高独立锻炼的能力，强化终身体育观念，掌握锻炼身体的知识与正确方法。

2. 学校体育是奠定终身体育基础的时机

在校学习的学生正处在身体正常发育的关键时期，是人生道路中最宝贵最具有特色的黄金时期。在这个充满生机和活力的阶段，体育教师的言传身教、教书育人的作用，切合实际的教学内容，加之体育教师系统地传授科学锻炼的方法，良好的场地器材和锻炼环境，诸多方面形成了一个锻炼身体的较好氛围，必将对每一个学生的体育观念、体育锻炼兴趣的形成以及锻炼习惯的产生起着积极的影响。

学校体育对学生终身体育观念形成的积极作用主要如下：

（1）丰富运动经历，提高运动水平。校园是一个团结活泼、气氛浓厚、健康向上的体

育活动环境。充分的活动时间、大量的运动器材及课堂上教师的专业知识传授都有力地促进了学生运动知识的丰富及运动能力的提高。

（2）激发运动动机，培养体育意识和兴趣。动机是在需求的刺激下，直接推动人进行活动的内部动力。现代社会竞争日趋激烈，随着人们体力劳动的不断减少，脑力劳动的不断增多，体育锻炼越来越成为现代人日常生活中必不可少的一部分。教师应在教学过程中从激发学生运动需要入手，唤起其参加体育活动的内在动机。学生通过一定时间的体育活动及相关知识的了解与学习，能够从中体会到运动能够给人带来的身体和精神上的享受，逐渐形成习惯，建立起持久稳定的运动兴趣。

（3）提高对运动锻炼的理性认识，形成终身体育观念。体育教学过程中，教师要通过体育理论课程，使学生明确锻炼价值、目的和要求，正确认识体育锻炼的重要性和必要性。树立正确的体育观，掌握一些较为实用的科学锻炼的方法，并引导学生在个人的运动实践中加以运用，使其在理性上形成对体育的正确认识，为形成终身锻炼观念打下坚实的理论基础。

培养学生的体育意识与提高学生的体育素养，既是学校体育教育的重要内容，也是直接影响终身体育发展的重要因素。因此，学校体育教学应立足于现实，着眼于未来，提高学生自我锻炼身体的重要性的认识，树立终身锻炼身体的信念，掌握终身锻炼的手段与方法，使他们明确不仅在学生时代需要体育锻炼，而且进入社会后，在任何时候、任何环境、任何条件下都能做到独立地进行体育锻炼，达到终身受益之目的。

3. 终身体育为学校体育指明方向

全民健身计划以全国人民为实施对象，以青少年和儿童为重点，以普遍增强人民体质为目标。这不仅给我国推行终身体育带来了契机，也给学校体育改革和发展指明了方向。学校体育是终身体育的入门期，所以培养终身体育思想对学校体育改革有着深刻的影响。教学是学校体育的中心环节，也是学校体育改革的重点和难点，学校体育教育的目标是使学生掌握体育知识、技术和技能，养成体育锻炼意识、兴趣和习惯，增强体质，陶冶情操，促进身心全面发展。因此，只有用终身体育思想指导体育教学改革才能使学校体育适应社会发展的需要。

4. 学校体育与终身体育相辅相成

学校体育不仅对学生在校期间的生活发生重要影响，而且还对学生步入社会后的家庭生活、余暇生活产生重大影响，将学校体育与全民健身结合是培养目标的延伸。体育教学最主要的目的是为了增强学生体质。现在随着对体育本质与功能认识的提高，学校体育在很大程度上要考虑到学生终身的需要，在教学中应以终身体育为指导，培养学生终身从事体育活动的兴趣和能力，鼓励学生自觉参加体育活动，使体育逐渐生活化。学生时期是世界观形成的关键期，接受良好的体育教育对完善自我、形成终身体育观和树立全民健康意识有着积极的作用，是将来社会体育、家庭体育、终身体育的倡导者、实践者、组织者和领导者。同时，在校学生是实施全民健身计划的第一代受益者，又是第二代推行者，当学生进入社会转换角色后，他们已形成对体育的兴趣、爱好和习惯，会随着他们的生活方式、行为习惯传播于社会，体现出向社会辐射的功能。

（二）终身体育视角下教学方法的发展对策

21 世纪是科技、经济高速发展的时代，"科技兴国"已成为我国的一项重大基本国策。科技、经济的发展，必将对教育提出更高的要求。学校体育作为教育的一个重要组成部分，如何进行深化改革，使之能适应 21 世纪教育发展的需要，适应人才培养的需要，这是一个十分重要并亟须解决的问题。

体育教学改革是学校体育中一个永恒的主题，全民健身计划的颁布，明确体育教学的改革方向，既打破以运动技术传授为主线的教学体系，又要短期效益（即增强体质）和长远效益（即培养终身体育的意识、兴趣、能力和个性发展，人际交往，独立从事体育活动和自我健康、监督能力）一起抓，为学生走向社会，进行终身锻炼打好基础。

1. 明确以终身体育为核心的指导思想

自 20 世纪 80 年代起，我国学校体育界相继引入了包括终身体育思想在内的许多国外先进的体育思想，纷纷倡导终身体育。终身体育的提出顺应了时代发展的趋势，它与现代社会对体育的需要密切相关。学校体育作为终身体育的基础和中间环节，理应为学生的终身体育在动机、兴趣、意识、习惯、能力，在技术技能、方法和评价等方面奠定基础。为此，近年来各国在学校体育领域都很重视按照终身体育的指导思想进行改革。

确定学校体育教学思想必须与教育发展方向相适应，现阶段学校体育教学指导思想应当以知识技能为先导，以培养体育能力为重点，以终身体育为方向。

（1）以传授知识技能为先导。学校体育教学首先要体现出作为课程教学所赋予的传授知识技能的教学任务，将传授体育知识、技术和技能与科学锻炼身体的原则、方法有机结合起来，才能有效地实现增强学生体质和终身受益的体育观。学生对体育知识、技术和技能掌握的熟练程度，与增强体质和培养对体育的兴趣有密切关系，学生对体育知识、技术和技能掌握得愈牢固、愈扎实，水平愈高，就愈能激发学生对体育的兴趣，积极锻炼身体，这样增强体质的效果就会愈好。因此，在体育教学中首先必须重视体育知识、技术和技能的传授，为学生提供科学锻炼身体的知识和方法。

（2）以培养体育能力为重点。体育能力是指体育知识、技术、技能和智力的有机结合，体现在体育教学中就是着重培养学生有自我身体完美的要求，有经常锻炼身体的欲望，具有必要的活动技能和运用技能的能力。体育教学要重视体育知识和技能的传授，进而培养学生独立锻炼身体的能力、自我设计与评价的能力、自主学习与调控的能力、相互保护与帮助的能力、组织比赛和裁判的能力以及体育欣赏的能力等。通过培养学生的体育能力，使其走向社会后能够自觉坚持体育锻炼，为实现终身体育的长远目标打好扎实的基础。

（3）以终身体育为发展方向。终身体育是学校体育教学的长远目标，也是学校体育教学指导思想的核心。明确了这个目标，"以传授知识技能为先导""以培养体育能力为重点"的学校体育教学指导思想，就不仅仅限于一个学期或一个学年所追求的近期效益，也不仅是在学校学习阶段的效益目标，而是要从培养学生终身从事体育锻炼的意识、习惯和能力出发，来妥善处理同类体育课程和不同类型体育课程中有关传授体育知识技能、增强体质、提高体育能力和发展个性等相互关系；正确认识和处理体育教学的近期效益、中期效益和远期效益之间的关系，并力求围绕终身体育这个长远目标，不断开发学生的体育能力，练好身体，为终身体育打好基础，从而使学生终身受益。

改革和发展我国学校体育要以终身体育思想为指导，促使我国体育朝经常化、生活化、终身化方向发展，体育人口大大增加，人们体质、健康水平不断提高。学校体育为了适应现代社会发展对人才培养的需要，必须以终身体育思想为主导思想，立足于将学校体育的近期效应和长远效应相结合，注重培养学生的体育兴趣、意识、习惯和能力，这是推动学校体育与终身体育接轨，培养身心健康、有良好体育习惯和能力的高素质人才的发展方向，也是对学校体育改革、发展与推进全民健身具有十分积极、深远意义的重大举措。

2. 选择灵活多变的体育教学组织形式

教学组织形式是教学活动赖以开展的必要条件。但教学形式并不是一成不变的，它必须随事物的变化而发生变化。必须明确的是，内容决定形式，而绝不是由形式决定内容。体育教学组织形式的改革，不仅反映了体育教学改革的趋势，而且也能表现出体育教学改革的深度。在体育教学组织形式改革的实践中，我们应构建多种组织形式。

依据终身体育理论和体育教学模式理论原理，结合当前学校体育教学改革的实际，我们可以构建以终身体育理论为指导，以激发学生的体育兴趣和爱好、发挥学生的体育特长、培养学生形成终身锻炼身体的习惯、提高学生锻炼身体的能力、形成终身体育的思想与意识为目标的以下四种体育教学组织形式。

（1）分级体育教学。分级体育教学是一个依据学生身体素质状况，采取有目标、有计划地对不同群体施加不同教学内容和练习方法、手段，指导学生学习和锻炼的体育教学组织形式。设计此种教学组织形式主要考虑到在一个整群的学生中，由于身体素质水平的差异，采用统一教材和教学方法往往不能满足不同学生的需要，严重影响学生的学习兴趣和积极性。本着区别对待和因材施教的教学原则，把一个整群的学生按素质水平分成不同的群体，对不同的群体施加不同教材内容、教学方法和考核方法，使不同素质水平的学生均能愉快地接受体育学习，体验运动的乐趣。

（2）选项体育教学。选项体育教学是一种依据学生的兴趣、爱好和运动特长等实际情况，学生自由选项上课的体育教学组织形式。选项体育教学组织既使学生对体育的兴趣、爱好得到了满足，又充分地发挥了学生在某一运动项目方面的特长，使其通过体育学习加深对所学项目的理解，体验运动的乐趣，从而使其热爱并长期从事该运动项目，养成自觉锻炼的习惯，形成终身体育意识和终身体育思想。

（3）康复体育教学。康复体育教学是一种依据病、残、肥胖、体弱学生的实际而设计的体育教学组织形式。教师有计划、有目的地针对学生实际，实施康复体育教学内容，使学生在恢复健康的同时，也能体验到运动给他带来的乐趣，而不是"痛苦"地学习体育，从而建立起体育学习和生活的信心和勇气，长期坚持体育锻炼，主要教学对象为病、残及肥胖、体弱的学生。这种教学模式对学生克服自卑心理，树立顽强向上、勇于克服困难的人生目标，具有良好的促进作用。

（4）运动处方体育教学。运动处方体育教学是一种依据每个学生自身健康状况和身体素质水平，对体育的兴趣、爱好和运动特长等实际情况，教师有目的、有计划地对不同的群体或个体施加不同教材内容和练习手段（运动处方）指导学生自我锻炼的体育教学组织形式。运动处方体育教学过程模式是从培养学生自学、自练能力入手，以"运动处方"为中介，使学生掌握一定的科学方法，达到培养学生养成自觉锻炼习惯，提高自学、自练、自我评价、自我创新能力，形成终身体育意识和思想的教学目的。

3. 构建"以人为本"的体育评价体系

对学生体育评价的问题，要从新的指导思想考虑。传统学校体育重视在一个阶段、某个方面的成果，而终身体育着眼于全过程的多个方面的成果；传统学校体育鼓励竞争，用"达标测试"和筛选，实行淘汰，使学生在一种有形或无形的压力下学习，而终身体育则强调体育是一个过程，着眼于它的全过程的多个方面的表现，强调评价标准的多元性。这就和传统学校体育形成了鲜明的对比，从另一个侧面给现代学校体育提出了一个重要课题，如何使现行的学校体育制度开放一点，使学生学习更生动活泼一点、更有效一点。问题的实质在于如何转变人们的价值观，逐步调整和改变学校体育的价值判断标准。从终身体育思想出发，引入学生体育态度、兴趣、学生终身体育意识、习惯和能力的评价，这不仅更加有利于学生体育素养的培养和提高，也为学校体育评价注入了新的血液和活力。

（1）体育教育评价的本质与功能。教学评价的主要目的不在于选拔，即它不是作为一种结果而是作为一种过程存在于教学活动中。体育教学作为一种特定的社会活动，它是通过发挥身体、心理参与和互动合作等一系列过程来实现的，对体育教学进行评价，必须确立评价标准，找到评价的基准点。体育教学评价的基点应从身体、心理、群体等方面入手。身体是体育教学的主线，德、智的载体，乃实质所在；心理乃精神，是主体的意识、思想、情感，一切能动的活动，群体乃中介，包括各种外围条件。身体、心理、群体是个整体，三者和谐发展，既符合学校体育教学目标，也是讨论评价标准的出发点和归宿点，同时符合评价主体的需要和客体的属性和功能。

体育教学评价作为一种教学过程其功能主要有：①信息反馈功能通过教学评价提供的反馈信息可以使师生明确教学目标及其实现程度，教学活动所采取的形式和方法是否有利于促进规定的教学目标的实现；②考察鉴别功能教学评价可以了解教师教学的质量和水平，还可以考查和鉴别学生的学习能力、学业状况和发展水平，此外还可为管理者提供有关决策的依据；③强化功能正确合理特别是肯定的评价，可以提高教师和学生的积极性，维持教学过程的紧张状态，有时否定的评价也可激发被评价者积极主动地改进教与学的活动，不甘人后，奋起直追。

（2）构建适应现代体育教育发展的评价对策。

第一，评价目标、教学目标和教学指导思想的一致性。体育教学评价必须坚持评价目标与教学目标相一致的原则。如果评价目标与教学目标不一致，那么评价所把握的情况就会与教学活动所取得的结果相脱节，在这种情况下，不仅谈不上对教学的评价，而且也难以达到评价与指导的有机结合。如果评价能与教学直接结合，并作为教学的调整机能的一部分，这样就可以按照目标所确定的教师指导和学生学习的方向进行定期的评价，判断达到教学目标的程度。由此可见，必须根据教学目标来确定评价目标，否则必然导致偏离教育方向的后果。

体育教学指导思想，是对体育教学活动起方向指导作用的、以教学目标任务为核心的基本观点与认识，教学指导思想是教学活动的根本方向和目标问题。体育教学目标必须以上述的体育教学思想为指导，而体育教学目标则是教学指导思想的具体体现。教学目标不明确就会使教学工作难以适从，必然会引起体育教学实施过程的混乱，因此树立明确的体育教学指导思想的重要性是不言而喻，教学目标和教学评价必须与教学指导思想保持一致，"健康第一"思想无疑应贯彻于体育教学评价之中。

第二，重视发展，实现评价功能的转化。建立科学的评价机制首先要确立学校体育在素质教育中的地位和作用，明确学校体育的培养目标，使评价目标与教育目标一致，并以此为依据来设计体育教育评价的指标体系，并力求评价指标科学化，评价办法具有可操作性，发挥评价体系的正确导向作用。

体育教育评价要从单一的评价视角转向多角度方法的综合质量评价，要淡化考评的选拔甄别功能，不只是检查学生知识、技能的掌握情况，更要关注学生掌握知识、技能的过程与方法，以及与之相伴的情感态度与价值观的形成，要发挥评价的激励作用，关注学生成长与进步的状况，并通过分析指导，提出改进计划来促进学生的发展。既要考评体育知识、技能的学习成果，又要关注学生的身体发展和体育能力培养，以及思想、意志、品质，还要重视学生在体育学习中的进步幅度与努力求知程度等。总之，评价是为学生的全面发展服务，而不是学生的发展为评价的需要服务。

第三节　体育教学方法的选择与优化

一、体育教学方法的选择

"体育教学是体育教学过程中，师生为完成体育教学目标和体育教学任务而有计划地采用的、可以产生教和学相互作用的、具有技术性的教学活动。"① 体育教学中教学内容的主体始终都是运动技术的学习，这一点毋庸置疑。但是，素质教育的全面实施，不仅要求学生掌握运动技术，还要求发展学生的个性能力。这就涉及如何协调学生的知识掌握与能力培养两者关系的问题。

学生知识的掌握和能力的培养是同一个教学过程的两个不同的方面。在体育教学中，强调素质教育并不是要忽略甚至于不要运动技术的传授与掌握，而应该使学生在运动技术的学习过程中加强自身体育能力的培养，提高综合素质。然而，体育教学方法自身所具有的辩证本性，决定了我们要同时兼顾知识的掌握和能力的培养，就必须考虑运动技能形成的特点和规律，并以此为基础选择合理的方法组合，达到各种体育教学方法在功能上的互补融合。

行为主义心理学和认知心理学有关运动技能的学习理论为体育教学方法的选择提供了心理学依据。运动心理学的研究表明，运动技能的形成过程可以划分为三个阶段，即运动技能形成的认知阶段、联系阶段和自动化阶段，并且在不同阶段的学习具有不同的心理特征。为了更好地提高体育教学的质量和效果，适应学生主体的全面发展，我们从体育教学方法的角度出发，根据体育教学方法的分类体系，以运动技能形成的不同阶段所具有的不同心理特征为基础，选择既有利于技术掌握，又有利于个性能力培养的体育教学方法。

---

① 陈文新. 学校体育教学方法浅析 [J]. 才智，2012（16）：68.

（一）运动技能形成认知阶段的选择

认知阶段是运动技术学习的初期，此时练习者的主要心理特征表现为：神经过程处于泛化阶段，内抑制过程尚未精确地建立起来；注意范围比较狭窄，知觉的准确性较低；精神和全身肌肉紧张，动作忙乱、呆板而不协调，多余动作较多；虽然能初步地利用结果的反馈信息，但不能察觉自己动作的全部情况，难以发现错误和缺点。在此阶段，练习者主要是通过视觉观察示范动作并进行模仿练习，较多地利用视觉来控制动作。

鉴于心理特征，该阶段的体育教学应以运动技术的学习与掌握为主。因为掌握一定的运动技术是学生其他能力发展的基础，只有具备了一定运动技能，学生才能够更好地融入丰富多彩的体育活动中去，才能在不同的活动中提高自身的综合素养。由于运动技能一经学会之后，便不易遗忘，学生在运动技术的学习中一旦形成了错误的动力定型就很难纠正。因此在运动技术学习的关键时期，让学生掌握正确的运动技术，是体育教学最基本的目标。

根据体育教学方法的分类体系，该阶段选择知识型体育教学方法最有利于学生运动技术的学习与掌握。掌握学习法比其他知识型体育教学方法更能有效地促进体育教学目标的完成。掌握学习法是针对传统教育只注意培养少数尖子学生而忽视大多数学生的现象而提出的一种新的教学方法，其核心思想是：在所有学生都能学好的思想指导下，以集体教学为基础，辅以经常及时的反馈，为学生提供所需要的个别帮助，从而使大多数学生达到课程目标所规定的掌握标准。所以，在运动技能形成的认知阶段选择掌握学习法，不仅可以大面积提高体育教学的质量，提高大多数学生的学习效率，而且能培养学生的体育能力和自信心，激发其学习的兴趣，还能培养学生之间相互关心、相互支持的合作精神。

运动技能形成的认知阶段是学生形成正确的运动表象、理解动作概念的关键时期。在这一阶段，学生学习的主要途径为：以视觉、听觉接受信息和指示，以肌肉的本体感觉感知动作，对所要学习的运动技术的动作方式进行了解，并在头脑中形成运动表象。所以，这一阶段应选择直观法和以语言为主的体育教学方法作为主要的方法，选择练习法作为辅助的方法。运用直观法可以使学生对所学运动技术的结构、技术细节、运动轨迹等建立正确的视觉表象；运用以语言为主的体育教学方法可以使学生明确所学运动技术的要领、做法及要求，同时使学生理解运动技术的原理、原则等；运用练习法可以使学生在练习的过程中获得适当的反馈信息，有效地提高练习效果。这种方法组合不仅可以加强两种信号系统的协同活动，而且能够加深学生对动作概念的理解程度。练习法在这一阶段虽然相对于其他两种方法是辅助方法，但是它的作用却是不容置疑的。

由于练习法种类颇多，如果教师对其选择运用不恰当，即使进行大量的练习，也不会取得良好的教学效果。第一，如果所学习的运动技术的结构比较简单，或者结构虽然较为复杂但是把该运动技术从结构上分成几个部分后会破坏它们之间的联系，这时选择完整练习法最为合适；如果所学习的运动技术的结构比较复杂，并且将其分为几个部分后不至于破坏动作之间的联系，这时选择分解练习法最为合适。第二，由于在运动技术学习的初级阶段，学生在练习时不能感觉、发现自己的错误动作，所以此时不宜采取集中练习法，而应该选择分段练习法。因为集中练习容易出现反应定型化，甚至把学习过程中的错误定型化，而分段练习则能消除和调整不正确的反应，并且可以防止抑制性反应。第三，在运动技术学习的初期，选择重复练习法比变换练习法更有助于学生运动技术的改进和提高。

（二）运动技能形成联系阶段的选择

经过一段时间的练习后，练习者已经逐步掌握了一系列局部动作，并开始把这些动作联系起来。这时练习者的神经过程逐渐形成了分化性抑制，兴奋与抑制过程在时间和空间上趋于准确，内抑制过程逐步加强，分化、延缓及消退抑制都得到了一定程度的发展；注意的范围有所扩大；动作之间的相互干扰减少，紧张程度有所减弱，多余动作趋于消失；动作的准确性提高，识别错误动作的能力亦有所加强，初步形成了一定的技能，但在动作之间的衔接处常常出现间断、停顿和不协调的现象。在此阶段，练习者的注意力主要指向动作技术的细节，越来越全面地意识到动作的整体，并开始通过思维对动作的本质特征进行分析与概括。这时视知觉虽然起一定作用，但已不起主要作用，肌肉运动感觉的自控作用逐步提高，可以根据肌肉运动感觉来分析判断。

根据上述特点，该阶段在促进学生运动技术掌握的同时，尤其要加强对学生能力的培养。合作学习法比其他教学方法更适合运动技能形成的联系阶段的学习。因为合作学习法不仅能够大面积地提高教学质量，更为关键的是，它更注重对学生个性能力的培养。合作学习法有五个必不可少的要素，即积极互赖、面对面地促进性相互作用、个人责任、社会技能和小组加工。这五个要素的相互联系与作用，体现了一种多边活动观。处于这种多边活动中的教师，能够充分发挥其主导作用，而学生则能够成为体育教学中的真正主体。合作学习法以小组活动作为主要的教学组织形式，强调同伴之间的合作互助，小组内的成员可以各得其所，共同提高。

经过认知阶段的学习，学生对所学习的运动技术已有了基本的认识，虽然初步掌握了一些局部动作，但是对动作之间的衔接仍然不协调。在运动技能形成的联系阶段，还需要不断地改进运动技术。因此，这一阶段要选择练习法作为主要的操作性体育教学方法，而以语言为主的体育教学方法和直观法只作为辅助性方法，其中以语言为主的体育教学方法又相对重要些。

在运动技能形成的联系阶段，练习法的选择运用与认知阶段有着明显的不同。由于这一阶段学生运动技术的学习主要应着眼于动作的连贯性和协调性，所以，要以完整练习法为主；又因为经过前一阶段的学习，学生的错误动作明显减少，为了更快地形成动力定型，应以集中练习法为主；为了让学生对不同条件下的运动技术有更深的认识，这一阶段最好采用变换练习法。

（三）运动技能形成自动化阶段的选择

经过前两个阶段的学习，练习者的动作已经在大脑中建立起巩固的动力定型，神经过程的兴奋与抑制更加趋于集中与精确，掌握的一系列动作已经形成了完整的有机系统，并且稳定和巩固下来。各动作能够依照顺序按连锁的反映方式表现出来，自动化程度扩大，意识只对个别动作起调节作用；练习者的注意范围扩大了，主要用于对环境变化信息的加工上，对动作本身注意较少；肌肉运动表象更加清晰与稳定，动觉控制的作用加强，视觉控制的作用减弱，练习者能借助准确而分化了的动觉及时地发现并纠正错误。

根据这一阶段运动技能形成的特点，该阶段的体育教学不能一味地强调提高运动技术水平，而应着重发展学生的运动实践能力。经过前两个阶段的学习，虽然学生对所学习的运动技术的结构、原理等都有了深刻的理解和体会，能够比较精确地完成完整的运动技术，但是，他们仍不能灵活机动地将所习得的运动技能运用到实践中去。所以在这一阶段，学生运动实践能力的培养和个性的发展是主要的教学目标，与此相应地就要选择能力型体育教学方法作为主要的方法。在自动化阶段发现学习法比其他能力型体育教学方法更有利于学生能力的培养。发现学习法最本质的特征是强调探究过程而不是现成的知识。它的指导思想是以学生为主体，独立实现认识过程，即在教师指导的启发下，使学生自觉地、主动地探索，科学地认识解决问题的方法和步骤。发现学习法要求教师首先要创设问题情境，向学生提出要解决的问题，因此，运用这种方法可以促使学生在不同的学习情境中学会独立地分析问题、解决问题的能力，同时也能激发学生的内在学习动机。

要培养学生的运动实践能力，就必须让他们都投入到具体的运动情境中去，在诸多的操作性体育教学方法中练习法最为合适。所以，在运动技能形成的自动化阶段要选择练习法作为主要的操作性体育教学方法，而以语言为主的体育教学方法和直观法则起辅助的作用。

由于在运动技能形成的自动化阶段，学生个性能力的培养是最主要的教学目标，所以，教师要为学生提供良好的练习情境。在自动化阶段，游戏练习法和比赛练习法是最合理有效的练习法。

以上根据体育教学方法的分类体系，仅对运动技能形成的不同阶段选择了比较合理的方法组合。但是，随着体育教学方法的不断发展进步，其方法组合会逐步完善，发展到一定阶段，必然会出现与之相适应的新的方法组合。这就要求我们对已有的体育教学方法体系不断地进行研究与探索，才能不断地提高体育教学的质量和效果。

二、体育教学方法的优化原则

优化体育教学方法不仅要考虑一系列的影响因素，还要遵循一定的原则。根据体育教学方法系统的特点和功能，结合体育教学方法在实践中的运用情况，以下提出了优化体育教学方法必须遵循的三大原则，即：系统整体原则、综合复用原则、简便优化原则。它们是科学地选择与运用体育教学方法、提高体育教学效果的根本保证。

（一）系统整体原则

一般说来，对任何所研究的系统起码都要求对它进行三种不同水平的描述：第一，从其所具有的外在整体属性的角度；第二，从其内在结构和把其成分"包括到"形成系统的整体属性的角度；第三，从把这一系统理解为更大系统的子系统的角度。选择体育教学方法要遵循系统整体原则。系统整体原则反映的是方法的存在、运动和发展的客观规律，揭示了方法存在的普遍形式和一般特点。它要求我们从系统联系的角度考察体育教学方法，用系统的、整体的观点来对待体育教学方法的选择问题。

1. 整体性

从体育教学方法系统本身来看，它既然以系统的形式存在，就必然具有系统整体性。这种系统整体性表现在以下几个方面：

（1）构成体育教学方法系统的各要素或子系统融合为一个有机联系的整体，这个整体具有组成它的各要素、各子系统所不具有的整体质，即系统质，也就是我们前面提及的整体涌现性。

（2）体育教学方法系统内部各要素、各子系统具有相互联系的有序性、层次性、不可分割性及各自功能的不可替代性。

（3）体育教学方法系统的各要素、各子系统虽然各具功能和作用，但是它们都有助于达到一个共同的系统目标，即整体目标。它们相互联系、相互作用后产生一个总的整体结果。

（4）体育教学方法系统内部分与部分、部分与整体之间具有相互依赖、相互制约的关系。

2. 开放性

从体育教学方法系统与环境的关系来看，它与环境有物质、能量、信息的交换，是一个开放系统。作为一个开放系统，它只有对环境开放，同环境相互作用，才能生存和发展，并且开放得越充分有效，越有利于其自身的生存发展。所以，只有遵循系统整体原则，一方面，认真研究体育教学方法内部各组成成分之间的各种联系；另一方面，认真深入探讨体育教学方法与体育教学过程其他结构成分及其整体结构之间的本质联系，才能真正认识体育教学方法这一特别复杂的多方面的教育现象的本质及其在体育教学过程中的职能，才能保证所选择的体育教学方法科学有效。

（二）综合复用原则

根据体育教学方法系统内各元素或子系统功能上的差异性和互补性，我们提出了优选体育教学方法必须遵循的第二条原则，即综合复用原则。综合复用原则的基本内容是：为达到某一或某些目的，必须把若干个方法或方法系统组合起来加以运用，发挥方法的综合功能，而不能把方法孤立起来单独运用。综合复用原则从人类如何运用方法以及该方法采取什么方式发挥其作用的方面，反映了方法存在和发展的客观规律，揭示了人类运用方法的辩证法。

各种体育教学方法在功能上存在的差异性，主要取决于每种方法的方法域。所谓方法域，就是制约和限定方法有效性的方法的适用领域和适用范围的相对界限，它是标示方法适用领域和适用范围大小、宽窄的概念，是制约方法有效性的诸因素对方法的适用领域和适用范围的总体规定，也是测定方法的适用性大小的尺度。方法域的存在是一个普遍现象，它说明了任何方法都有其局限性。体育教学方法当然也不例外。但是，正是这种局限性促进了体育教学方法的不断发展与变革。纵观体育教学方法的发展史，可以看出，任何一种新方法的出现都是基于这样一个实际情况，即原有的诸多体育教学方法由于其自身的局限性，已经不能很好地适应体育教学的发展。体育教学过程非常复杂，教学内容很丰富，所要完成的任务又是多方面的，这就必然要求有多种多样的体育教学方法与之相适应。但是，由于种种原因，人们往往对体育教学的这种复杂性认识不足，经常固守于某一种体育教学方法或模式，其结果如何可想而知。体育教学方法的单一性不仅容易抹杀体育教学过程的复杂性，不能反映体育教学的本质规律，而且也不能取得很好的教学效果。

总之，遵循综合复用原则选择体育教学方法，是体育教学方法发展的必然趋势。在选择体育教学方法的过程中，只有对各种体育教学方法的优点和缺点都了如指掌，注意比较各种体育教学方法在功能上的差异性，寻找它们之间的互补关系，才能更好地发挥体育教学方法的整体功能。

（三）简便优化原则

人们在运用方法时并不能仅仅满足于方法的合目的性、有效性，还要追求方法的简便易行、高效率、高效益、多功能等。因此，从这一方面考虑，优选体育教学方法必须遵循的第三条原则——简便优化原则。简便优化原则从方法的价值标准的角度反映了方法存在和发展的客观规律，不仅揭示了主体对方法的一般要求，而且还揭示了方法进步的发展方向和基本趋势。为了更好地理解该原则，以下从简便原则和优化原则两个方面对其进行分析：

1. 简便原则

人们在选择和使用方法时所遵循的简便易行的思想，称为简便原则。贯彻简便原则的一个突出表现是舍弃方法中不必要的多余的动作和操作，简化方法的步骤和程序，使方法在结构上变得更紧密、更连贯、更精简、更协调。一般说来，人们对于每一种方法都是如此对待的。比如说，一种方法在刚刚产生的时候，最初被运用，人们对它总是不熟练，它本身也是不完善的。这时，方法在结构上往往呈现出离散性和烦琐性，各要素的结合松散，各步骤、各程序间彼此不够连贯，许多重复的动作和操作夹杂其间。这样不仅给操作者加重了负担，而且方法的效率和效益往往也是不高的。虽然，按这种方法办事最终也可以达到目的，符合方法的合目的性和有效性的要求，但它却浪费了人们的体力和精力，浪费了时间、物力和财力。所以，教师在选择体育教学方法时，在不影响体育教学效果的前提下，还要注意简化各种方法的操作程序和步骤。总之，在保证体育教学方法的功能和保证实现教学目标的情况下，方法总是越简便越好，越省事越好。这可以说是评价方法的一个标准，即简便标准。

但是，简便原则并不能孤立地运用，而要受其他原则的制约，甚至以其他原则为前提。这就涉及方法的优化原则问题。

2. 优化原则

所谓优化原则，就是人们在创造方法时，总是追求方法的优化结构；在选择方法时，总是挑选优化方法；在运用方法时，总是期望方法的优化结果。人们在创造、选择和运用方法时的这种追求方法优化的观念，就叫作优化原则。遵循优化原则选择体育教学方法，并不是简单地将各种体育教学方法组合起来，而是对具体的教学情境具体分析，比较各种体育教学方法的优点和缺点，寻求某一情境下的最佳组合方案。所以，优化原则并不是对方法提出的某个单方面的要求，而是多方面要求的综合。

第四章　互联网背景下体育教学的方法创新应用

第一节　体育教学微课方法的创新应用

一、体育教学微课的类型与设计

（一）体育教学微课的类型

"随着信息技术在教育领域中的不断融合，以微课为代表的翻转课堂和线上教学就成为现代教育领域探讨的热门话题。"[1] 体育教学具有其自身的特点，根据这一特点可以将体育微课划分为体育理论微课和体育实践微课两种类型。

1. 体育理论微课

体育课程的教学是紧紧围绕教学内容来展开的，教学活动既包括教师的教，也包括学生的学，是教与学有机统一的双向活动。在体育理论教学中，有三个对象的参与，即教师、学生与媒介，教师采用适当的教学方法，辅之以必要的教学媒介，使学生掌握体育理论知识，培养学生良好的体育学习能力与高尚的情操。体育理论的教学既要重视教师的教，也要重视学生的学，教师所开展的教学活动要有一定的目的性与计划性，并重视学生学习活动的反馈。此外，随着社会对人才的要求越来越高，体育理论微课教学也要跟随时代的步伐，不断创新教学内容与教学形式，以满足学生日益增长的学习需求。

2. 体育实践微课

由于体育教学有其自身的特点，这就决定了这门课程的教学要将体育实践课的教学作为主体部分，而且教学活动也大多是在室外开展的。在体育实践课教学中，教师做出各种动作，学生进行观察，并模仿学习。这一教学过程中，只有教师具备比较高的教学水平与

---

[1]　张永合. 体育微课与线上教学［J］. 文渊（小学版），2020（5）：322.

示范水平，才能将各种动作教给学生，并使学生掌握动作的要领。但是，每一位体育教师都有自己所擅长的一面，也必然有不擅长的一面，很多教师在课堂上通常是将自己擅长的动作教给学生，而学生对于其他的内容则知之甚少，这就导致体育教学存在着一定的局限性，长此以往，也会对学生的全面发展产生不良的影响。将微课应用于体育实践微课教学，可以有效地解决这一问题，教师在微课中将各种体育知识与动作全方位地呈现给学生，使学生更加直观地了解到自己所需要学习的内容，这种方式不仅可以激发学生的学习兴趣，而且能够不断推动体育实践课教学质量的提升。

将微课应用于体育实践课教学应当注意以下方面的内容：

（1）在选择教学内容的时候，要遵循从浅到深、从易到难的原则，如果遇到一些知识点或内容需要进行拆分或整合的时候，处理起来应当非常谨慎。

（2）应用微课的时候，应当充分体现学生的主体地位，注重激发学生的学习积极性与主动性。为了体现出学生的主体作用，教师需要充分考虑学生的实际情况，如学习水平、性格特点等，在此基础上设计出来的微课才能真正满足学生的学习需求，实现促进学生全面发展的目的。

（3）在设计微课的时候，教师要考虑两点：①微课是不是可以对学生的学习起到支持作用；②微课是不是可以帮学生完善知识体系。所以，体育微课的设计必须立足现实的教学情况，根据教学目标的要求以及学校自身的办学特点，有针对性地选择体育项目，使学生既能学会，又能用到实践之中。

（4）兴趣是最好的教师，体育微课的设计应当选择能够激发学生兴趣的内容。只有学生产生了兴趣，才能够投入体育学习之中，真正将终身体育的思想融入自己的内心深处，做到活到老、学到老、练到老。

（5）在设计微课的时候，应当一切从学生的实际情况出发，将学生自主学习能力与互助学习能力的提升作为教学目标，并且将学生的兴趣特点与社会的需求考虑在内。为学生提供更多的自由选择学习内容、学习时间、学习地点的机会，以促进学生学习效率的提升。

（二）体育微课教学的设计

1. 体育微课教学的设计内容

在设计微课的时候，需要对学生进行细致的分析，在仔细斟酌的基础上选择微课的内容，充分考虑学生的实际学习需求，对课堂的主题进行细化处理，根据需求合理地选择各种教学媒体和软件。设计好微课之后，可以在网络或者课堂上试用，根据试用的效果对微课进行优化调整，从而使其更加符合实际的教学需求。体育微课教学设计主要包括以下几个方面的内容：

（1）明确微课设计学习目标。每一门课程都有其具体的教学目标，体育教学自然也不例外。体育微课的设计要根据教学目标的要求对重难点进行合理的设计。在此基础上，紧紧围绕教学目标对具体的教学过程进行设计。需要注意的是，学习目标的设定应当在充分考虑学生的基础上进行，这样才能使目标更加具有针对性。

（2）学生分析。如学生学习方面有何特点、学习方法怎样、习惯怎样、兴趣如何、成绩如何等，将学生的各种情况充分考虑在内，尽量使微课的设计具体到每一个细小的环节，以满足学生的多元化需求。

（3）学习内容分析。对知识之间的关系进行细致的梳理，可以在教学内容之后设计一些具体的练习，以便于及时把握学生的学习情况，从而获知学生微课学习中的重难点。在体育微课学习中，知识点是相对完整的学习内容，也是课程目标之下最小的知识单元，某一个概念或者动作要点都属于一个相对独立、完整的知识点。

（4）选择学习策略。在进行体育微课设计时，要重视学生的主体地位，根据具体的学习内容及学生的实际需求选择适当的教学方法。这对于学生更好地掌握学习内容是至关重要的。

（5）课程资源开发。微课作为一种新兴的教学形式，具有非常强的开放性与互动，因此其资源也不局限于传统的教材与课本，而是多元化的，因此对微课资源进行开发时，要充分利用互联网的优势，注重资源的多元化。

（6）学习活动设计。微课的时间虽然比较有限，但是其内容是完整的，因此微课也包括多个教学环节，每一教学活动的设计都要以学生的实际学习情况为前提，辅之以教师的指导，在各种学习活动中不断推动学生学习能力的提升。

（7）评价设计。微课教学评价的设计主要是为了了解微课最终所实现的学习目标是否同预期的一致。在进行评价设计时，要注意评价的多样性与全面性。

（8）微课在学习活动中实施与评价反馈。微课在具体实施过程中的开展情况以及最终所实现的效果，都能够为微课的进一步调整与完善提供有效的依据。

2. 体育教学微课的设计要求

在体育教学中应用微课教学模式，应当首先对其目标进行明确的定位，并综合考虑多方面的因素，才能使微课发挥价值。在对体育微课进行设计的时候，应该遵循定向性原则，将体育学科的内涵作为中心，紧紧围绕体育课程的培养目标开展各项工作，重视教学内容的设置，尊重学生的主体地位，使体育微课真正适合学生的需求，发挥原有的价值。

课程的设计往往需要根据学科的教学大纲与教学计划来进行，体育微课作为一种微缩版的课程形式，其设计自然也不例外。微课具有非常强的开放性，并且具备良好的开发潜能，能够使学生在学习中获得更多的自主权，因此微课对于体育教学具有非常重要的意义。

（1）在对体育微课进行设计的时候，要将微课与课堂教学紧密结合在一起。通常来说，体育课中都会有体育常规，微课也应当重视与体育常规的结合。微课是一种针对性较强的课程形式，其中的教学内容涉及了重点、难点或者是个别知识点的讲解，与体育教学结合在一起，能够使两者相辅相成，互为补充。每一所学校都有其自身的办学特色，微课的设计应当充分与学校的体育办学特色结合在一起，打造具有特色的体育微课。微课的设计应当尊重学生的主体地位，重视学生主观能动性的发挥，并且充分结合学生的兴趣，向学生展现更丰富的学习内容，从而不断增强体育教学的效果。

（2）体育微课的设计必须将体育学科的定位作为指引，在对微课进行设计的时候，要对各种因素进行充分的考虑，如学校对于体育课的标准定位、学校对于学生的培养目标等，否则，会导致微课失去其本身的价值。

（3）在对体育微课进行设计的时候，应当重视体育知识的筛选，将知识点的数量控制在合理的范围之内。微课作为一种新兴的教学形式，顺应了时代的潮流与学校教学的需要，因此，体育微课的设计也应当将满足实际的教学需求作为根本的出发点。体育微课重在对体育教学中的重点、难点进行讲解，具有很强的针对性。但是，这并不是说，在微课中可以随意设置教学内容，而是要在教学内容保持完整与系统的前提下进行开展微课设计活动。

（4）体育微课的设计不应对一些现成的教学案例进行照搬，而是要重视微课内容的创新性，并且在微课中充分体现出体育教学重视学生身体锻炼的教学理念，使学生将体育知识的学习与体育锻炼充分结合在一起，最大限度地发挥体育微课教学的价值。

在对体育微课教学进行设计的时候，应当充分考虑三个方面的因素：①课程资源，即依据课程的教学目标向学生所呈现的具体的学习内容，这也是教材中比较重视的重点与难点；②学习活动，即微课实施的教学过程以及学生所开展的各种学习活动，这方面主要是通过教学的各个环节来体现出来；③反馈评价，微课的反馈评价来自微课设计者、教师以及学生这三个方面所做出的综合性评价，缺少其中任何一方面，反馈评价的结果都不能作为最终的结果。

微课是一种新兴的教学资源，它的发展是建立在实际的教学需求之上的，尤其是它能够紧紧围绕体育教学的知识点展开教学，因此，在体育课程中的应用体现出非常强的针对性。需要注意的是，体育微课的设计必须在保持这一学科教学内容完整性的前提下来进行，对于知识点的选择不仅应当重视数量，还应当注重质量，充分体现体育课程的系统性与完整性。

二、体育教学中微课的应用要点

（一）精心解读文本，科学整合教学内容

体育教学涉及的内容非常多，包括体育理论、心理健康、球类运动、田径运动等，因此教学的任务比较繁重，课程的时间安排上也非常紧凑。虽然体育教学内容多，但是并非所有的内容都适合采用微课的形式来进行教学。所以，教师必须对教材进行深入的研究，对其中的内容进行优化与整合，使各项内容有机地联系在一起。

例如，在足球基本技术教学中，教师可将此内容整合为四个具体的项目，即基本特点、基本技术、基本战术和基本规则。这四个项目又各自可以划分为三个更具体的层次，即基础内容、提高内容以及拓展内容。基础内容包括运球（脚内侧、正脚背、外脚背）；运球过人；踢球（脚内侧、正脚背）；脚内侧接球；掷界外球；守门员接球。提高内容包括无球技术；大腿接球和胸部接球；头顶球；抢球技术的综合运用；守门员发球。拓展内容包括组织以阳光健身、快乐足球为主题的班级五人制足球对抗赛。

由此可见，经过整合的内容非常清晰明朗，为微课的制作奠定了良好的基础。此外，学生也可以从整合的内容中选择真正适合自己的内容进行学习，从而有效地满足学生的多元化学习需求。

（二）准确把握微课要点，确保微课质量

第一，凸显课程属性。由于微课是一种比较新颖的教学形式，因此，很多体育教师对其了解得并不全面，认为利用微课开展体育教学，只要照搬一些其他课程的微课模式就可以了，殊不知，这样的体育微课很难体现出体育这门课程的特色，也会对体育教学的质量造成不良的影响。所以，体育教师在制作体育微课的时候，需要以"健康第一"理念作为根本的指导思想，在微课中凸显体育这门学科的特色，使知识、技能的传授同学生的身体锻炼和人格培养紧密结合在一起，不断提升学生的学习、生活质量。

第二，简短有趣。体育微课的设计也应当将时间控制在合理的范围内，为学生设置简短有趣的学习内容，营造宽松的学习氛围，使学生能够全身心地投入体育学习，培养良好的学习习惯。

第三，创新性。学生是一个思想比较活跃的群体，好奇心强，喜欢接触新事物，因此微课的制作应当迎合学生的这些特点，体现出创新性。具体来说，应当注意两个方面：一方面，微课的内容要具有时代性，贴近学生的生活实际，并且根据具体的情况随时进行更新；另一方面，微课的画面以及内容的呈现形式要追求新颖，吸引学生的注意力，如将动

作分解融入有趣的小故事中，强化学生的理解与记忆。

第四，系统性。体育课程设计的内容非常多，因此体育微课的制作很容易陷入碎片化的困境，这样就很难对学生的知识学习起到良好的辅助作用。所以，教师在制作体育微课的时候，要对教材的主线给予特别的关注，强调知识点组合的系统性。

第五，实用性。体育教学除了理论知识的教学之外，还包括技能的教学，而且技能教学占据主要的地位。因此体育微课的设计应当尽量做到通俗易懂、实用易学，与此同时，还要紧紧围绕体育技能的核心要素，将学习的重点加以突出，并且便于学生的自我检测。

第二节　体育教学慕课教学模式的创新应用

慕课是计算机网络技术迅速发展的产物，它具有大规模性、在线性、开放性、高效性等特点。"慕课作为在线教育的延伸和拓展，蕴含多种教育理念。"① 正是因为如此，慕课在教育教学领域得到广泛应用。近年来，体育慕课教学是体育教学信息化改革的重点，也是体育教学信息化改革的重要方向。体育慕课教学模式克服了传统教学模式单一的弊端，确立了学生的主体性地位。

一、体育教学慕课教学模式的优势分析

（一）更易促进体育教育的公平

在体育慕课教学模式中，世界范围内的学生都可以根据自己的学习情况自主选择学习时间和地点。慕课在高校体育教学中的应用，突破了地域经济差异，丰富了教学资源、扩大了学生的数量，从而使不同地域、不同职业、不同年龄、不同学历的学生都可以自主学习。可以说，慕课这种开放性的学习模式，为想要学习的学生提供了学习的平台，避免了想学而无法学习的现象，有利于扩大学生的数量，也有利于提高体育教育的覆盖率。另外，学生也可以根据自己的兴趣、特长等进行体育精品课程的学习。在学习体育课程过程中，学生如果遇到了问题，可以借助慕课平台与教师、同伴进行交流和互动，从而主动地构建知识，改变了被动接受知识的局面。

总之，在慕课体育教学模式的影响下，教师不再是主导者，学生成为学习的主体。同时教师和学生形成了一种平等、和谐的师生关系。另外，慕课体育教学模式为学生提供了公平的学习机会和受教育机会，有利于促进体育教育的公平性。

---

① 金成平. 体育慕课现象的现实反思与未来展望［J］. 成都体育学院学报，2016，42（4）：122.

（二）推动终身体育学习理念养成

慕课在体育教学中发挥着至关重要的作用，也是现代体育教学发展的重要方向。随着慕课的发展以及体育教学改革的不断推进，慕课对体育教学的影响也就越来越大，慕课也将会不断应用于体育技能教学、体育技能训练、体育培训、体育实践等多个方面。同时，慕课融多种学科于一体，学生可以根据自己的学习情况和学习需要，自主学习、自主监督、自主调控，并不断与教师和其他相同兴趣、特长的学生进行交流和互动，从而不断学习、不断提高，进而促进终身体育学习的发展。

（三）使体育学习过程更加个性化

体育慕课教学模式蕴含着丰富的开放式教育资源，有利于学生随时随地进行学习，有利于优化学生获取知识的途径。慕课课程资源具有优质性的特点，这些优质的课程资源有利于吸引更多的学生来平台注册学习。同时，体育慕课教学模式注重学生创新能力的培养，重视学生的个性化发展。众所周知，不同的体育教师具有不同的学历层次、知识结构、教学经验，因此，即使面对同一个教学内容，不同的体育教师对其有着不同的理解和表达。这样有利于避免教学内容和教学过程的千篇一律化，有利于促进学生的个性化发展，还有利于学生根据自己的实际学习情况科学地选择体育课程内容。

另外，除了学校教材要求学生学习和掌握的内容外，学生还可以充分利用慕课平台，根据自己的特长和兴趣，结合自己的自由时间，自主选择一些适合自己个性化发展的学习内容，这样有利于学生在拓展学习中体验运动的乐趣，有利于全面促进学生的个性化发展。

（四）使体育教学课程更加鲜活

无论是高校体育教学理论知识，还是其他形式的教学理论知识，都是枯燥、艰涩难懂的，难以激发学生的学习兴趣，而体育慕课教学模式充分利用信息技术、云计算技术、大数据技术等先进的网络技术，将枯燥、艰涩的体育理论知识以信息化的形式呈现出来。这种信息化的形式避免了理论知识的艰涩难懂，从而使体育教学更加鲜活。体育慕课教学视频可以在一个十分钟左右的课程中集中讲解某一体育技术问题或者体育理论知识，还可以在教学中设置一些师生互动活动，这种互动性的活动有利于激发学生学习体育的兴趣。学生通过慕课学习不仅可以将碰到的问题或困难在互动交流平台上向教师提出，教师则可以及时给予相应的解答。

此外，学生还可以随时了解和调整学习进度，这种新型学习方式有助于使得原本相对枯燥乏味的体育理论知识变得更加生动有趣，从而极大地提升学生的学习欲望和主动性。

（五）培养学生的自主学习意识

体育慕课教育模式注重先学后教，这种理念为新的学习方式的开展提供了保障。在慕课平台上，学生通过短视频先学习体育的理论知识，然后教师再在课堂教学中对体育动作进行讲解和示范。学生经历了这种新型教学模式带来的教学方式的变化，教师在实施自主学习、合作学习和探究学习时就会顺利很多。

由此可见，体育慕课教学模式的主要特征是先学后教，这有利于学生充分发挥自身的主观能动性，有利于学生自主学习意识和自主学习能力的提高。在体育慕课教学模式的影响下，学生也养成了自主学习的习惯，这种学习方式有利于学生以后的学习和发展，有利于学生树立终身学习的观念，有利于全面提高学生的综合能力，这是传统体育教学模式无法实现的。

（六）提升教学质量与教学效率

随着信息技术的发展，传统体育教学模式的弊端日益凸显，在一定程度上限制了体育教学质量和效率的提高，同时也在很大程度上制约了体育教学的发展。而体育慕课教学模式可以有效解决传统教学模式中存在的各种问题，具体分析如下：

第一，有利于学生形成清晰的动作概念。体育慕课教学模式可以将一些连贯的、复杂的动作制作成短视频，并通过图片、文字、声音、图像等方式将这些连贯的、复杂的动作呈现出来，这样学生可以通过短视频更加直观地学习这些复杂的动作。具体而言，学生可以根据自己的实际学习情况，自己控制观看短视频的进度，遇到某一难理解的动作时，学生也可以利用短视频的暂停、回放等功能来对这些动作进行回看，这样有利于学生形成清晰的动作概念，有利于正确理解动作要领，有利于全面地学习和掌握体育运动动作。

第二，有利于学生一对一在线学习。众所周知，慕课的主要特征之一就是大规模性，同一课堂上学习的人数达到数百万。但体育慕课教学模式强调在线学习，这些数百万的人都是在慕课平台上进行的在线学习。实际上，这种在线学习很大程度上是一对一学习，这样有利于学生的自主学习，有利于弥补大班授课的不足，有利于对学生的学习进行监督和管理。

第三，打破了传统教学模式受时间和空间的限制。体育慕课教学模式不受时间和空间的限制，也不受光线、天气等其他因素的制约，学生可以随时随地进行学习。

由此可见，传统体育教学模式容易受外在环境的影响和制约，这在很大程度上影响了体育教学质量和效率的提高。而体育慕课教学模式避免了这些外在环境因素的影响，可以不受时空的限制，有利于提升体育教学的质量和效率。

（七）节约教育成本，缓解师资压力

慕课平台主要以信息技术和网络技术为载体，它集多种开放性、优质性教学资源于一体。慕课平台上的教学资源也可以无限制地被学生使用和学习，这样不仅提高了体育课程资源的利用率，还降低了体育课程资源开发的成本。由此可见，慕课融入体育教学，能够在很大程度上节约体育教育成本。

随着高校的不断扩招，学生人数不断增加、教学任务也在不断增加，体育师资已无法满足当前高校体育教学以及学生的需求。体育教师面临着繁重的教学压力，同时体育师资力量不足的问题日益凸显。

慕课应用于体育教学中，能够有效解决体育师资力量不足的问题，也能够缓解体育教师的教学压力。教师可以通过慕课平台上的相关数据了解学生的学习情况以及教学质量和教学效果。教师借助慕课平台来获得反馈信息，这样教师可以有更多的精力进行教学设计、方案规划、活动组织、课后辅导等。

二、体育教学慕课教学模式的应用策略

（一）转变体育教学观念

1. 单一办学主体转变为国际化联盟式办学主体

传统学校办学模式比较单一，绝大多数都是单一办学主体进行办学。而随着慕课在体育教育教学中的应用，学校办学模式也逐渐向多个学校联盟办学的模式转变。慕课平台的出现并不是单一学校独自开发的结果，而是多个学校多个优秀教育专家联合共同开发和建设的结果。可见，传统的单一办学模式并不能适应当今信息化时代的发展，如果学校不及时转变办学观念，就会被时代所淘汰，也不利于国际化人才的培养。因此，学校应该意识到慕课平台建设需要国际化视野，并在具体实践中，充分吸收世界各国的优秀办学经验，改变单一的办学模式，将办学视野扩大到国际范围，从而实现国际化联盟式办学模式。

2. 个体学习转变为团队学习与个性学习相结合

在传统体育教学中，学生的学习模式是被动的、单一化的，不利于学生团队学习，也不利于学生个性化发展。要想改变传统的个体化学习模式，学校应该将慕课应用于教学中，充分发挥慕课教学的优势，创新教学方法和策略，开发丰富的学习资源，提倡学生间、师生间、群体间、国家间的大规模集成化学习。同时，学校还应该采取多种手段和策略来鼓励和引导学生发展个性，从而真正实现学习模式的团队学习和个体化学习。

（二）加大宣传，促进资源共享

加大慕课宣传的方法，主要有利用网络平台、学校平台、教师等。除此之外，慕课平台还应该借助自我营销的方式，吸引更多的人注册慕课进行学习。在加大慕课宣传力度的同时，还应该注重慕课中优质资源的共享，从而使世界上更多的人能够根据自己的特长、兴趣，科学选择适合自己的课程，以满足自己的学习需求。

总之，加大宣传力度有利于更多的人了解慕课，使用慕课，有利于促进优质资源共享，促进教育的国际化发展，实现教育的公平性。

（三）制作体育慕课特色课程

在体育慕课教学中，学校要注重顶尖团队的培养，从多个层面打造体育核心课程，并充分利用慕课平台实现体育资源的全球共享，从而吸引世界上更多的学生进行体育特色课程和优质课程的学习。

除此之外，还要注重体育非核心课程建设。这是当今时代一专多能人才培养的要求。因此，我国学校应该充分利用慕课这一信息化平台，将世界上优质的体育课程资源融到本校慕课平台中，这样有利于拓展学生学习的范围，有利于激发学生学习的兴趣，提高学生的自主学习能力，从而为一专多能人才的培养奠定基础。

（四）丰富体育慕课课程资源

第一，慕课的质量对教学效果有很大的影响。虽然我国对慕课的质量没有制定严格的标准，但是慕课的质量对教育质量有直接的影响，这就要求各个学校必须制作出非常优质的慕课视频，从而提升体育教学的质量。因此，政府、学校、企业等需要制定出一套慕课的质量标准，从而提升慕课质量。教师是慕课资源开发与利用中的重要参与者，其能将慕课教学的作用发挥到极致。因此，学校在进行慕课资源开发时不仅要积极引入高质量资源，更是要重视教师在资源开发中的作用，鼓励教师与时俱进，把慕课教学模式引入体育课堂，以提高教学效率。在具体的课堂实施中，教师可以将慕课与体育教学灵活地结合起来，这样慕课就以一个新的、学生更能接受的形式参与到体育课堂中来，同时还有利于调动学生学习的积极性。慕课内容的载体形式是视频，因此，这就要求体育教师在具备扎实的专业知识之外，还需要具备一定的信息技术能力，能够制作短视频。慕课视频要建立一套完整的制作、审核、评价机制，从而制作出一套质量优质的视频。

第二，学校实施慕课教学也是为了满足个性化教学的需求。因此，在制作慕课视频时，教师要充分考虑到学生的需求，打造出可以满足不同学生需求的多层次慕课课程。为了建设更高水平的慕课课程，学校可以引进国外的优质慕课资源，从而结合教学实际情况，形成自己特色的慕课教学资源。对于少数民族的体育教学来说，他们很难获得比较好的慕课资源，因此，教育部门还应该结合当地情况，对其倾斜一些资源，从而满足少数民族地区学生的慕课学习需求。

（五）开发体育慕课精品课程

第一，学校、教师、学生等要多方宣传与推广运用体育类国家精品开放课程。由于我国的体育类方面的精品课程较少，学习的人数也较少，因此，体育类精品视频课程播放量较少。为了使更多教师和学生获得精品课程的好处，学校、教师和学生应该尽可能地通过多种手段宣传精品课程，从而发挥精品课程的最大价值。

第二，完善体育类国家精品资源共享课中体育专业课程的建设。体育类国家精品课程仍然存在一些不足，只有少数的体育课程建设精品课程，而一些体育与其他学科结合的课程还没有建设完善。各个学校还要对慕课与传统体育结合的课程加强建设，申报一些精品课程建设项目，从而不断完善体育专业课中的精品课程资源。

第三，改善体育类国家精品开放课的视频内容，加强课程视频的后期制作。体育类国家精品课程是十分优质的课程，但也存在一些有待完善的地方，例如，将视频内容的知识点进行展示，并且加入不同动作的示范画面。在视频的后期制作上，还有一些有待完善的地方。另外，在视频上还可以将重点内容进行着重提示，使学生在遇到重点时可以集中注意力学习。

第四，开发体育类国家精品开放课程平台的多元化功能。体育类国家精品课程的平台还有一些调整的地方，在平台上可以增加一些答疑解惑的版面以及师生交流的模块。这样可以使学生在遇到不懂的问题时及时向教师咨询，并且学生之间也可以就视频观看的理解互相进行探讨。另外，精品课程平台的开发者还需要设置一个建议模块，让使用这个平台的人有好的建议提交上去，从而使平台不断完善。

（六）改革体育教学方法手段

由于慕课是开放性很强的一种教学方式，因此慕课教学也有着比较多的选择性。慕课平台在网络上不受国界的限制，因此，它可以很好地将课程共享给世界各地的人，并且世界各地的人也可以将慕课视频上传到慕课平台，使得慕课平台上的课程资源越来越多。因此，教师可以从慕课平台上找到同一个知识点的很多个慕课视频，他们可以选择性适合自己的慕课资源，从而分享给自己的学生。

教学方法对教学效果的影响非常大，为了保证教学效果，体育教师可以适当调整教学方法。教学方法使用恰当，可以充分激发起学生的学习兴趣，调动学生学习的积极性和主动性，从而使学生更好地将知识内化。慕课教学模式就是很好的一种教学方式，体育教学可以充分借鉴这种教学模式，从而提高体育教学的效果。

第三节　体育教学混合式教学模式的创新应用

　　长期以来，学生在传统教学模式的框架下学习体育知识与技能，不可否认取得了一定的成果，但也存在问题。在这种背景下，基于信息技术的混合式教学模式得以提出，体育教师可以借助各种各样的教学方法实施不同项目的体育教学，教师的教学积极性得到提高，学生参与体育学习的热情也随之上涨，体育教学的效果得到了很大改善。

　　混合式教学是在信息技术飞速发展的时代背景下产生的，它的践行离不开网络化的教学环境，这是实现人机互动的基础。混合式教学实施的目的依然是更好地达成教学目标，只不过在教学过程中强调教与学所有要素的优化组合，这样才能取得最佳效果。各种各样的教学理念、方法、原则都可以在混合式教学中得到应用，学生可以自主地选择适合自己的学习方式，达成学习目标。混合式教学强调教学技术的应用，教学是一个信息与知识传递的过程，传递的效果如何，与教师采取的教学技术密切相关，恰当的技术能够极大地优化教学效果；反之，则对教学起到负面影响，学生的学习质量也不高。所以，教学必须依托恰当的技术。

　　线上学习与线下学习结合仅仅是混合式教学的表现形式，其内在本质应当渗透在多个维度，如在线学习环境与课堂学习环境的融合，在线教学活动与课堂教学活动的融合，在线教学资源与课堂教学资源的融合，等等。

　　综上所述，在线学习与传统课堂学习的整合是混合式教学的主要特点，各种教学理论、方法、资源、媒介等的融合是混合式教学的核心内容，在此基础上，学生充分发挥主体作用，教师则扮演辅助角色，在良好的环境中开展自主学习、协作学习、个性化学习，以实现教学的最终目的。

一、基于微信的体育混合式教学模式

（一）基于微信体育混合式教学模式的特点

1. 线下教学为主，线上教学为辅

　　在当前的体育教学中，学生在课上聆听教师对体育知识与技能的讲解，而在课下巩固时，大多只能依靠脑海中的记忆或者身体感受进行，能够用来参考的复习资料很少，这约束了学生对体育技能的全方位把握。在基于微信的体育混合式教学中，学生可以借助在线

教学平台查阅自己所需的学习材料，对于已经掌握的知识大致浏览，而那些难度较大的知识则进行多次阅读并加以演练，这不但提升了学生课下巩固的效果，还使得其个性化学习需求得到满足。但是，体育毕竟是一门以实践课程为主的学科，学生切切实实地开展身体运动才是根本，线上教学只能作为线下教学的辅助手段存在，而绝不能将其替代。

2. 线上线下教学内容应高度相关

线上与线下作为两种不同的教学手段，其目的是一致的，即促进体育教学的有效开展，在应用两种教学手段的过程中，线下教学始终处于主导地位，因此，无论线上教学的资源内容如何丰富、资源呈现形式如何精彩，在教学内容上，都应当与线下教学保持高度相关。体育教师可以在线上教学平台发布课前预习内容，也可以将课堂讲授中没有阐释清楚的知识点制作成教学视频上传至线上教学平台，帮助学生课后巩固与复习。

3. 线上教学与线下教学优势互补

线上教学与线下教学各有利弊，基于微信的体育混合式教学要做的就是将二者的优势充分发挥出来，缺点则尽可能规避。线上教学突破了学习的时空局限性，学生在图书馆、自习室、宿舍乃至家中都可以开展体育学习，并且能够接收到大量的学习信息，但由于学习环境的改变，学生的学习过程无法得到有效监督，集体学习的氛围也无法感受到，这也会在一定程度上影响学习成效。所以，基于微信的体育混合式教学要把线上线下教学的优势结合起来，从而切实提高体育教学的质量。

（二）基于微信体育混合式教学模式的应用

第一，线上教学平台设计应简单易用。借助微信开展体育教学要注意教学平台设计的简单化与易用性。微信作为大学生必备的即时通信工具，本身就具有普及率高、易于操作等特点，体育教师只需将微信原有的功能稍加研究，就能开发出线上教学平台。例如，体育教师可以申请一个微信公众号，将教学材料放置于此让学生浏览与阅读；还可以建立微信班级群，在群内发布与体育教学有关的通知或者与学生就体育学习的问题展开讨论等。

第二，线上教学内容应仔细甄选。线上教学内容作为线下教学的补充，体育教师应当仔细甄选。在线下体育教学中，大多数学生都存在教学内容过于单一且十分枯燥的感觉，尤其是体育理论课的教学，为此，体育教师可以将一些体育竞赛、全民健身政策或者正能量的体育故事融入线上教学中，让学生在兴趣的推动下进行课前预习，并以极高的积极性投入课中学习与课后复习之中。

第三，线上教学应有组织性、纪律性。大学生对手机的依赖程度不断提高，在基于微信的体育混合式教学中，为了防止学生沉迷于网络，教师要引导学生形成自律的意识，并在此基础上，确立明确的课堂纪律，让学生在有组织、有纪律的环境中开展线上学习。

第四，线上教学交互通道畅通无阻。在传统体育教学中，师生之间的交互通道较为单一，在线上教学的辅助下，师生之间的交互打破了时空限制，一名教师面对多名学生、一名教师面对一名学生、多名教师面对多名学生的情况均成为可能，这样的教学环境拉近了师生间的距离，改善了师生间的关系。在实际教学中，体育教师要努力维护各种交互通道，如学生线上留言、学生参与线上教学平台建设等，从而优化线上教学的效果。

之所以采用基于微信的体育混合式教学模式，是因为微信在大学生群体中的普及程度非常高，几乎每个大学生每天都多次使用微信，借助这个大学生十分喜爱的通信软件开展体育教学，教学的效果无疑能够得到提高。

在实施这一教学模式时，体育教师首先应当明确线上教学与线下教学的主次关系，在这个前提之下，选择与线下教学内容相关度高的线上教学内容，充分发挥二者的优势，促使学生在有组织、有纪律的环境下，学习体育知识与技能。

在微信的辅助下，体育教学的实施有了更多可能，体育教师不再是教学的主导者，学生以学习主体的身份投入体育学习之中，在自主学习意识的支配下，体育学习的成效有所提升，教师也有了更多时间与精力为学生准备拓展性的教学素材。

二、基于 QQ 群的体育混合式教学模式

QQ 群，即由多人构成的 QQ 交流群体，这些人或有共同的兴趣爱好，或有相似的需求。文字形式的沟通与交流仅仅是 QQ 群最基础的功能，共享文件、图片、视频等是其更为丰富的交流手段。

QQ 群在人们日常的学习、工作、生活中都经常用到。不同的 QQ 群有着大小各异的规模，若创建群聊的人 QQ 等级较高，便可以创建基数较大的群，反之，创建出的 QQ 群人数将受到较大限制。通过 QQ 群交流，聊天过程中产生的文字、图片、文件等信息均能保留一定时间，而群相册、群共享中记录的信息则可以根据设置保留更长的时间，对于这部分信息，群内任意成员都可以浏览。

（一）基于 QQ 群体育混合式教学模式的设计

1. 设计依据

体育教学改革的深入推进，健康第一、健身育人、以学生发展为本成为体育教学的主要指导思想，在此基础上，灵活运用多种教学模式，从而提高体育教学的质量，使体育教学获得更为丰硕的成果。学生作为体育教学中的主体，教师开展的一切教学活动都应当围绕着学生，在基于 QQ 群的体育课混合式教学模式设计中，也应当充分考虑学生的特征，这样不仅能对学生学习的初始能力有大致的了解，还能对不同学生的特点有全面的把握。

2. 目标设计

不同教学模式在教学中实施的目的都是相同的，即达成教学目标，混合式教学模式同样如此，要想取得良好的教学效果，首先需要设计出合理的教学目标，而后，教学活动便围绕着这一目标开展。体育课程改革为当前的体育教学制定了更加科学合理的目标，并通过三个维度表现出来——知识与技能目标、过程与方法目标、情感态度与价值观目标，由此也可以看出，体育已经不再是单纯教授学生体育知识、锻炼学生体育技能的学科了，而是从学生的全面发展出发，培养学生的体育综合素质。根据这三个目标维度，学生应当做什么、在什么环境下做、做完之后要达到什么要求都是体育教师在教学目标设计中应当明确的。

（二）基于 QQ 群体育混合式教学模式的应用

1. 应用条件

（1）网络工具的支持及物理环境。混合式教学模式的实施离不开必要的上网工具，因为无论是微信还是 QQ 都需要网络设备的支持，现如今的大学生，几乎人人都有智能手机，还有很多同学有平板电脑、笔记本电脑等移动上网设备，所以基于 QQ 群的体育课混合式教学模式具有坚实的网络工具支持。相应的网络环境更是不成问题，大学生几乎都配备了流量十分充足的套餐，他们随时可以畅游在 4G 甚至 5G 的网络环境中。有些学校为了方便学生开展网络学习，还专门设置了校园无线网，只要在校园内，学生便可以尽情地使用。

（2）场地器材分析。21 世纪以来，高等教育的发展始终受到教育部门的关注，体育教学更是处于不断的改革优化之中。现在，绝大多数的高等院校体育场地器材都非常完备，即便是某些硬件条件不好的学校，也都拥有标准的 400 米塑胶田径场，各种球类器械、刀枪棍棒等也都配备。在这样的硬件环境中，体育教师需要注意的是，专门项目的体育器材并非只能在对应项目的教学中使用，如球类器械也可以在其他体能课上应用，从而锻炼学生的肢体协调能力。

2. 实施应用

（1）课前实施。体育课前，每节课的教学内容都可以通过相关的教学平台查阅，为了减小学生课前自主预习的难度，教师可以搜索与本节课教学内容相关的技术动作视频，根据学生的实际接受情况稍加调整，而后上传至 QQ 学习群内，并把预习任务告知学习小组的组长，让小组成员带着任务开展学习。若学生在观看教学视频的过程中产生疑问，可以通过群聊及时向教师求助，教师将一般性的问题加以解答，那些难度太大的问题则留到课堂上集中阐释。

（2）课中实施。体育课中，体育委员发挥带头作用，组织全班同学进行热身训练，与此同时，各小组长帮助教师把上课所需的器械道具放到相应位置。全班同学热身结束后，体育教师就本节课需要学习的内容向学生简单提问，考察他们课前自主学习的成果，而后，教师详细讲解教学内容，并亲身示范。在此基础上，全班同学以划分好的小组为单位，在小组长的带领下开展动作训练。体育教师进行巡回指导，对动作错误的学生加以纠正。练习结束后，各小组进行比赛，对获得胜利的小组予以奖励，失败的小组则接受适量的体能加练惩罚。

（3）课后实施。体育课程结束后，教师要为学生布置相应的作业，以巩固学习成果，具体包括体能作业、技能作业与上课总结。完成作业的过程中，出现任何问题都可以通过QQ群与同学探讨或者直接向体育教师请教。

第四节　体育教学翻转课堂教学模式的创新应用

一、翻转课堂教学的本质探索

翻转课堂也可以叫作颠倒课堂、反转课堂。这里所说的"反转"主要是针对传统课堂教学而言的，翻转课堂是人们普遍接受的概念。随着翻转课堂定义的变化与完善，这体现出教育教学研究者对翻转课堂研究的日渐深入。

第一，翻转课堂就是一种教学形态，由教师创作录制教学视频，学生自己在课下观看视频，再在课上与教师进行交流，并完成教师布置的作业。此前，他们对于翻转课堂的表述大多基于其基本做法，比如学生晚上在家观看教学视频，第二天在教室完成作业，如果有问题就与同学讨论或者向教师求助。这种对翻转课堂的定义，主要是将翻转课堂教学与传统课堂教学相对比，由此突出其特征，帮助人们认识这一教学形式。

第二，翻转课堂是学生利用课前时间借助教师给出的教学资源，包括多媒体课件、视频材料等，自主完成课程的学习，然后再在课中与教师进行互动，一起阐释问题、探究问题，并且完成作业练习的一种教学模式。

第三，翻转学习改变了直接教学的空间，就是由群体空间转向了个体空间，使群体学习空间变得更具动态性与交互性，从而促进学生在学习过程中充分发挥自身的创造性与主动性，积极参与学科学习。

综上所述，翻转课堂是将原来需要在课堂上完成的知识传授提前到课前，再将原来需要在课后完成的知识内化放到课堂中完成。至于翻转课堂的教学资源、教学信息技术以及具体的教学组织方式等，都不属于翻转课堂的原始要求，它们都是在翻转课堂实践发展的过程中延伸、演化出来的部分。

翻转课堂的本质是赋予学生更多的自由，将传授知识的环节放在课前，是为了让学生自由选择适当的、舒适的学习方式；而将内化知识的环节放在课中，是为了让学生更多地、更有效地与教师及其他同学进行交流。

二、体育翻转课堂教学模式的应用

（一）重视培养学生自主能力

自主学习强调的是学生独立学习和独立思考的能力，它有利于提高学生学习的主动性，有利于学生持续探索知识，更有利于学生的持续发展和终身学习。

翻转课堂作为信息技术迅速发展的产物，它对学生的自主学习能力提供了更高的要求。学生自主学习能力的培养在翻转课堂教学模式的实施中起着不可替代的作用。

自主学习能力的培养应该注意四点：第一，注重学习动机，抓住影响动机的因素，并对其进行干预，从而不断激活学生的学习动机；第二，注重学生元认知发展，采用多种手段发展学生的元认知，并促进学生在这一方面的发展；第三，重视学习策略的讲授，提高学生的认知能力，鼓励学生采用不同的认知策略；第四，注重学生环境利用能力及其培养，良好的学习环境有利于学生的学习和能力的提高，因此教师应该注重学生这一方面能力的培养。

在体育课程教学中，教师首先应该意识到动机在学习中的重要性，并积极采取干预策略激活学生的内在动机，同时注重调动学生学习体育的积极性和主动性；其次，教师应该注重学生学习的策略，并采用不同的方式对其学习的策略进行指导；最后，教师要注重学习方法和技巧的传授，同时鼓励学生对自己进行科学、合理的评价。

具体到翻转课堂的实施中，教师应该注重学生学习体育的主动性，并采取多种方式来调动学生学习的积极性。举例来说，教师可以将学生课前观看视频的时间和次数进行统计，并将统计的结果融入期末成绩考核中；在课堂上通过提问、作业检查等方式来考查学生课前观看视频的情况，并将这一考查结果融入日常的学习评价中；对没有按时完成课前观看视频任务的学生，教师也需要采取一定的措施，并对这类学生学习的进度进行及时监督。

总之，利用多种方式来促进学生的主动学习，是翻转课堂教学模式实施的关键。因此，教师应该根据学生的实际学习情况及任务完成的情况，选择恰当的策略，从而促进学生的主动学习。

（二）提高教师的能力和素养

教师是教育教学改革的重要保障，无论是体育教学改革还是其他形式的教育教学改革，都离不开教师的积极参与。翻转课堂作为一种新的教学模式，在实施过程中也离不开教师的参与。在翻转课堂教学中，教师扮演着不可替代的角色。例如，课前教学视频的制作、在线体育教育平台的构建、课堂教学氛围的营造及教学组织和管理、课后教学评价以及对学生具体学习情况的评价等都需要体育教师的积极参与。在翻转课堂影响下，这些教学内容也对体育教师提出了更高的要求。例如，教师的计算机操作能力、信息化教学能力、信息资源整合能力、教学组织能力、教学互动能力、教学评价能力等。要想在体育教学中有效实施翻转课堂教学模式，首先，应该意识到体育教师在体育教学中扮演的重要角色；其次，从多个方面提高教师的综合能力。

由于体育翻转课堂教学模式，涉及的内容、范围更为广泛，涉及的工作也更为复杂，再加上每个教师的时间、精力等都是有限的。所以，除了提高体育教师的综合能力，还应该注重翻转课堂团队建设。随着教育教学改革的不断推进，教育教学改革也逐渐从精品课程建设向教学团队建设方面转移。基于翻转课堂的教学团队建设，是翻转课堂在体育教学中实施的重要保障。它有利于缓解体育教师的压力，有利于培养体育教师的合作精神。同时，还有利于体育教师在教学团队中不断学习、不断吸收他人的经验，不断弥补自己的不足，从而能够在很大程度上提高体育教学的质量，促进体育教学目标的实现。

（三）重视体育教学安全防范

体育教学是一种特殊的教学项目，它有着其他教学项目不具备的特点，融合体力与智力、需要运动者的身体参与、不同的运动者承载的运动负荷也存在着差异等。同时，不同的体育项目，也体现了不同的特点。无论是哪一种体育项目，都存在着运动的风险，体育运动中的安全防范是降低或避免运动风险的关键，体育教学应该重视安全防范。

与传统体育教学模式相比，体育翻转课堂教学模式注重学生的课前学习。学生通常会在课前对教师事先制作的教学视频进行观看和学习。在这一过程中，学生可以从中理解体育项目中的各种动作，并根据视频中的规范动作进行模仿练习，这样能够为课中教学做好充分的准备。然而，这种课前观看教学视频的过程，是学生自主学习的过程。在这一过程中，教师并不参与其中，学生在模仿和训练动作时由于缺乏教师的监督和指导，出现运动损伤的情况也随之提高。针对这种情况，体育教师应该根据课前教学视频的内容做好安全防范工作。

具体而言，教师应该提高安全防范意识，明确哪种体育内容存在着运动损伤风险，并在教学视频中特别说明。同时，教师还应该注重学生安全运动损伤风险的识别，提高学生的安全防范意识。

除此之外，教师还应该充分利用翻转课堂平台，在教学视频或在师生互相交流的过程中对运动损伤风险进行分类，并给出相应的预防措施。

（四）优化信息化的教学环境

随着网络技术、多媒体技术等信息技术的不断发展，教育信息化已成为教育改革的必然趋势，教育信息化改革在很大程度上促进了教育教学的现代化发展。高等院校在教育教学现代化建设中，十分注重教育信息化的融入。如何充分利用信息技术，如何将教育信息化与教育教学现代化有效融合，是当今教育教学改革的重要内容，也是教育改革中教育者研究的重要方向。

翻转课堂作为一种新的教学模式，注重多媒体技术、信息网络技术的利用，注重在线教育、教育技术的融入，这是翻转课堂与传统教学模式的主要区别。由此可见，翻转课堂教学模式的有效实施离不开信息化教学环境的支持。要想有效实施翻转课堂教学模式，就应该不断完善信息化教学环境。尤其是在当今信息化时代，以翻转课堂教学模式为典型代表的信息化教学日益受到重视。作为影响信息化教学的重要因素，信息化教学环境也日益受到重视，只有不断完善信息化教学环境，才能在一定程度上保证信息化教学模式的顺利实施。

（五）加强公共体育教学实践

目前，学校公共体育教学日益受到重视，将翻转课堂与学校公共体育教学相结合，将有利于实现学校公共体育教学的信息化教学，有利于促进学校公共体育教学的持续发展和改革创新。因此，探索和研究学校公共体育翻转课堂教学理论与实践，对学校公共体育教学理论研究和实践发展都具有不可忽视的意义。

公共体育翻转课堂教学理论和实践研究是一个十分复杂的过程，并不是朝夕之间就能完成的。为了更深入地研究公共体育翻转课堂教学理论与实践，体育教育工作者应该更新教育教学观念，意识到翻转课堂在公共体育教学中的重要性，并从多个维度研究公共体育翻转课堂教学理论，不断吸收前人研究的最新研究成果和实践经验。同时，体育教育工作者还应该根据体育教学改革的要求，不断提高自己的能力和水平，不断在公共体育教学中研究和探索，加强翻转课堂在公共体育教学中的理论与实践研究，真正实现翻转课堂与公共体育教学理论与实践的有效融合。

（六）避免体育翻转课堂异化

翻转课堂教学模式在教学理念、教学目标、教学方式、教学结构、教学策略等方面都与传统教学模式存在着较大的差异。因此，教师应该意识到翻转课堂在体育教学中的重要性，根据学生的实际学习情况和学生的身心特点，结合教学的具体目标和体育学科的特点，科学地将翻转课堂融入体育教学实践中，从而真正提高体育教学的效果，避免翻转课堂在体育教学中的异化现象。

第五章 体育训练的体系与方法

第一节 体育训练的项群理论

一、项群训练理论的由来

"项群训练理论是关于运动项目本质特征的知识系统，其理论视角、方法和成果广泛应用于运动训练与竞赛过程控制、后备人才培养、转项训练、竞技体育发展战略等领域，成为中国特色的体育学理论。"[①] 运动训练的理论源于运动训练的实践，运动训练的理论体系即由一般训练学和专项训练学两个层次所构成。一般和专项这两个层次的训练理论各有着自己的研究领域和适用范畴。

一般训练理论研究普遍适用于众多运动项目的共同规律，是在高层次上指导运动训练实践活动的理论体系；专项训练理论密切结合专项训练实践，研究适用于专项训练活动需要的指导性的理论问题以及具体的可应用的训练方法。

随着运动训练实践的发展，这一体系已日益表现出其明显的不足，即一般训练学在力求概括适宜于所有项目的共同规律时遇到巨大的困难；同时专项训练学受到视野的局限而难脱狭窄并难以深化和提高，以及这两个层次中间所出现的明显断裂。由此，运动项目的类属聚合被称为"项群"，揭示项群训练基本规律的理论命名为"项群训练理论"，"项群训练理论的创立丰富了运动训练学理论体系"[②]。

二、项群训练理论的内容

运动训练理论的研究主要针对"为何练、练什么、练多少、怎样练"，即训练目标、训练内容、负荷量度及训练的组织这样四个问题而进行。不同层次的训练理论都担负着在

---

① 熊焰. 项群训练理论发展若干问题思考［J］. 中国体育教练员，2019，27（01）：8-10.
② 田麦久. 项群训练理论向项群理论的拓展［J］. 中国体育教练员，2019，27（01）：3-7.

各自层次上回答上述问题的任务。除此之外，各项群的形成与发展也应作为项群训练理论研究的内容。因此，可以把项群训练理论的基本内容概括为以下四个方面：

第一，各项群的形成与发展。各个项群内部所包含的许多竞技项目都有着密切的亲缘关系。在一些古老的基础运动项目的发展及演变中不断地衍生出一批新的运动项目。例如，1880 年英国的体育用品制造商为适应贵族生活的需要，把网球搬到室内桌子上打，便出现了乒乓球。1860 年，一批英国足球迷在足球赛后带着足球下水游泳嬉戏，这就是水球的起源。从古老的德国古典体操中衍生出了现代竞技体操、艺术体操、技巧、蹦床等运动项目。现代铁人三项则把长距离游泳、长距离自行车骑行和马拉松跑这三个看来似乎截然不同的耐力性运动项目连在一起进行竞赛，展示出这些体能主导类周期性耐力项目的同群性特点。

第二，各项群竞技能力决定因素。任何一个运动项目运动员竞技能力的高低，都是由运动员的心、技、体、战、智五个方面的能力所决定的。其中，体能又包含形态、机能及素质三个方面的状况。

第三，各项群运动成绩决定因素。不同项群对于运动成绩有着不同的理解和表述。在速度滑冰、田径、举重等可测量类的运动项目中，人们习惯于把运动成绩理解为可以定量表达的时间、距离、质量、环数等指标的具体数值；而各对抗性项目则直接理解为比赛的胜负。考虑不同运动项目的特点，应该给予运动成绩这一概念更为广义的解释。

第四，各项群训练的基本特点。运动训练的基本任务在于发展运动员的竞技能力，并通过运动竞赛，将已获得的竞技能力充分地表现出来，创造出理想的运动成绩。这就是竞技体育活动的两个主要的构成部分。不同项群运动员竞技能力和运动成绩的决定因素都有着不同的特点，从而，也就导致不同项群的训练活动各自表现出不同的特点。这里，既包括训练的内容、方法和手段，也包括负荷的量度及恢复的措施。

三、项群训练理论的意义

第一，项群训练理论概括了同一项群不同项目的共同规律。以项群为基本单位去认识和概括同类属竞技项目的共同特点，既能够获得远远大于一个单项运动实践的视野，在一个较高的层次上去把握几个或几十个运动单项共同的训练规律，又不会因受到其他类属项目不同特点的约束，而使得一个项群的共有规律无法显现出来，在各个项群的专题研究及综合的理论研究中，都在不同项群的构成、竞赛及训练等多个方面揭示了单个项群独有的许多基本特点。

第二，项群训练理论加强了运动训练理论与实践的关联。运动训练学理论具有鲜明的应用性，它的任务之一就是把众多基础理论学科的科学知识综合起来指导运动训练的实践。而一般训练学理论由于需要反映所有运动项目的共同规律，必须高度地抽象和概括，同时也就加大了其与单个运动项目训练实践之间的距离。项群训练理论的提出与建立，在一定程度上有助于这一距离的缩短。理论概括覆盖面的收缩和覆盖项目的相似，必然使得抽象出来的理论更能准确地反映同项群项目训练实践的内在规律，并且更便于对训练实践实施有效的指导。

第三，实现了训练学理论原有层次之间的过渡。在几十个独立的竞技运动项目的专项训练理论与以研究所有运动项目共同规律为内容的一般训练理论之间有着一段明显的距离。项群训练理论的提出和建立，在一般训练理论和专项训练理论之间架起了沟通的桥梁，它既是一般训练理论的延伸，又是专项训练理论的拓展。通过项群训练理论这一新的层次，把运动训练理论体系中原有的两个理论层次紧密地连接了起来。

例如，关于战术训练问题，按照三个不同的层次分别根据各自理论与实践发展的需要，提出各自不同的战术内容、战术训练的要求和方法，并且保持相互间的有机衔接，既丰富了战术训练理论的内容，又加强了对战术训练实践的指导。

综上所述，运动训练理论体系中这一新层次的建立，使得运动训练理论的内容更加丰富，体系更加完整，并且将会有力地推动运动训练实践的发展。

四、项群训练理论的应用

第一，项群训练理论与竞技体育发展战略的制定。无论对一个国家，或是对一个省市、一个地区来说，在制定其竞技体育的发展战略时，都对正确地选择重点竞技项目给予高度的重视。项群训练理论可以给战略制定者有益的帮助：对现有不同等级的运动项目进行对应的项群分析，能够帮助我们从宏观上把握众多运动项目发展的状况，便于人们从社会学、地域学、遗传学及训练学等不同角度科学地分析造成各类项目发展水平高低不一的原因。

第二，项群训练理论与竞技运动项目的宏观管理。有序性是系统的重要特性之一。项群的划分和项群体系的建立使得竞技项目这一巨大群体的内部结构更加有序，进而为运动训练组织机构的领导者和管理人员对其实施更为有效的宏观管理提供了新的可能。例如，各级体育部门对运动项目实施分组管理，如果我们将统一管理的运动项目尽可能与项群的划分保持一致，则会明显地有利于管理工作与训练组织的协调一致。

第三，同群项目训练规律的探讨和揭示。与原有的两层次训练理论体系相比，运动训练理论体系中这一中间层次的建立，为项目群体内部的训练规律提供了极为重要的先决条件。表现在三个方面：首先，在一般训练学理论中，研究者通常难以注意到和揭示出混处于所有项目之中的一组项目的训练规律，而通过项群训练理论的研究则可以很好地做到这一点；其次，以一个项目的训练实践活动为基础建立起来的专项训练理论，不可能做出具有更为普遍适用性的提炼和概括，而项群训练理论的研究在这一点上则具有明显的优势；再次，由于运动项目发展的多样性以及某些运动大项（如田径）的综合性特点，如果只以历史形成的运动项目为单位去认识运动训练的规律，必然会受到极大的局限。田径中的投掷与举重的力量训练有着许多共同之处，而所有中长距离的走跑项目的训练均与中长距离的游泳、速度滑冰、自行车、划船等周期性耐力项目的训练遵循着同一的规律。这些简单的例子表明，项群训练理论体系的建立，将会在很大的程度上使得研究者打破固有运动项目界限的束缚，对进行跨项的规律性的探索和研究成为可能。

第四，项群训练理论与竞技人才的流动。对运动训练结果有着重要影响的选材工作，近年来受到教练员和体育科学家们的高度重视。在运动训练实践中，有为数不少的运动员是从邻项中选拔过来的。在运动训练界许多人的思维中，本已潜存着一种朦胧的"项群意识"，项群训练理论的研究和应用将会使人们这种朦胧的潜意识转化为科学理论指导下的主动的积极的思维和行动，从而促进竞技人才的合理流动。

第五，项群训练理论与运动训练方法的移植、创新与发展。任何一个竞技运动项目的发展过程，都不可能处于完全闭锁式的状态，在与外界的信息交流中，很自然地会从其他项目吸收那些对自己适用的理论、技术与方法；同时，也不断地把自己科学的理论、精湛的技巧以及有效的方法传输给别的项目。这种信息的交流主要发生在同项群内不同的项目之间。

第二节　体育训练的工程规划

一、体育运动训练工程规划设计

运动训练工程规划是运动训练工程的重要工作。规划的内容如同人的机能，规划的形式如同人的外形。显然，科学的运动训练工程规划（训练计划），不仅需要丰富的规划内容作为依据，而且需要适宜的形式作为表现。运动训练工程规划与运动训练工程计划不同。前者是后者制订的重要依据，后者是前者落实的具体方案，运动训练工程规划具有特殊的重要作用。

（一）训练工程规划的内容

运动训练工程规划是一种专项规划，是专项运动发展规划的组成部分，是运动训练工程实施的理论依据。制订科学的运动训练工程规划，对于提出明确的预期目标、训练的指导思想、内容的重点方向、整体的内容设计、工程的要素协调和具体的措施对策，具有十分重要的意义。其中，预期目标是运动训练工程规划的设计目的，同时也是专项运动训练工程的预期产品形式，因此，预期目标的定位必须切合实际；训练的指导思想是指导工程规划制订和实施的蓝本思路与观念，同时也是指导运动训练的理论依据和行动指南。训练指导思想包含有规划理论、形势分析、目标预测等规划要素的思维成果。因此，确定训练工程的预期目标和指导思想，对于科学制订训练工程规划具有引领作用。

训练工程规划类型分为两类：一类包含在专项运动发展规划的专题内容之中，通常以专项运动训练大纲的形式体现；另一类是以独立的训练工程规划体现，通常是以专题的多年训练计划的形式体现。无论何种形式的运动训练工程规划，主要内容都是由目标部分、指导部分、分析部分、规划部分和措施部分五个部分组成。目标部分主要包含终极目标和阶段目标；指导部分主要阐述规划制定的指导思想；分析部分往往要与历史分析、现实分析、对手分析等结合起来进行剖析；规划部分通常涉及目标分解、时期划分、阶段任务、过程重点等内容；措施部分包括教练分工、物质条件、环境建设、奖惩制度、竞争机制、文化教育、赛事安排等多种对策。其中，分析部分、规划部分与措施部分是运动训练工程规划的要点。

1. 分析部分

运动训练工程规划的分析部分要求事实客观、观点辩证、内容全面。这项内容往往涉及工程目标和指导思想的确定，因此，应该给予高度重视。通常，分析部分主要包括现实状态分析和发展预测分析两个方面，其中，现实状态分析是做好工程规划的前提。现实状态分析要从国内和国际两个方面入手。分析的要点主要是专项运动的区域发展水平和国际与国内的发展水平、影响专项区域发展关键因素或主要因素、近年来主要成绩和存在的主要问题、主要对手的现实状况和未来趋势，以及训练工作需要解决的主要问题。发展预测分析主要包括专项运动规律的发展趋势和运动训练目标的发展趋势。因此，运动训练工程规划的分析部分要求制订者具有系统思想，这样才能做到结论可靠。

2. 规划部分

运动训练工程规划的规划部分要求目标明确、内容全面、重点突出、方向准确、过程清晰、指标具体、配套协调。其中，规划目标主要由成绩目标、名次目标和分解目标等组成。这些目标既有定量规定又有定性描述，但是所有目标本身都应该既有压力又有激励特点；重点突出必须指出运动训练的重点内容和各个阶段训练的内容重点，重点内容和内容重点的确定必须符合专项运动特征和专项运动制胜规律；方向准确是指运动训练的指导思想和训练内容的安排符合现实要求和未来发展趋势；过程清晰要求运动训练的工程规划应该明确各个时期的训练目标、训练任务和训练重点，并能使之衔接成链。由此可见，运动训练工程规划的内容繁多、涉面较广，因此应该高度重视系统地设计规划。

3. 措施部分

运动训练工程规划的措施部分要求办法可行、条款具体、易于操作。运动训练工程规划的制订本身是为了落实规划，落实规划就要采用系列的政策与手段予以实施。显然，运动训练工程规划能否得到最终落实，主要依据切实可行的措施。措施的可行性和可操作性是衡量政策措施是否可行、合理的主要依据。当然，政策、对策和措施是否可行、合理，主要依据三个方面的标志性内容：其一，运动训练工程规划的措施内容必须具体，必须明确领导主体、执行主体、执行方法、执行手段、执行时间、具体范围、执行客体；其二，运动训练工程规划的措施内容必须可行，必须选择符合实际、能够量力而行的政策措施；其三，运动训练工程规划的措施任务必须明确，实施的目标必须清晰、准确。

（二）训练规划的制订方法与流程

1. 制订方法

制订运动训练工程规划的方法主要采用定量分析与定性分析相结合、运动规划与训练计划相结合、规划研究与规划论证相结合的方式。

定量分析与定性分析相结合要求现状分析和发展目标必须有定量指标说明问题，形势分析、政策建议、发展方向、战略对策可以采用语义清晰的定性描述。

运动规划与训练计划相结合要求整个训练工程规划必须符合上一层次专项运动发展规划要求，并能与之衔接，同时能为下一步制订不同阶段的训练计划提供明确依据。

规划研究与实证研究相结合要求制订的规划既要有理论分析的依据，又要有实践事实的证明。换言之，运动训练工程规划的制订必须以事实为依据，以规律为指南，以案例为佐证。

总之，运动训练工程规划的制订方法应该科学、全面。

2. 制订流程

（1）组织规划队伍。除教练员、运动员代表之外，参与人员应该有相关专业专家。

（2）搜集相关资料。根据设计要求搜集更多的有关资料。

（3）评价以往规划。找出问题、发现结症，提出改进思路。

（4）制订规划初稿。正式规划的制订需要经过多次讨论才能完成。

（5）做好规划衔接。要求运动训练工程规划与训练计划做到无缝衔接。

（6）广泛征求意见。应将训练工程规划初稿在一定范围内征求意见，以便修改和完善。

（7）定稿提交论证。属于编制系列的教练员所制订的训练规划，在送审之前必须答辩论证，并由组织论证单位出具论证报告。

（8）报批以及存档。规划获批之后必须尽快传达到相关部门执行。

此后，规划进入了实施阶段。

二、体育运动训练工程分期

完整的运动训练过程通常历经五个不同的训练时期，优异运动成绩的创造和优秀运动员的成长，都是历经五个不同时期组成的多年系统训练的结晶。因此，多年训练过程实际上是由不同训练阶段组成。多年培养的优秀运动员和最终创造的优异运动成绩，实际上是运动训练工程中不同时期工程的系列活动的成果。因此，研究和讨论运动训练工程的工期划分，是一项极有意义的工作，它有助于深刻认识运动训练过程不同时期（工期）的结构与特点。

（一）运动训练工程分期的认知

1. 运动训练工程分期的相关性

（1）运动训练工程分期与运动训练过程划分有关。运动训练过程划分是指将整个运动训练过程，根据优秀运动员竞技能力提高的规律和不同时期训练目标的需要，合理地分解成不同的训练时期。从系统工程建设的角度来看，可将优秀运动员从启蒙基础训练阶段直至保持运动寿命阶段分解成相应的工程建设工期。由此可见，全程训练过程划分，既是遵循竞技能力发展规律和满足不同训练时期目标要求的需要，也是整个竞技训练工程科学推进的工期安排。两者内部的过程分期与工程工期划分具有高度的相似性和类比性。通常，优秀运动员创造优异运动成绩的成长时期特点是 1 年入门、3 年成形、5 年成材、8 年成器。显然，揭示训练过程划分特点有助于理解运动训练工程分期。

（2）运动训练工程工期与运动训练过程划分有关。运动训练工程工期是指运动训练工程建设过程所经历的时间，运动训练工程工期与运动训练过程划分高度相关。运动训练过程同任何事物发展过程一样，主要存在于时间和空间形式之中。从时间形式上看，一个理论上完整的运动训练过程是由基础训练、初级专项训练、专项提高训练、高级专项训练、保持运动寿命等几个不同的、相互独立又互为联系的时期组成。换言之，也是由五个相互联系、逐步推进的训练工程共同组成。其中，每一时期又由几个不同的相互独立又互为联系的阶段组成，依此细化，可以将训练过程细分至一堂训练课。从空间形式上看，训练过程主要是由不同训练时期及其各个阶段的训练时间所承担的训练任务、目标、内容、方法、手段、负荷安排等要素组成。

2. 运动训练工程工期的划分

通常，实践中的运动训练工程工期的划分，是将多年训练过程划分为若干个年度训练过程；每一个年度训练过程，根据赛事安排划分为一个或若干个周期训练过程；每一个周期训练过程划分为三个训练阶段；每一个训练阶段划分为若干个小周训练过程；每一个小周训练过程划分为若干训练单元。训练单元又称训练课，是整个运动训练工程的最小时间单位。运动训练过程实际上是将多重嵌套的训练过程有机地联系为一个既相互独立又互为衔接的时间序列，以便使不同的训练目标、任务、内容、方法、手段、负荷等内容与不同时间跨度的训练过程形成整体。显然，训练过程注重的是时间的衔接，而训练工程不仅注重时间衔接，而且更加关注的是这些时段与训练内容的科学匹配。

（二）运动训练周期及其结构

训练周期是指根据运动员竞技状态的形成和发展规律以及重大比赛日程，合理安排训练工作的一种形式，是运动训练工程工期划分的一个重要依据，也是运动训练工程工期安排的主要方式。提出训练周期的理论依据就是竞技状态形成的周期性特点、重大赛事安排的周期性特点和运动训练适应的周期性特点。正因如此，任何一个训练周期的过程都须分为三个既相互独立又紧密衔接的阶段，即准备期、竞赛期、过渡期。正是由于多个训练周期的有机衔接，从而相继组成多年、全年、阶段、小周期的训练过程。训练周期的三个阶段又称为准备阶段、竞赛阶段、过渡阶段实践中，深刻认识训练周期结构和类型，对于科学制订全年、周期、阶段、小周期，乃至单元训练计划意义十分重大。

训练周期的各个阶段目的：第一，准备阶段旨在保证竞技状态的初步形成；第二，竞赛阶段旨在保持、巩固获得的竞技状态，并促使其向最佳水平发展，争取在比赛时能够创造最佳运动成绩；第三，过渡阶段旨在进行积极性调整，消除身心疲劳，并为下一训练周期的训练做好准备。显然，科学地安排训练周期，对于提高训练质量，尤其是在赛季形成最佳竞技状态、创造优异运动成绩具有十分重要的意义。当前，随着竞技体育某些项目商品化的趋势和竞赛体制的改变，国际职业化运动员训练周期的时间跨度有减短趋势，以往全年训练的多为单个、双个或三个训练周期的安排方式，正被多个训练周期的安排趋势所取代。但是，业余性或专业性运动员训练工期的安排，仍然遵循训练周期安排的一般规律。

1. 准备期

准备期是训练周期的基本组成部分之一，是训练周期的第一阶段。该期总任务是全面提高运动员身体素质，学习有关现代训练理论，改善运动技术和战术，培养优良的心理和道德品质，保证竞技状态的初步形成。准备期可分为一般训练阶段和专项训练阶段。前者的任务是全面发展身体素质和运动素质以及基本运动技术和战术，运动负荷的安排是以逐渐增大负荷量为主；后者的任务是重点提高运动技术和战术的应用能力，以及专项运动素质的水平，运动负荷的安排是以逐渐增大负荷强度为主。通常，准备期的时间安排是：全年为单个训练周期的准备期占 5～6 个月，全年为双个训练周期中的一个准备期占 2～3 个月。显然，全年训练周期的数目越多，一个训练周期的准备期将会越短。

2. 竞赛期

竞赛期是训练周期的重要组成部分之一，是训练周期的第二阶段。该期总任务是培养优良的竞赛心理和拼搏精神，形成与竞赛环境相符合的适应能力，积极形成竞技状态，力争在比赛中创造优异运动成绩。竞赛期可分为赛前准备阶段和比赛阶段，前者的任务是协调各竞技能力关系，获得更多比赛经验，使已获得的竞技状态向最佳水平发展。运动负荷安排是在保持必要负荷量的前提下，继续逐渐增大负荷强度，尤其是心理负荷强度；赛前一周适度保持负荷强度，减少负荷量。后者的任务是努力创造优异运动成绩。一般认为，全年为单个训练周期的竞赛期占 4～6 个月，全年为双个训练周期中的一个竞赛期占 1～2 个月。显然，全年训练周期数目越多，训练周期的竞赛期将会越短。

3. 过渡期

过渡期（调整期）同样是训练周期的组成部分之一，也是训练周期的最后阶段。过渡期的安排必须考虑赛事的特点。如果赛事属于多场连续比赛的战役性质，则必须认真考虑比赛场次之间参赛队员机能恢复的问题。当然，过渡期主要针对整个战役赛事结束后的阶段。该期的总任务是消除因比赛引起的身心疲劳，巩固训练成果，为下一训练周期的训练工作做好准备。此阶段的负荷安排相对较低过渡期时间安排相对较短，一般视运动员的赛后疲劳程度、训练周期的数目等因素而定，少则几天，多则半个月。显然，训练周期的训练过程，正是由这些相对独立又互为联系的准备期、竞赛期、过渡期的训练过程组成。认识训练周期的这种结构特点，就是为了科学驾驭整个运动训练的全部过程。

三、体育运动训练周期的结构与特点

训练周期既是运动训练过程科学安排的一种方式，也是运动训练工程工期划分的基本依据，训练周期可以分为大周期、中周期、小周期。

（一）　大周期的结构与特点

训练周期通常置身于一个全年训练的过程之中。由于竞技体育商业化特点和竞赛赛事剧增趋势的左右，高水平运动员的全年训练工作开始转入以完成当年比赛任务为重点的趋势，这就造成现代运动训练过程的单、双周期结构的安排呈现出向多周期结构变化的特点，从而促使不同水平运动员的全年训练过程的周期安排形成了多元化特点。但是，非职业性的运动训练工期的安排，仍然遵循着训练周期安排的一般规律。因此，对于从事非职业性的竞技运动训练工作的许多教练员和管理人员而言，竞技运动训练过程的单、双周期结构的安排，仍然是运动训练工程的主要周期结构。

1. 单周期的结构与特点

单训练周期是指一年安排一个训练周期。单训练周期类型是典型的为初级或中级运动员全年训练安排的一种方式。有时单训练周期类型也可为优秀运动员迎接后两年的年度重大比赛，如为奥运会年比赛而专门组织旨在进行基础训练的一种安排。单训练周期安排的依据是全年仅有一次重大比赛任务。一般认为，全年为单个训练周期的准备期占6～7个月，竞赛期占3～4个月，过渡期约为10天或半个月。单训练周期安排特点是系统地进行专项基础内容的训练，全面地发展运动员的全面身体素质，重点地提高专项运动素质、基本技术和战术。其主要目的是为完成一年一次的重大比赛任务或为两年后的重大比赛任务奠定坚实的训练基础

2. 双周期的结构与特点

双训练周期是指一年安排两个训练周期。双训练周期类型是典型的为中、高级运动员全年训练安排的一种方式。另外，双训练周期类型也是优秀运动员为迎接年度冠军赛或全运会决赛而专门组织训练的一种安排方式。双训练周期安排的依据是全年至少有两次重大比赛任务，其中第一次比赛成绩决定第二次参赛资格：一般认为，全年双训练周期的准备期占2～3个月，竞赛期占1～2个月，过渡期为10天左右。双训练周期安排的特点是系统地进行专项体能、技能的训练，重点发展运动员的专项素质、技术、战术以及形成高水平竞技状态。其主要目的是为完成一年两次比赛任务或为获得下次参赛资格或为取得国际比赛资格奠定坚实的基础。

3. 多周期的结构与特点

多训练周期是指一年安排三个或三个以上训练周期。多训练周期安排方式是近10年竞技体育领域中具有商业价值的高水平运动员或运动队全年训练过程安排的一种方式。多训练周期类型通常也是为潜力较大的优秀运动员尽快获取比赛经验而安排的一种方式。多

训练周期安排的依据是全年至少有三次的重大比赛或商业性比赛任务。一般认为，全年为多训练周期的时间安排，视重大比赛的次数和训练周期的个数而定。多训练周期安排特点是系统地保持专项体能、技能，重点地保持运动员高水平的竞技状态，丰富参加重大比赛的经验。其主要目的是完成一年多次比赛的积分任务或获得重大比赛的参赛资格或谋取较大的经济利益。

随着职业化竞技运动的发展，全年多周期训练模式已经成为一种运动训练安排的常态模式。优秀运动员往往利用休赛期进行专门的体能训练，并在重大赛季之前进行针对性训练。

（二）中周期的结构与特点

1. 中周期的基本结构

中周期亦称"训练阶段"。为了系统地驾驭训练过程，教练员通常会进一步将准备期、竞赛期和过渡期分解为一般准备阶段、专项准备阶段、赛前准备阶段、主要比赛阶段和过渡调整阶段等时间跨度更小的训练阶段。因此，任何一个中周期实际上是由至少两种不同功能性质的小周期的衔接而成，并由适应过程、基本过程和调整过程形成中周期的基本结构。其中，适应过程的训练时间一般相对较短，基本过程的训练时间一般相对较长，调整过程的训练时间一般相对更短。显然，中周期中的适应、基本、调整过程及其衔接，实质上更能反映超量恢复过程、运动适应过程、竞技状态形成过程和训练周期分期过程的周期性特点。因此，将"中周期"过程称为阶段训练不无道理。

一般来说，适应过程的主要训练任务是积极促进肌体做好应激准备、力图形成新的内环境平衡、做好预防不良干扰的心理准备等。适应过程的目的是使运动员能够逐渐承受高强度的训练负荷与比赛负荷；基本过程的主要训练任务是积极促进体能尽快得以提高、不断破坏和恢复肌体的内环境平衡、全面提高竞技能力各个因素的水平等。基本过程的训练目的是使运动员的各项竞技能力得以均衡发展。调整过程的主要训练任务是积极消除训练和比赛引起的身心疲劳、促使肌体尽快得以超量恢复、调理身心为迎接重大比赛或大负荷训练做好准备等。调整过程的目的是使运动员消除疲劳、调理身心。因此，必须根据大周期的不同训练阶段（中周期）训练任务，抓好阶段重点内容训练这个关键。

2. 中周期的安排特点

中周期的训练安排通常置身于大周期中的一般准备阶段、专项准备阶段、赛前准备阶段、主要比赛阶段的训练过程之中。因此，需要注重中周期的安排特点。一般准备阶段的训练任务是全面发展身体素质和运动素质，提高基本运动技术和战术水平、学习和掌握运动素质和运动技术发展的基本理论与知识。此阶段周期负荷安排的特点是前期阶段负荷强度小、负荷量逐渐增大，负荷性质多样化，负荷呈现波浪趋势，训练内容主要为身体素质、肌体机能的训练；中期阶段在维持负荷量的前提下，逐渐增大负荷强度，负荷性质全面化，训练内容主要为运动素质、基本技能的训练；后期阶段负荷强度和负荷量逐渐呈现交叉增大趋势，负荷的性质专项化，训练内容为专项素质、机能和基本技术。

专项准备阶段的训练任务是重点掌握关键专项技术的环节和战术的基本形式，提高专项运动素质的水平，学习和掌握主要关键技术和战术的基本理论与知识。此阶段运动负荷的安排特点，是前期阶段通常在保持负荷强度的前提下逐渐增大负荷量，负荷性质专项化，训练内容主要为专项素质、专项机能、专项技术；中期阶段在维持负荷量前提下逐渐增大负荷强度，负荷性质着重体现速度、力量，训练内容主要为专项素质、专项技术、专项战术；后期阶段负荷强度和负荷量逐渐交叉增大，负荷性质着重体现爆发力，训练内容主要为专项技术、专项战术。一般准备阶段与专项准备阶段的训练任务、目标和内容应该高度链接、有机衔接，逐步深化和科学地向前推进。

赛前准备阶段的周期训练任务是重点发展专项运动素质，提高专项技术和战术的应用水平，协调各项竞技能力因素之间的关系，获得更多的比赛经验，促使竞技状态最佳化水平发展。此阶段运动负荷的安排特点是：在保持必要的负荷量的前提下，继续逐渐增大负荷强度，尤其逐渐施加心理负荷。整个阶段的训练内容主要为专项技术、专项战术、智力、心理。主要比赛阶段的周期训练任务是努力形成最佳竞技状态，创造优异运动成绩。赛前三天负荷安排的特点是全面降低负荷强度和负荷量，使肌体得以超量恢复并做好赛前身心调整。场次间歇期间的安排是适度地热身活动，温习关键技术环节和比赛战术，合理安排作息时间，同时安排时间观摩主要竞争对手的比赛状况。

（三）小周期的结构与特点

1. 小周期的基本结构

训练小周期的基本结构是由若干训练课和调整课（恢复课）构成。其中，若干训练课与一次调整课（恢复课）的组合构成一个循环链。通常，训练小周期的基本结构是由两个或两个以上的循环链组成。训练小周期内部的这种循环结构具有的特点。小周期结构的这种安排主要依据超量恢复基本原理。小周期结构的这种安排意义是现代运动的各种体能需要日积月累地训练方可提高、发展和维持。现代运动的各种技能是需要周而复始地训练才可形成、掌握和应用。现代运动的各种竞技能力因素是需要循序渐进地训练方可提高、融会和展现。因此，教练员应深刻认识和理解训练周的这种结构特征与意义。

2. 小周期的基本类型

训练小周期可以分为七种，即引导性训练周、适应性训练周、强化性训练周、调整性训练周、检查性训练周、赛前训练周、比赛性训练周。其中强化性训练周是训练周的主要类型。

（1）引导性训练周，运动负荷较小、训练内容不多、训练要求不大。此类训练周是以引导运动员逐步适应日渐增大运动负荷的趋势为主要任务。教练员关注的主要问题是运动兴趣与肌体适应能力。通常，过渡期结束或准备期开始的一二周为引导性训练周。

（2）适应性训练周，相对较高而稳定的负荷特征，训练内容单一。主要是使运动员肌体内环境的不平衡状态向适应性平衡状态变化，进而获得使其各项竞技能力因素在更高的基础上得以全面协调发展。

（3）强化性训练周，运动负荷较大、训练内容较多、训练任务较重。此类训练周是以提高运动技巧、增强运动体能、提高负荷能力为主要任务。教练员关注的主要问题是技能与体能的发展与保持水平。通常，准备期、竞赛期的各个阶段都会安排强化性训练周。

（4）调整性训练周，负荷总量较小、练习内容多样、练习手段有趣。此类训练周是以肌体获得超量恢复、加速恢复竞技状态为主要任务。教练员关注的主要问题是运动员肌体恢复的程度、运动员下周训练的精神状态等问题。通常，此周放在连续两三个强化性训练周后，并与强化性训练周结合组成中周期过程。通常，强化性训练周负荷强度或负荷量的安排最大。随后安排的调整周则是为了肌体及时有效恢复。

（5）检查性训练周，负荷强度最大、检查内容多种、训练环境接近比赛、心理压力很大。此类训练周以检查一段时期训练工作的质量为主要任务；教练员关注的主要问题是训练质量、方向是否符合竞技实战的要求。通常，检查周多放在全年训练过程各个阶段的中期或后期。

（6）赛前训练周，此周前段负荷强度高、负荷量大、训练课次多。训练内容紧密联系实战，赛前三天运动负荷急剧下降。总体任务是根据比赛规程、参赛任务和比赛性质做好肌体调整工作，以使运动员在赛中出现最佳竞技状态。

（7）比赛性训练周，根据比赛规程和项目特点，在赛次或场次间歇的过程中，需要合理安排运动员的训练和调整，并最大限度地提高、维持最佳的竞技状态。

第三节　体育训练的基本原则

体育训练原则，是指根据长期的训练活动对训练实践普遍经验的高度概括和长期的科学研究成果的结晶，反映体育训练的客观规律，是科学体育训练的指导原理。

一、导向激励与健康保障原则

导向激励与健康保障训练原则，是指以实现预设目标为导向，激励运动员积极参与，并在为运动员身心健康提供有力保障的条件下组织运动训练活动的训练原则。这项原则将动员激励运动员积极主动刻苦地训练与高度重视并采取有效措施保障运动员健康这两个范畴辩证地组合在一起，形成组织训练活动重要的指导思想。

导向激励原则解决运动员的训练动机问题，长期艰苦的训练需要不断的动机激励，同时健康保障是运动员的重要人权。在体育运动训练过程中，教练员要把导向激励原则与健康保障原则相结合，注重运动员的健康保障，注重运动员的身心健康，加强医务监督，目标控制，注意信息反馈，及时调节训练内容、方法、负荷与安排。运动员则要树立正确的参训动机，兼顾国家与个人的利益，国家培养运动员，运动员应该把国家利益放在第一位，为国家的体育事业努力拼搏、多做贡献，在为国家出力的过程中获得应得的个人利益。所以，与此同时，要认真贯彻健康保障训练原则。

导向激励与健康保障是运动训练活动中应该遵循的重要原则。辩证地认识两者之间的内在联系及可能发生的矛盾，不断地激励运动员主动训练、刻苦训练，同时密切关注、切实保障运动员的身心健康，更好地发挥两者的协同效应，才能使训练工作取得成功。

二、竞技需要与区别对待原则

竞技需要与区别对待训练原则，是指根据运动项目比赛的共性特点从实战出发，针对运动员个性特征，科学安排训练过程的周期、阶段划分及训练的内容、方法、手段和负荷等要素的训练原则。

一切训练活动都应该从比赛的需要出发而设计规划和组织实施。竞技体育的发展需要秉承以人与自然、社会、人及其自身为主的"和谐"这一核心发展理念，更需要以此为基础而确立以人为本、公正、责任为重心的基本发展原则，从而为进一步完善以人的全面发展为中心的竞技体育发展目的奠定更为全面的理论基础。

在运动训练过程中，在制定训练内容的时候要把竞技需要原则与区别对待原则相结合，要依实战需要决定训练内容、方法、负荷与安排，并不断地检查、验证、调整。依据运动专项竞技的特异性，运动员竞技能力结构的个人特点，针对个人特点组织训练，并随着水平提高及时调整训练计划。

运动训练实施过程是个人针对性特点所决定的。运动员各方面的条件千差万别，不仅各人的起点不同，而且随着训练过程的发展而不断地发展和变化。如有的运动员训练初期进展不快，但到了某一阶段进展就可能突飞猛进，有的开始进展很快，但后来反而慢了下来；有的某些运动素质好，而有的另一些运动素质好；有的适应大负荷量的训练能力强，而有的适应大负荷强度的训练能力强；有的在这一方面存在问题，有的则在另一方面存在问题；等等。这些都要求在训练中区别对待，才能收到好的训练效果。在一些球类集体运动项目中，如篮、足、排球，还由于位置分工的需要不同，在运动素质，技、战术的掌握和运用，以及对心理品质的某些要求上也有不同的特点和重点，在训练过程中也必须区别对待。

运动项目普适性的竞技需要与特定时间空间条件下运动员的个体特征是既有矛盾又紧密联系的两个方面，科学地认识它们之间的辩证关系，并充分发挥两者之间的协同效应，是应该遵循的重要训练原则。

三、系统持续与周期安排原则

系统持续与周期安排训练原则，是指运动员应该系统持续地从事运动训练，并应分阶段做出周期性安排的训练原则。

为了在运动训练活动中实现人体的适应性改造，运动员需要多次承受运动负荷，渐进地提高自己的竞技水平。持续的运动训练可使训练效应不断累加，而训练活动的间断则会降低训练效果。培养一名国际水平的竞技选手，通常需要经过6～10年的系统训练，世界优秀选手都是在多年系统的训练过程中培养出来的。同样，在一个年度、一个阶段的训练中，也要求保持良好的连续性。

同时，物质运动普遍存在的周期性特征也清晰地存在于运动训练过程之中。人体运动能力的周期性提高，竞技状态的周期性变化，重大赛事的周期性举办，都提示我们，周期性地安排运动训练过程，处理负荷与恢复、分解与综合、训练与竞赛的有机联系，是设计、组织运动训练过程的重要原则。

系统的持续的运动训练过程需要分解成若干个组织周期，不同时间跨度的多个周期组合成系统的持续的运动训练过程。发挥系统训练与周期安排的协同效应，对运动训练活动的成功有着重要的作用。

四、适宜负荷与适时恢复原则

适宜负荷与适时恢复训练原则，是指根据运动员的现实可能和人体机能的训练适应规律，以及提高运动员竞技能力的需要，在训练中给予相应量度的负荷，负荷后及时消除运动员在训练中所产生的疲劳，通过机体适应过程，提高运动员竞技能力和取得理想训练效果的训练原则。

在运动训练过程中，训练负荷的安排要以人体机能能力的适应性机制，以训练负荷对运动员机体的良性与劣性影响为科学基础。注意组织训练负荷与负荷后的恢复，积极而谨慎地探求负荷量度的临界值，探讨疲劳的准确诊断与有效消除。

由适宜的运动训练负荷引起的运动员机体发生相应程度的疲劳，适时地消除机体在训练负荷影响下产生的疲劳，并促进机体的良性补偿使得运动员的竞技能力得到提高。在训练过程中，存在着负荷与调整、消耗与补充、疲劳与恢复等方面的矛盾。正确辩证认识适宜负荷与适时恢复的关系，将两者发挥协同效应，这是体育训练中必须遵循的重要原则。

第四节　体育训练的主要方法

运动训练过程是一个复杂的系统工程，为了提高训练活动的科学化水平，不仅需要掌握进行某一训练内容方面的具体方法，还必须掌握科学控制运动训练进程的方法。科学方法被广泛地用于人们的日常生活、生产和科学研究之中，科学方法是科学精神的重要构成要素和集中体现。训练方法发展至今，可以说一直是在人的知识、观念、时代的生产方式和生活方式等因素影响下发展的。当前，运用科学理论创新训练方法已经成为训练方法发展的特征和主要方式。

一、完整训练法

完整训练法，是指从技术动作或战术配合的开始到结束，不分部分和环节，完整地进行练习的训练方法。运用完整训练法便于运动员完整地掌握技术动作或战术配合；保持技术动作或战术配合的完整结构和各个部分之间的内在联系。

完整训练法可用于单一动作的训练，也可用于多元动作的训练；可用于个人成套动作的训练，也可用于集体配合动作的训练。用于单一动作的训练时，要注意各个动作环节之间的紧密联系，注意逐步提高训练的负荷强度，提高完整练习的质量。用于多元动作的训练时，在完成好各单个动作的同时，要特别注意掌握多个动作之间的串联和衔接。

用于个人成套动作的训练时，可根据练习的不同目的而有不同的要求。在着重提高动作质量时，可在成套动作中途要求运动员停止练习，指出问题，加深印象，重练改进；在着重发展完成全套动作的参赛能力时，则不必拘泥于个别动作细节完成质量的情况，而强调流畅地连续演示全套动作。

用于集体配合战术的训练时，应以一次配合最终的战术效果为训练质量的评价标准，更密切地结合实践要求，灵活地组织完整的战术训练。

二、分解训练法

分解训练法，是指将完整的技术动作或战术配合过程合理地分成若干个环节或部分，然后按环节或部分分别进行训练的方法。运用分解训练法可集中精力完成专门的训练任务，加强主要技术动作和战术配合环节的训练，从而获得更高的训练效益。当技术动作或战术配合过程较为复杂、可予以分解，且运用完整训练法又不易使运动员直接掌握的情况下，或者技术动作、战术配合的某些环节需要较为细致的专门训练时，常采用分解训练法。

（一）单纯分解训练法的应用

应用单纯分解训练法，须首先把训练内容分成若干部分，分别学习、掌握各个部分或环节的内容，再综合各部分进行整体学习。这种方法在技术和战术的学习与训练中被广泛采用，分解训练法对练习的顺序并不刻意要求。单纯分解训练法的应用特点是：分解的技术动作和战术配合相对复杂，分解后的各个部分可以单独训练。联系的顺序不必特别要求，便于教练安排训练。

（二）递进分解训练法的应用

应用递进分解训练法，须把训练内容分成若干部分，先训练第一部分；掌握后，再训练第二部分；掌握后，将第一、二部分合起来训练；掌握两部分后再训练第三部分；掌握后，将三部分合起来训练；如此递进地训练，直到完整地掌握技术或战术。该方法虽然对练习内容各个环节的练习顺序并不刻意要求，但对相邻环节的衔接部分则有专门的要求。

（三）顺进分解训练法的应用

应用顺进分解训练法，需要把训练内容分成若干部分，先训练第一部分；掌握后，再训练第一部分和第二部分；掌握后，再将三个部分一起训练；如此步步前进，直至完整地掌握技术或战术。顺进分解训练法的应用特点是：训练内容的进程与技术动作、战术配合过程的顺序大体一致；后一步骤的练习内容包括前一部分的内容。应用该方法便于建立技术动作过程和战术配合过程的完整概念，形成良好的动力定型和战术意识。

（四）逆进分解训练法的应用

逆进分解训练方法与顺进分解训练方法相反，应用时把训练内容分成若干部分，先训练最后一部分，再逐次增加训练内容到最前一部分；如此进行直至掌握完整的技术或战术。逆进分解训练法的应用特点是：训练内容的进程与技术动作、战术配合过程的顺序恰恰相反；多运用于最后一个环节为关键环节的技术和战术的训练，如投掷、扣杀、踢踹等动作。

三、重复训练法

重复训练法是指多次重复同一练习，两次（组）练习之间安排相对充分休息的练习方法。通过同一动作或同一组动作的多次重复，经过不断强化运动条件反射的过程，有利于运动员掌握和巩固技术动作；通过相对稳定的负荷强度的多次刺激，可使机体尽快产生较高的适应性机制，有利于运动员发展和提高身体素质。构成重复训练法的主要因素有：单次（组）练习的负荷量、负荷强度及每次（组）练习之间的休息时间。休息的方式通常有静止、肌肉按摩或散步。

（一）短时间重复训练方法的应用

短时间重复训练方法普遍适用于磷酸盐系统供能条件下的爆发力强、速度快的运动技术和运动素质的训练。例如，排球运动单个扣球技术动作的练习或传（挡、推、截）球与扣（抽）球技术的组合动作的练习，田径运动跨栏技术的分段或全程练习，拳击运动中各种方式的勾拳、直拳练习，足球运动中单个射门技术动作的练习与传、接、投、掷（踢）技术动作组合的练习，表现性项群中各种基本技术或高、难技术动作的组合练习，等等，都可以采用该方法进行训练。所有体能主导类力量性、速度性运动项群的技术、素质训练，以及所有的技能主导类对抗性和表现性运动项群的高、难、强技术的训练和有关的速度素质和力量素质的发展，都以此为主要训练方法。

短时重复训练法的应用特点：一次练习的负荷时间短，负荷强度大，动作速度快，间歇时间充分，单一动作或组合动作的各个环节前后稳定。间歇过程多采用肌肉按摩放松方式，以便能尽快促使机体恢复机能。重复次数和组数相对较少。可有效地提高负荷强度很高的单个技术动作或组合技术动作的熟练性、规范性和技巧性；可有效地提高该类运动项目运动员的磷酸盐系统的储能和供能能力；可有效地提高运动员有关肌群的收缩速度和爆发力。

（二）中时间重复训练方法的应用

中时间重复训练方法普遍适用于糖酵解供能条件下的运动技术、战术和素质的训练。如隔网性运动项群中多数技、战术串联技术动作的重复练习或强度适中的单一技术动作的重复练习，同场性运动项群中爆发力较强、速度较快的单个技术动作的练习或由此类技术为主所构成的组合技术动作的重复练习，格斗性运动项群中任何一种连续进行的格斗练习或以该类技术动作为主所构成的组合技术动作的练习，难关性运动项群中成套动作训练等都可以采用该方法进行训练。中时间重复训练方法还普遍适用于运动员学习、行程和巩固运动强度较低的运动技术，适用于运动员掌握局部配合的运动战术。同时，该方法同样普遍适用于比赛成绩为 0.5～2 分钟的体能主导类运动项群的技术和素质的练习。当然，对该类项群的训练，还应辅以短、长时间的重复训练方法。

中时间重复训练方法的应用特点是：一次练习的负荷时间应较长，通常为 0.5～2 分钟；练习时，负荷时间可略长于主项比赛时间或负荷距离可略长于主项比赛距离；负荷强度应较大（负荷心率应在 180 次/分以上）并与负荷时间呈现负相关性；单一练习动作的各个环节或组合技术的基本结构应前后稳定；能量代谢主要由糖酵解供能系统完成；间歇时间应当充分。间歇方式应采用慢跑深呼吸以及按摩放松方式进行，以便能尽快清除体内乳酸。可以有效地提高运动员糖酵解供能系统的储能和供能能力以及糖酵解供能为主条件下的速度耐力和力量耐力、技能主导类运动项目中各种技术衔接与串联的熟练性、规范性、稳定性以及机体的耐乳酸能力。

（三）长时间重复训练方法的应用

长时间重复训练方法主要适用于无氧、有氧混合供能系统条件下的运动技术、战术、素质的训练工作。如技能主导类运动项群多种技、战术的串联练习、连续攻防的对抗练习、组合技术的重复练习以及一次负荷持续时间为 2～5 分钟的各种运动素质的练习等，都可采用此法训练。该法同样适用于难度不大、负荷不高、技巧性强的单一技术动作的训练或难度不大的组合技术动作的练习。还适用于体能主导类（2～5 分钟）耐力性运动项群的技术、素质的练习。亦可辅以中时间重复训练方法或持续训练方法。

长时间重复训练方法的应用特点是：一次练习过程的负荷时间更长，通常在 2～5 分钟之间；技能主导类项群技术动作的练习种类较多，同时参与技术、战术训练的人数较多，战术攻防过程转换次数较多，训练的实战环境气氛较浓，组织难度增大；负荷时间略长于主项比赛时间或负荷距离略长于主项比赛的距离；负荷强度与负荷时间呈现负相关性；无氧和有氧混合供能性质明显。一次练习完毕后，间歇时间应当十分充分，这样可有效地提高该类运动项目运动员的无氧、有氧混合代谢的能力，无氧、有氧混合代谢供能状态下的速度和力量耐力，以及各种技术应用的熟练性和耐久性。在实践中，长时间重复训练法与间歇训练法、持续训练法和变换训练法的有机结合，可以更好地提高训练效果。

四、间歇训练法

间歇训练法是指对多次练习时的间歇时间做出严格规定，使机体处于不完全恢复状态下，反复进行练习的训练方法。该训练法优点在于练习期间及中间间歇期间均能使心率维持在最佳范围之内，改善心泵功能。通过严格的间歇训练过程，可使运动员的心脏功能得到明显的增强；通过调节运动负荷的强度，可使机体各机能产生与有关运动项目相匹配的适应性变化；通过不同类型的间歇训练，可使糖酵解代谢供能能力，或磷酸盐与糖酵解混合代谢的供能能力，或糖酵解与有氧代谢混合供能能力，或有氧代谢供能能力得以有效地发展和提高；通过严格控制间歇时间，有利于运动员在激烈对抗和复杂困难的比赛环境中稳定、巩固技术动作；通过较高负荷心率的刺激，可使机体缓冲乳酸能力得到提高，以确保运动员在保持较高强度的情况下具有持续运动的能力。

五、持续训练法

持续训练法是指负荷强度较低、负荷时间较长、无间断地连续进行练习的训练方法。练习时，平均心率应为每分钟 130～170 次。持续训练主要用于发展一般耐力素质，并有助于完善负荷强度不高但过程细腻的技术动作，可使机体缓冲运动机能在较长时间的负荷刺激下产生稳定的适应性，内脏器官产生适应性的变换；可提高有氧代谢系统供能能力以及该供能状态下有氧运动的强度；可为进一步提高无氧代谢能力及无氧工作强度奠定坚实的基础。

六、变换训练法

变换训练是指变换运动负荷、练习内容、练习形式以及条件，以提高运动员的积极性、趣味性、适应性和应变能力的训练方式。变换训练法是根据实际比赛过程的复杂性、对抗程度的激烈性、运动技术的变异性、运动战术的变化性、运动能力的多样性以及中枢神经系统的灵活性等一般特性而提出的。通过变换运动负荷，可使机体产生与有关运动项目相匹配的适应性变化，从而提高承受专项比赛时不同运动负荷的能力。通过变换练习，可使运动员不同运动素质、技术、战术得到系统的训练和协调发展，从而使之具有更接近时间比赛需要的多种运动能力和实际应用的应变能力。

七、循环训练法

循环训练法是指根据训练的具体任务，将练习手段设置为若干个练习站，运动员按照既定顺序和路线，依次完成每站练习任务的训练方法。运用循环训练法可有效地激发训练情绪、累计负荷"痕迹"、交替刺激不同体位。循环训练法的结构因素有：每站的练习内容、每站的运动负荷、练习站的安排顺序、练习站之间的间歇、每遍循环之间的间歇、练习的战数与循环练习的组数。运用循环训练法可以有效地提高不同层次和水平的运动员的训练情绪和积极性；可以合理地增大，因人制宜地加以调整，做到区别对待；可以防止局部负担过重，延缓疲劳的产生，并有利于全面身体训练。

实践中，循环训练法中所说的"站"是联系点，如果一个循环内的站数中，有若干个练习点是以一种无间歇方式衔接，那么这几个练习点的集合可称为练习"段"。因此，考虑循环练习的顺序时，有时应以练习"站"为单位，有时则应以练习"段"为单位。

八、比赛训练法

比赛训练法是指在近似、模拟或真实、严格的比赛条件下，按比赛的规则和方式进行训练的方法。比赛训练法是根据人类先天的竞争和表现意识、竞技能力形成过程的基本规律和适应原理、现代竞技运动的比赛规则等因素而提出的一种训练法。运用比赛训练法有助于运动员全面并综合地提高专项比赛所需要的体、技、战、心、智各种竞技能力。

第六章　体育训练创新及疲劳消除

第一节　创新思维及其在体育训练中的生成

随着我国经济水平的日益增长，社会各行业领域均取得了全新的发展成效，尤其是互联网以及竞技体育等领域更是在世界范围中取得了傲人的成绩，而这种优异的成果离不开从业人员创新性思维的支持。对于体育运动训练而言，若想让运动员在体育竞技赛场中取得优异成绩，有效提高我国运动训练在世界领域中的发展水平，就必须在创新思维指导下不断优化与完善具有价值的体育运动训练方法和技巧，从而最大限度地提高我国体育运动训练水平，促进我国体育事业的可持续性发展。

一、创新思维及其特点

创新思维是改变已有思考问题的角度、观点，另寻新方向去认识事物，突破固有思维模式的认知方式，从而提出不同于多数人的、富有创见的新观念、新理论的思维。"创新思维是思维发展的高级形式，它也是人脑思维的一种综合思维，它同人脑机能直接相关，是人脑机能作用下的产物，是自然界长期演化和集体智慧共同作用的结果。"[①] 创新思维的基本特征主要集中在以下三点：

第一，开拓性。新时代背景下，体育运动发展至今，无论是理论探究还是体育运动实践都取得了明显成效，但教练员和运动员的思维方式也愈加局限于某个特定的模式。在新时代发展背景下创新思维的开拓性特点就能很好地打破这种固定性思维，使相关指导者脱离常规的思维方式，积极寻找全新的体育运动训练方法和策略。

第二，综合性。创新体育运动训练思维，不应固定于体育行业本身，而是积极吸纳与采取其他行业的优秀理论和实践经验，站在其他行业视角看待当前的体育运动训练方式，并采用形式多样的评价方式科学评估我国体育运动训练效果。

---

① 吕爽，张志辉，郝亮．创新思维［M］．北京：中国铁道出版社，2019.

第三，独创性。这种独创性特点可以体现在对体育教练员的培养上，也可以集中在运动员本身的创造上。这都需要体育教练员结合自身积累多年的实践经验，从运动员日复一日的体育运动训练中提取具有价值的训练方法，为相关运动员带来全新的体育运动训练体验。

二、创新思维在体育训练中的意义

在现代经济水平不断提升和全民健身理念贯彻落实的背景下，体育运动逐渐在社会各界中引起了广泛关注和重视，任何一种创新都可以归结于创新思维的外化、物化以及形式化，其本质上可概括为在经济、社会等领域中采用、同化或者研发的一种新型增值产品，旨在进一步扩大产品在市场中的覆盖范围，研发出全新的产品生产方法，构建系统的管理制度。在此基础上，体育创新的概念主要指在体育实践过程中，结合事物发展变化和客观规律，转变大脑对体育运动训练的感性和理性认知，从而实现体育运动训练思维的重组与创新。在某种程度上体育创新可视为对体育运动价值观的重塑，同时对体育运动的客观规律形成新的认知，并以此为基础对体育运动的实践提供理论上的指导。

三、创新思维在体育训练中的生成过程

创新本质上可视为一种具有探索性和创造性精神的思维活动过程，其打破了传统常规的固定性思维，但这种思维的形成也存在某个特定的流程，而体育创新思维的生成过程主要包括定向、成形以及深化三个阶段。

第一，思维定向主要指明确思维活动的目标、从发现问题、信息提取两个方面着手塑造信息链，并将各种有效信息输出到体育教练员和运动员的脑海中。在思维定向发展过程中，创新者通常会受到外界信息或潜意识中各种突发信息的影响，依托于自身直觉思维将各种信息进行粗加工。这就需要创新者认真回忆脑海中留存的印象或经验，通过信息检索的方式提取所需信息，并将外界信息或潜意识中的突发性信息与衍生出的信息进行有机结合，从而通过信息组合的方式形成一种新猜想。

第二，在体育运动训练的反复思考以及实践过程中，各种新颖的观念和设想会在教练员的脑海中得以成形，并在某种灵感的启发下将隐性思维上升到显性思维，从而生成全新的思维过程和设想方案，采用科学的方式对运动员进行体育运动训练。

第三，将前两个阶段的思维成果进行有效整合后，还须通过缜密的思维逻辑来梳理思维结果，在前两个阶段的基础上将形成的创新思维进行深化与巩固，直至得出最适合体育运动训练发展的创新思维。因此，深化阶段主要是在原有思维成果的基础上将丰富

的信息资源进行整合，在重新梳理思路的同时激活其他新颖的猜想。在修正阶段则需要对已成形的设想进行加工与完善，进一步保证设想结果的准确性。在验证阶段，需要运用科学的逻辑性和实践性标准客观评价新设想的合理性与可靠性，以此保障体育创新思维的有效性。

第二节　体育训练中的创新思维应用

随着我国体育事业的不断进步，体育运动训练方法亟须进行积极创新，才能迎合新时代我国体育事业不断发展的需要，通过积极应用创新思维对体育运动训练进行各种创新。

一、技术创新

在现代科技水平和生活质量日益提升的背景下，尽管各种先进的信息技术手段在各行业领域中得到了广泛发展，不但充分发挥了互联网的信息传播优势，还推动了体育事业的长远发展，为运动员带来了良好的体育训练体验。

例如，在各种基础体育运动设施中安装相应的数据传感器和记录仪等设备，详细记录运动员的各项数据指标，并利用大数据技术进行全面分析与检测，以此为每个运动员制订具有针对性的体育运动训练方案。在条件允许的前提下，还可以为每个运动员准备一套带有传感器的运动服装，精准记录每个运动员的身体素质指标和体育动作技巧等基础信息，有针对性地制订科学合理的体育运动培训方案。

二、方法创新

在我国传统应试教育影响下，教练员在对运动员开展训练时，主要通过题海战术来强化与巩固运动员所学基础运动知识，对于体育运动训练的课程设计也较为简单。因此，在体育运动训练开展前必须及时对课程设置进行创新与改革，避免过度集中在体能和竞技技巧方面的训练上，而是需要结合运动员的性格特点有针对性地开展心理素质训练，以提高运动员的体育核心素养和人文素养为主要目标，真正意义上满足新时代体育运动科学规范训练的要求。

在运动训练设置过程中，还可以适当减少体育运动训练的时长，重点关注体育运动训练的强度和深度，留出一些时间对运动员进行文化课以及心理素质训练，同时也要融入一些趣味游戏来丰富体育训练内容缓解运动员的训练压力，通过劳逸结合的方式为运动员带来良好的学习体验，避免运动员在枯燥乏味的体育运动训练中丧失兴趣，要为其提供源源不断的内在动力，帮助运动员突破在赛场中的心理障碍，有效提高运动员的比赛成绩和体育运动训练的效果，在顺应新时代发展趋势的基础上，促进运动员素质的全面均衡发展，为其提供良好的自我风采展现平台。

三、组合创新

在体育运动训练中应用创新思维时，组合创新法是一种难度相对较低的新型创新方法，其本质在于体育运动训练过程中将多种训练方法进行组合，从而通过实践的方式寻找最佳的组合训练方法，达到体育运动训练效果最大化。在体育运动训练过程中应用组合创新法时，应注意以下两个方面的内容：

第一，运动项目的组合创新。如喜欢右手持拍的羽毛球运动员可以积极学习左手持拍方法和技巧，乒乓球运动员可以尝试从直拍转变为横拍打法等。

第二，从其他运动项目中提取有益的训练方法，将其整合到自身知识结构体系。如生物学理论中的最佳运动时间概念，就对体育运动训练具有积极意义，在科学的时间规划训练下可以整体提高运动员的体育训练效果。

四、移植创新

移植创新法的本质在于深入挖掘各个体育训练项目之间的关联，将各个体育训练项目的优势进行有效整合，从而为其他相关项目训练的开展创造良好的先决条件，不再局限于某个单一的体育运动训练项目。在传统体育运动训练过程中，若某个运动员对运动技巧的掌握较为熟练，那么其他运动员就会学习这名优秀运动员的动作技巧和方法，并在此基础上不断创新与研发其他技巧和方法。而移植创新法与这种方法却存在本质上的区别，其可以将这种运动技巧转移到更多的运动项目当中，不但有效拓展了体育运动训练项目的创新范围，还在一定程度上提高了体育运动技巧转化的成功概率，为体育运动训练创新思维的应用奠定了良好基础。

创新是时代发展的有效驱动力，事物想要长久地发展下去就要不断去进行创新，创新思维在体育运动训练中的应用，是对我国体育运动训练事业科学发展的有效推动。希望通过各个角度探讨创新思维在体育运动训练中的应用，能为今后体育运动训练的创新与改革提供理论方面的指导，为我国体育运动员提供全新的风采展示平台，整体推动我国体育事业的长远发展。

第三节　体育科学化训练及疲劳消除

一、科学化运动训练的基本理念

（一）教育理念

在运动训练过程中，教练员要重视对运动员的文化教育和素质培养，并注意强调这一方面的重要性，从而使训练和教育紧密地融合在一起，达到训练与教育相结合、相协调、相促进的效果，这对于促进运动训练效果的提高具有积极的作用。

运动训练是一种社会活动，这一社会活动能否顺利进行，主要取决于教练员、运动员、管理人员和科技人员等相关人员是否能够积极参与运动训练活动，并在活动过程中密切配合。由此可以看出，教练员与运动员这两个运动训练中的主体的知识水平是影响竞技运动发展的重要因素。

现代运动的较量，主要表现在体能、技能、心智能力等方面的较量。在某些条件下，心智能力要比体能、技能更重要，尤其是随着运动员年龄的增长，心智因素的影响就显得更为明显了。一般情况下，具有较高运动智能的运动员，其之所以能够大幅度提高自身的竞技能力，除了由于能够较为深刻地把握运动的特点和规律，并且能够更准确地认识运动训练理论和方法外，还能够对教练员的训练意图有更正确的理解，在高质量地完成预订的训练计划中能够与教练员完美配合。与此同时，更准确地把握运动战术的精髓和实质，在比赛中灵活机动地运用战术，动员和控制自己的心理活动等也是高智能运动员竞技能力水平较高的重要因素。

（二）人文操作理念

运动训练中，人文操作性理念的内涵主要从四个方面体现出来：强调对运动员的尊严与独立的重视，对运动员思想与道德的关注，对运动员权利的关注，对运动员生存状况与前途命运的关注。

人的行为的实施在一定程度上受到其自身感知或信念体系的指导。人的行为受其自身感知或信念体系的影响。从人文主义、感知经验主义的角度上来说，人之所以能够有行为，主要是因为有人的感知或信念体系的指导。而从人本主义的角度上来说，所谓的人文操纵的方法，就是教练员或领导者必须按照他们的信念体系和他们要领导的运动员或人员的信念体系来认识领导工作。

运动水平的提高，基础性的要求是与自然规律和价值规律相符合。运动是自然规律和价值规律的双重存在。现代运动训练要求讲求科学性，并且符合该项目运动的客观规律。因此，为了取得理想的训练效果，在进行运动训练时，不仅要符合科学规律，而且还要在追求目标与实现目标的过程中符合人类正常的价值规律。除此之外，不仅要体现人文特征，而且还要将科学性与人文特征相结合、相统一，从而达到真与善的统一。

运动训练的过程就是教育的过程，教育重视的是发展内在动力，行动力是由内在动力引导而来的。在运动训练中强调人文操作，不仅能够摆脱"技术"对"人"的控制，而且还能够摆脱金钱对运动的束缚，从而达到公平竞争，弘扬体育道德，培养人性，挖掘人的潜能的目的。除此之外，情感、责任感、态度、信念等，都在很大程度上决定着运动员的体能、技能、成绩等物化的成分，具有非常重要的现实意义。

（三）技术实践理念

在运动训练过程中，运动员的训练不仅要符合运动训练的一般规律，而且还要符合竞技项目的本质特征及规律。运动员本身具有双重性，他们不仅是技术的主体，同时也是技术的客体。技术的物质手段作为客体，与作为主体的主观精神因素是统一的。

第一，技术实践性理念要与事物的客观规律相符。技术实践性的基本要求就是求真。具体来说，就是运动的技术实践性的训练要符合事物的客观规律，也就是说运动要与运动项目的本质特征及规律相符。所谓的求真，就是在运动训练过程中，要以运动的本质特点和规律为主要依据，科学指导运动训练过程，力争做到结合实际，并且与事物的客观规律相符合。

第二，技术实践性理念要遵循从实际出发的原则。在现代运动训练中，一切都要以符合实战为主，从实际出发和结合实战是对技战术进行训练最有效的方法。运动员只有通过不断的练习，才能够在比赛中有轻松、熟练和优秀的表现。要想取得理想的比赛成绩，一定要做到积极训练，并且训练要与比赛的情况尽可能一致，最大限度地包括比赛过程中出现的所有因素，这样才能取得良好的训练效果。

（四）多种训练理论的融合与创新

理念的融合与创新，需要思维的批判性、广阔性与合理性。这些理论或研究成果不仅本身成为训练理念的一个组成部分，而且促进了理念的发展，使人们在训练的计划性、系统性和控制等多方面形成了新的认识。

例如，高原训练理论是源于运动训练理念的融合与移植。这一训练理念被广泛地应用于耐力主导性项目中。高原训练法在训练实践中的具体应用如下：

第一，选择 1800～2000 米的海拔高度进行训练。

第二，训练过程是专门组织的过程，分适应阶段、训练阶段、调整阶段。时间为 3 ～ 6 周。

第三，训练过程的基本结构视运动员的现状而定，确定训练目标，划分训练过程，实施训练方案，对训练全过程进行监督，对训练的结果进行评定。

第四，练习可以采用重复、间歇、持续、变换、循环、比赛训练等方法。

第五，在运动员比赛前的训练阶段里，可以有目的地去组织高原训练。

第六，关于进出时机，进入时受多种因素制约，如专项性质、训练水平、气候条件、训练时间、比赛日程；撤出时应在赛前 7 ～ 15 天，其中包括机能调整期，根据不同项目特点、教练员的经验、测评的结果而定。

理念的融合与创新对训练实践的影响、运动成绩的提高、国际竞技运动的迅猛发展起到了巨大的推动作用。

二、科学化训练的要求

从教育学及运动训练学来分析，运动训练是在教练员的指导和运动员的积极参与下，为不断提高运动成绩而专门组织的教育过程。

现代运动训练的理论是在运动训练学理论基础上发展、突破和提高的。传统的训练理论只是以生物属性为模式，强调人体生理机制，现代运动训练则是全面的模式。现在各个运动项目的世界纪录，已达到了相当高的水平，要想在竞争日趋激烈的世界大赛上取得优胜并刷新世界纪录，单靠一般的运动训练的观点、知识和方法是难以实现的，必须运用最先进的理论做指导，实行现代化和科学化的最佳训练方法。

对现代运动训练，须从广义的和科学的角度去分析理解。现代运动训练是用先进的指导理论和现代科技成果，采用科学的训练方法，以取得最佳的训练效果，以创造专项运动员提高成绩为目的，而专门组织实施的一个系统工程。这个系统工程包括了运动员的科学选材、科学训练及比赛和科学管理，这些组成了现代运动训练的全过程。

（一）运用现代化科技知识成果

科学技术是人类几千年来文明智慧发展的结晶，是人类认识世界和改造世界的有力武器。现代科技的进步为体育高速度发展提供了客观条件，现代社会科技高度发达，各个学科中高新技术成果涌现速度越来越快，推动着体育科学超前发展，各种新兴学科的横向联系与交互渗透，出现了越来越多的综合性的交叉学科和边缘学科，体育科学逐渐发展成一门新兴的综合交叉科学，形成了多学科综合利用的完整的体育科学体系。

现代高科技提供的大量知识信息与人们的经验相结合加上专家的努力就可以设计出大

量的新技术、新战术、新方法。

电子计算机在运动员选材、训练计划制订和管理、运动员管理、营养保健、机能恢复、心理测试、运动技术分析与改进等方面的运用已取得了显著效果。

（二）采用先进理论以及训练方法

现代运动训练的高度发展，新纪录的不断刷新，是与先进的训练方法在运动训练中不断采用分不开的。在运动训练实践中，高原训练法、超等长训练法、负分段训练法、间歇训练法及现代"血乳酸控制运动强度法"的"模式训练法"等，都对运动成绩的提高起了重要的作用。

现代科学技术的发展及其在运动训练进程中的运用，为运动训练方法的创新发展提供了更有利的条件，各种行之有效的新的先进的训练方法也会不断涌现。教练员不但要掌握已有的训练方法，还要不断学习、钻研，创造出更先进的训练方法，不断提高训练水平，大胆探索新的训练理论，以新的训练模式取代旧的训练模式。

（三）取得最佳训练效果，创造最高运动成绩

最佳的训练效果就是达到竞技能力高水平所需要的最理想的训练效果。从理论上讲每一次训练课应该达到最佳效果。然而随着现代运动技术水平的提高，对运动训练提出了更高的要求。运动员在学习掌握新的高难技术动作时，在连续完成一个阶段的大运动量大强度训练时，有的训练课的效果是最佳的，有的训练课效果并不十分明显，这是完全正常的。重要的是要在一个阶段，一个训练的周期结束后，要取得最理想的训练效果，以保证训练水平及竞技能力的不断提高。比如，经过一个阶段的训练，运动员顺利地完成了这个阶段的大运动量训练，完全熟练掌握了新的技术，并且身体各器官机能状态良好，机能水平有了明显提高，集体项目中全队的技战术配合水平达到了默契熟练的程度，等等。

最佳训练不仅要看最后的训练成果，而且要看对产生成果的训练全过程是否实现了最佳控制，是否运用科学的先进方法和现代科技成果实施科学化、精确化、定量化的最优控制和运行。最佳训练效果还应看是否做到以最小的投入获得最大的效益，达到事半功倍的训练效果。

现代运动训练的教练员和运动员训练的最高目标，是创造所从事的专项运动的最高成绩。最高成绩是指新的世界纪录。最高成绩是无止境的，即使对已经取得世界冠军、打破或保持世界纪录的优秀运动员来说，也不能说已经目标到顶，而要向新的训练目标奋斗，向新的纪录挑战，向新的世界高峰攀登，做到"更高、更快、更强"。

三、科学化训练的疲劳消除

疲劳作为生理现象的一种呈现形式，同样是运动过大或是运动超负荷的标志。就某种意义而言，体育训练通过疲劳作为运动媒介能够更好地促进身体机能整体水平的提升，为此没有产生疲劳的训练，对于学生而言是无效的集体训练，没有恢复训练则会存在一定的危险性。运动训练不仅需要加强对训练的重视度，同时需要提高对恢复状态的明确认知，忽视消除疲劳无法确保运动获取良好的成绩，一旦没有对训练之后的身体机能的恢复状态做到充分的重视，则训练之后的疲劳状态的产生无法及时地改善，日积月累之下则会导致训练者的身体受到严重的损害，甚至可能会有伤病的产生。为此，在运动之后需要对疲劳状态进行及时的消除，适当地改善体力，能够确保机体整体系统功能的有效改善，促进机体水平的提升。

（一）睡眠法

体育训练对能量消耗较大，身体机能下降会有明显的变化，运动导致身体出现疲劳状态之后，确保良好的睡眠是对身体的疲劳状态进行有效消除，同时快速得到恢复的重要渠道。这是因为睡眠状态之下，人体所有器官系统整体的活动处于基本的维持水平，物质的整体代谢效果减弱，能量消耗仅仅是确保基础代谢水平，这种状态之下，能源的消耗能够得到正常的状态恢复。同时，对于大脑皮层中的细胞而言，睡眠能够得到有效保护。

大脑皮层中的细胞十分脆弱，长期处于兴奋状态之下，则会过度消耗，睡眠能够避免大脑皮层细胞在机能处于长期兴奋之下被过度地消耗，同时能够推动人体器官出现更好的机能恢复。此外身体发生此类状态之下，坐下或躺下以及休息对于疲劳的消除，具有肉眼可见的改善效果。

由此可见，运动之后需要确保睡眠的充足性，但是睡眠时间应该小于整体的运动时间，否则很难达到理想效果。

（二）沐浴法

沐浴作为对疲劳状态进行消除是最为简单的方法之一，应该确保水温温度的适合，能够促进人体新陈代谢速度的加快，对机体进行很好的调节，使得机体在较短时间内处于兴奋状态。

当人体处于疲劳状态的过程中，同时会伴有肌肉酸痛等情况，温水沐浴对于交感神经具有一定的刺激性，能够进行适当的神经镇静作用。当然每个人对水温具有不同的适应力，通常而言，能够忍受温度较高的热水浴，则更能够对血液中所产生的乳酸的浓度进行有效地降低。但是一旦入浴时间过长，水温过高则会导致消耗能量过大，出现二次疲劳的状态，为此应该根据自己的实际情况，对水温进行合理的控制。此外水体本身具有的浮力作用能够使得身体变得更加轻盈，对肌肉紧张等情况同样具有较好的缓解作用。

（三）适宜运动法

发生局部疲劳的情况之后，通过另一部分的肌肉进行适当的加速活动，依次对已经出现疲劳状态的肌肉进行体力恢复，是活动性的休息方式。局部疲劳产生之后，通过一些没有发生疲劳的肌肉的适当活动，促进全身性的代谢，以此有效地缓解身体局部性的疲劳，这是因为体内在对疲劳进行消除的过程中，主要是通过血液循环来实现血液循环，在补充阳气的同时，能够及时向身体各个部位传送营养物质，对废物进行及时排除。

积极性地消除疲劳，在消除方法的使用之下，是对需要消除疲劳的部位进行血液循环的有效转换，在疲劳之后的放松活动以及按摩方式，或是沐浴等都是属于积极性的方式，能够对疲劳进行有效的消除。另外，在练习中的活动安排应该以较小的强度，较短的时间为标准，以此确保神经细胞在产生较多兴奋状态之下，能够过于地集中疲劳的神经系统，能够得到一定的诱导作用，使得后者在发展之中得到较好的抑制作用提高恢复速度。因为静止休息与积极休息，二者在对疲劳状态进行消除时所体现出的效果较好，两种方法可以进行结合使用，当睡眠保证充足的情况之下，通过积极休息所获得的效果会更好。

适宜运动后，要进行整理活动。整理活动对于疲劳的消除以及体力恢复十分有效，是常见的方法之一。在剧烈运动之后进行适当的整理活动，能够促进心血管以及呼吸等系统在短时间内维持相对较为稳定的水平状态，有助于良好地排出身体中所产生的运动乳酸，同时使得肌肉在短时间内稳定地恢复到放松的状态。能够避免因为局部循环出现障碍，对代谢整个过程产生影响，造成恢复过程逐渐延长。

（四）心理调节法

第一，自我暗示。通过心理学，对身体状态进行有效的恢复也是方法之一，主要是通过对大脑皮层的神经系统进行技能的适当调节，有助于达到对疲劳状态进行消除这一目的，同时可以与健康的气功方法相结合，对自我状态进行更好的调节，一般采取三线放松方法。

第二，音乐疗法。音乐可以舒缓中枢神经系统所产生的疲劳状态，对呼吸的调节，以及骨骼肌等多方面具有一定的积极影响，能够镇静镇痛，提高记忆力，对注意力的加强具有较好的改善作用，在音乐曲目的选择中，应该根据学生本身当时所处情绪确保音乐选择的合适性，同时需要对训练者自身的文化素养以及针对音乐所具有的欣赏能力等做到充分的考虑。

同时须注意以上方法在对运动所产生的疲劳进行消除的过程中，所产生的理想并没有达到极致性，为此需要根据个人的整体情况采取综合的方法应用，以此确保疲劳状态得以消除，获得最佳。

（五）营养补充法

体育训练会有疲劳状态产生的主要原因是在运动过程中，身体内部的能源物质消耗速度过快，为使机体快速恢复，需要对身体中所缺失的营养进行适当的补充。

糖类物质作为人体在运动下的能源物质的基础，基糖原实际储量会对运动能力产生直接的影响，为此应该注重对糖类的补充，果糖对于肝糖原的快速恢复相对比而言，其效果比葡萄糖要好。

在经过大强度的运动之后，因为身体会有一些乳酸等代谢产物的产生，肌肉中的 pH 值逐渐下降，会有肌肉疲劳状态的产生，为此在结束体育训练之后应该对一些碱性的盐类物质进行适当的补充，能够提高训练者对乳酸的承受力，同时提高负氧的能力。通常对身体补充碱性盐的方法则是在运动之前半小时或是一小时之内在运动饮料或是水中加入足够量的碳酸氢钠。碳酸氢钠的添加比例应该根据训练者的体重每千克 0.3 克左右。磷酸盐能够有效地提升运动员整体的运动能力，帮助运动员恢复训练状态，在比赛之前 3～4 天开始摄入磷酸钠，每次摄入量为 1 克，一天摄入 4 次，则最后一次应该在赛前三小时进行摄入。

运动者身体中的维生素出现缺乏情况，则会对运动能力产生直接的影响，为此需要注意对维生素进行及时的补充，但每日维生素的补充达到应摄入量即可，不必过多摄入，避免维生素摄入过多，产生对身体的毒性影响。

人体内所含的微量元素较少，与体重相比微乎其微，但是微量元素作为维生素与酶之间的必须存在介质，会刺激一些激素的作用，产生对蛋白质的代谢以及核酸合成等方面产生极为重要的作用，训练者日常需要注重对维生素补充的同时加强对微量元素的补充。

（六）持续静力牵张法

静力牵引能够对运动之后出现的肌肉酸痛以及肌肉僵硬等情况进行有效的缓解，将肌肉的紧绷状态进行适当的放松，同时可以提高骨骼肌中蛋白质的合成，使得骨骼肌能够在较短的时间内恢复正常状态。在初期的静力牵引中，对肌肉的拉伸动作速度较为缓慢，同时需要适当地控制伸展的幅度。训练中的时间控制以及重复的次数，包括每天实际练习的组别，应该根据实际的负荷大小作为判断的依据，在静力牵引中伸展的练习作为主项训练之后，应该立即进行再牵引，完成之后可以适当配合揉捏、抖动等按摩手法，有利于消除牵引引起的不适感。

（七）吸氧及空气负离子疗法

吸氧能够加快身体中的新陈代谢，对微循环具有较好的改善作用，有助于对疲劳状态进行更好的消除。一旦具有较好的生活条件，在完成较大的运动量之后，可以通过高压氧治疗，改善疲劳状态的消除效果；空气中的负离子能够对肺部的换气功能做到有效地改善；提高对氧气的实际吸收量，以及身体中对二氧化碳的整体排出量，对大脑机能起到有效的改善；对造血机能进行适当的刺激，使得血液中的各个元素得到充分的改善。

空气中的负离子作为空气微粒具有一定的特殊性，是因为其带负电荷对人的生命具有积极的影响作用。人工生成负离子这一全新技术，在环保、保健以及医疗等各个领域中的应用不断展开，同时取得了较好的效果，当前负离子受到大众的十分推崇。

第七章 体育教学训练的实践应用

第一节 田径运动项目与训练

一、走跑类运动的教学与训练

(一) 走跑类运动的类型及其动作教学

1. 竞走运动及其教学

(1) 竞走运动，技术动作结构的提高和完善，一定不能脱离"竞走定义"本身，并且要最大限度发挥腾空时间的作用，进而提升步长或者步频。

(2) 竞走运动要借助直腿勾趾和脚跟着地这两个着地预先动作，在脚着地时，采取滚动式脚跟着地战术，较少制动动作，使步长进一步扩大。

(3) 不出现肉眼可见的腾空动作，以及从前腿着地开始直到垂直位置，膝关节始终保持伸直，这是竞走技术在空间上的两个显著特征。

(4) 提高步频与增加步长是竞走技术动作追求的目标，可以在确保步长一定的情况下提高步频，或者在确保步频一定的情况下增加步长，还可以在步长和步频均保持稳定的情况下，提升持久性。

2. 短跑运动及其教学

(1) 头部及躯体动作。双目向前直视，颈部和肩部要放松，上身保持直立或微微前倾。摆臂时，向前摆动的速度要有力，摆动速度和摆动幅度要大，同时牵拉肩部以脊柱为轴扭动。

(2) 腿部摆动动作。跑动开始后，摆动腿在髋关节的力量牵动下有力前摆，同时带动腿部自然折叠。向上摆动中，大腿向上抬起到最高点时，大腿应该接近于与上身垂直。向下摆动时，大腿要有力向下压，使脚掌在身体重心投影点前方快速着地。脚着地瞬间，小腿与地面呈90°夹角，脚跟与地面尚有一段距离。随后，膝关节和踝关节进一步弯曲，脚跟向下压，为下一步快速向前移动身体重心和后蹬做好准备。

（3）后蹬动作。短跑的主要前移动力来自后蹬动作。后蹬动作包括伸展髋关节、膝关节和踝关节三个分解动作。蹬伸速度、程度以及方向是三个重要的技术指标，特别是蹬伸速度，是当代短跑技术追求的主要目标。蹬地时要最大限度借助蹬地的力量，以提高蹬伸的速度。

（4）跑动动作。后蹬动作和摆臂动作、摆腿动作要相互协调，前摆臂和摆腿时要注重速度，追求身体放松、步幅长、步频高的效果。

3. 中长跑运动及其教学

（1）手臂动作。肩部放松，大臂和小臂保持直角，手部半握拳，两臂以肩关节为轴有力进行摆动。前摆时，手臂微微向里，但不越过身体中线，向上摆动时手部低于下颌。后摆时，手臂微微向外，向下摆动至大臂和小臂之间的夹角略大于90°时为摆动最低点。

（2）上身动作。双目平视，颈部和肩部放松，头与躯干呈直线，上身保持正直或微微前倾。

（3）摆腿动作。摆动动作紧接在后蹬动作之后。向上摆动时，膝关节放松，摆动腿有力前摆，同时带动大腿和小腿放松折叠。向下摆动时，大腿要有力向下压，小腿放松自然跟随摆动，前脚掌在身体重心投影点前方一脚长距离着地。之后膝关节和踝关节微微弯曲，迅速接续后蹬动作。

（4）后蹬动作。当身体的重心越过身体支撑点的垂直平面时，向前有力送出髋关节，同时迅速伸展髋关节、膝关节及踝关节。

（5）弯道动作。弯道跑时，身体向内自然倾斜。右膝关节和右脚微微向内转，左膝关节和左脚微微向外转。右臂摆动时稍前，摆动幅度偏大；左臂摆动时稍向后，摆动幅度偏小。

（6）中长跑运动的呼吸动作。跑动时要使用口部和鼻部共同呼吸，同时呼吸动作要与腿部动作相协调，具有一定的节奏。

（7）中长跑运动的整体动作。全身各部位要相互配合，协调一致，在步长相对稳定的条件下适当提高步频。

4. 跨栏跑运动及其教学

（1）起跑至第一栏技术。

第一，起跑至第一栏的技术要领与短跑技术要领相比差别不大。一方面，是起跑后疾跑时，躯干与地面之间形成的夹角较大；另一方面，是身体的重心略高。

第二，起跑至第一栏通常用八步。因此在步长一定的条件下，提高步频可以有效提高速度。

第三，起跑后，步长逐渐增加，至最后一步时，两腿的剪绞加速，起跨腿要有力着地，为起跨动作做好准备。

第四，进一步减少落地支撑的时间，使步频提高，进而提升速度。

（2）跨栏步技术。

第一，上栏。①栏前最后一步的步长要比最后第二步短 10～20 厘米，在距离栏 2.0～2.2 米时起跨；②起跨腿的脚掌前端快速着地；③摆动腿的大腿和小腿自然收起，脚跟向臀部贴近，以髋关节为轴，膝关节有力前伸，形成利于蹬地的最佳角度；④起跨后，髋关节、膝关节和踝关节积极伸展，与躯干的中心线在同一条直线上，起跨腿与地面的夹角比较小，起跨腿抬起之后，摆动腿向前，与摆动腿异侧的手臂积极向前，肘部越过膝关节，平行于摆动腿，与摆动腿同侧臂向后方摆动。同时身体向前倾斜，双目平视。

第二，下栏。①下栏时，身体前倾，摆动腿有力向下压，起跨腿的大腿和小腿自然折叠，膝关节有力前伸，两条腿的剪绞速度加快，较少腾空，与摆动腿异侧的手臂向起跨腿相反的方向摆动，使肘关节与膝关节贴近，手臂越过肩关节时，肘关节向上提，向里收，与摆动腿同侧的手臂，肘关节弯曲，向后方提拉；②摆动腿在身体重心垂线之前有力着地，下栏时身体微微向前倾斜，支撑动作要保持在较高的位置，起跨腿向身体前方提拉，使身体重心快速向前方运动。

（3）栏间跑技术。下栏后，身体重心快速向前运动，第一步的跑动要积极有力，步长要适当。在栏间跑的过程中，身体的重心较高，步频高，着地时前脚掌要充满弹性。双臂的摆动要积极且迅速，身体稍向前倾斜，双目直视前方。

（二）走跑类运动的科学化训练

1. 竞走的科学化训练方法

竞走是一项对技术要求较高的运动，因此竞走训练的安排应该贯穿训练过程始终。初学者在训练中应该注重对基本技术的把握，完全遵循竞走的定义开展训练。竞走技术训练应该贯穿于多年和年度训练中，在提高运动效果的同时，还要持续做好技术水平的提升。基本技术掌握得越牢固，越能保持良好的竞技水平，进而在高强度的比赛中保证技术动作不走形。

2. 短跑的科学化训练方法

要想提升短跑运动效果，不仅需要全面提高身体素质，还要不断提高短跑的技术水平。短跑训练的一项重要任务就是不断改进和完善短跑技术。因此，在全年的训练中都应该安排短跑技术的训练内容。不仅要加强对短跑完整技术的训练，还要有针对性地开展关键技术训练，重点练习蹬地技术、蹬地与摆动协调技术、着地时的缓冲技术、送髋技术、脚掌末端发力技术等关键技术。

3. 中长跑的科学化训练方法

在中长跑科学化训练中，通过利用科学合理的技术，将跑步中的体能消耗降到最低，使身体素质的作用发挥到最大。中长跑技术的练习，通常是通过进行大量跑来开展的。除此之外，可以根据运动员的自身条件，有针对性地开展专门性的技术训练。例如，腿部技术的完善、灵敏协调性的提高和腿部力量的增强，可以通过小步跑、后蹬跑、高抬腿跑等专项训练得到实现。还有加速跑、跨步跑、蛙跳、同步跑等专项训练，都对中长跑技术的提高有所帮助。

另外，中长跑技术训练中还应该充分重视步长与步频的关系、呼吸和跑动的节奏、上下肢的协调、腾空和支撑的时间比例等。如果这些关系处理得当，就能提升中长跑技术水平，使跑动中的体能消耗降低。

4. 跨栏跑的科学化训练方法

跨栏跑的技术训练由两部分组成，即基本技术训练、完整技术训练。基本技术是最基础的技术，对基础技术训练的要求务必要更加严格。基本技术训练包括：起跑至第一栏技术训练、落地支撑技术训练、跨栏步技术训练、跨栏节奏训练等。完整技术训练的内容包括起跑后提速的能力、跨和跑结合的能力、对全程节奏的把握等，它更加注重对运动员综合水平的培养。在跨栏跑技术训练中，可以通过设置不同强度的训练内容实现不同的训练效果。必要时，可以采取减低栏高、变更栏间距、提高栏间步数等训练方法，通过降低训练强度，提高运动员对技术的掌握速度。但是，只有认真、严格、细致的高强度训练，才能检验和完善运动员的技术，提高运动员的竞技水平。

二、跳跃类运动的教学与训练

（一）跳跃类运动的类型及其动作教学

1. 跳高运动

（1）助跑。助跑主要有以下技术要点：

第一，动作应该做到轻松，要让动作有一定的节奏感，速度要越来越快，直线以及弧线的转换应该做到连贯自如，保持稳定，让身体的重心处于较高的位置，有明显的节奏特点。

第二，弧线助跑的过程中要保持身体向内侧有一定的倾斜，外侧的肩部要高于内侧的肩部。

第三，助跑的节奏应该越来越清晰，尤其是最后几步的时候，步伐之间的频率要加快，这样才能做好起跳的准备。

（2）起跳。起跳主要有以下技术要点：

第一，在最后一步摆动腿应该保持速度，并且有力量地进行蹬伸，与此同时，摆动手臂配合腿部的摆动，而且肩和腰应该向上提，这有助于获得更好的起跳效果。

第二，起跳脚落地的速度应该要快，让脚后跟的外侧先和大地接触，然后再让整个脚和地接触，在身体内倾程度最大的时候将脚踏上起跳点。

第三，让膝关节部位的缓冲尽可能地小，这样能够让起跳动作和助跑动作更加连贯。

第四，在落地的一刹那，身体应该是处于内倾状态的，然后要立刻将膝部、踝部以及髋关节蹬伸开，使身体可以向前方迅速腾起。

（3）过杆和落地。过杆和落地主要有以下技术要点：

第一，用力地起跳，然后在过杆的时候要把头仰起来，肩要往下倒，挺胸，腿应该自然地收回来。

第二，找好仰头和倒肩的具体时机，如果时机掌握不恰当，那么可能会导致把杆碰掉，要利用腰部的力量控制好自己在空中当中的姿势，整个身体应该融为一体，这样才能更好地过杆。

第三，在成功过杆之后，应该把下颚收回来，让自己的肩部和背部先落地，头部不要落在地上，否则可能会造成颈受伤。

2. 撑竿跳高运动

（1）持竿助跑。持竿助跑主要有以下技术要点：

第一，助跑的过程中速度要渐渐变快，大腿应该抬高，要保持重心处于较高的高度，而且应该放松地助跑，让自己的步伐有较大的弹性。

第二，充分利用竿头下降带来的前翻拉力，让拉力变成自己助跑的牵引力，提高助跑的速度。

第三，在助跑的最后几步，要让自己的大腿尽可能地抬高，还要在保证步长的基础上加快步子之间的频率，让助跑节奏越来越快，还要注意身体要维持平衡。

第四，胳膊应该以肩线为轴心，自然地进行上下晃动，胳膊应该维持和跑步一样的节奏，上部分身体应该保持直立状态，只有这样才能保证在准确的起跳点起跳。

（2）插穴起跳。插穴起跳主要有以下技术要点：

第一，让竿的升降和插穴维持高速的协调，按照正确顺序一步一步完成，不要出现多余动作。

第二，助跑阶段获得的速度应该尽最大可能地转换成竖竿的动量以及摆体动量，还要积极地举竿、送竿，要有力且快速地进行起跳蹬伸，让竿承担起跳的力量。

第三，在助跑阶段的最后一步，大腿和小腿应该是折叠的，而且大腿应该尽力向下压，让脚掌从上到下地落地，这样能够获得更快的起跳速度，取得更好的起跳效果。

第四，在起跳举竿的过程中，应该同时进行踏跳，在举竿以及脚蹬地准备起跳的配合中，使身体得到最大伸展，这时竿和地面之间的夹角也会变大，握竿、插竿以及起跳的点最好保持在同一垂直面，这样人体才能向着前方进行快速且稳定的摆动。

（3）悬垂摆体和后翻举腿。悬垂摆体和后翻举腿主要有以下技术要点：

第一，悬垂时应该最大限度地伸长，把前肌群拉长，让自己的肩部胸部以及髋部向前，以此来形成背弓，还要把起跳的那只腿放在身体后部，身体应该保持起跳时的反弓姿势，让自己的胸和撑竿靠近，摆动腿应该靠近起跳腿，与此同时，左臂应该稍稍弯曲，右臂应该伸直，在撑竿的力量支持下，向前方进行摆动。

第二，在"长摆"结束之后，要快速地进行曲膝，还要把头仰起来，让身体向后方倒去，在"短摆"的过程中，应该让摆动半径尽可能地短，身体翻转的方向应该和撑竿反弹的方向是吻合且向上的。

第三，身体要在紧绷的状态向后翻，而且腿要向后上方伸举，右臂应该适时地进行屈肘拉臂。

（4）拉伸转体和推竿。拉伸转体和推竿主要有以下技术要点：

第一，在竿子接近90°的时候进行转体和引体，需要借助竿子的反弹力量将转体动作和引体动作准确地做出，两个动作要做到几乎同时进行。

第二，双臂需要在竿子的纵轴方向上进行拉伸，让髋部在手握竿的地方向左旋转，在旋转的过程中腿应该并拢，膝盖应该伸直，在做这两个动作时，身体应该靠近撑竿，要保持动作的连贯、平稳、快速，如果动作过于激烈，那么竿子的伸直速度会受到影响。

第三，在垂直的状态下进行推竿，把拉引之后竿子剩余的力量充分地利用起来，让身体能够获得向上的支撑力量。

第四，在整个过程中，大腿应该都是伸直的状态，并且是并拢的，要利用惯性随着身体上升。

（5）腾跃横杆和落地。腾跃横杆和落地主要有以下技术要点：

第一，推竿之后应该在横竿的后面压腿，动作应该相对快速简短，与此同时，骨盆还要向上运动，以此让身体保持弯弓姿势，然后绕轴转动、腾起。

第二，在垂直状态时推竿，让身体能够在快速的状态下平稳地推起。

第三，在推竿之后，两条腿应该是向上的，并且是伸直的，如果大腿已经越过横竿，那么腿应该下压，并且绕轴进行转动，转动的过程中应该低头收腹，并且把手臂抬高，把腿举起，让背部先接触垫子。

3. 跳远运动

（1）助跑。助跑主要有以下技术要点：

第一，使用任何助跑方式的目的都是为了获得更快的助跑速度，为了更准确地踩在起跳板上，这个过程应该保持重心平稳，助跑应该是直线性的。

第二，保持助跑姿势稳定，奔跑的距离、技术、节奏、步幅、步长，尤其是在进行到最后几步时，一定要保持节奏。

第三，助跑时速度要慢慢地变快，尤其是到达最后几步时，应该让速度达到最快。

（2）起跳。起跳主要有以下技术要点：

第一，在最后一步进行腿蹬地的时候髋部要积极地送出去，与此同时，起跳腿应该向起跳板的方向迈去，这样能够获得更快的上板速度，但是大腿不可以摆得过高。

第二，在起跳的时候，蹬和摆需要进行较好的配合，摆动动作应该向前方快速地送出，与此同时，髋部应该带动大腿进行较快的、幅度较大的摆动，身体应该处于直立或者是稍稍前倾的状态，让身体的重心处于较高的位置，保证身体能够快速地向前移动。

第三，起跳的时候，应该抬头挺胸，上部分身体保持直立，膝盖关节、踝部关节、髋部关节都要是蹬直的状态，肢体的上下应该做好协调配合。

（3）腾空落地。腾空落地主要有以下技术要点：

第一，无论选择哪一种姿势都必须注重重心的平衡，还要抬头挺胸，在落地之前大腿应该抬高，小腿应该向前伸展，为落地做充分的准备。

第二，挺伸式的跳远动作需要把摆动腿向下放，与此同时，膝盖还要有伸展动作，髋部应该向前，腹部不可以挺出，两臂应该进行协调配合。

第三，走步式的交换动作主要以髋部为轴心，在这个动作中，摆动腿应该下放，还要向后方进行摆动，起跳腿应该向前屈膝，与此同时，胳膊也应该配合腿的动作进行摆动。

第四，在落地之前，双臂应该向后面进行快速的摆动，让腿部和地面之间的角度尽可能地小，双腿在接触沙面的时候应该快速地屈膝，以减少冲击力。

（二）跳跃类运动的科学化训练

1. 跳高运动的训练方法

进行跳高训练能够在一定程度上提高运动员的跳高成绩。想要获得科学合理的技术需要开展长期的练习，还要使用较为系统的训练方法，而且训练应该长期坚持，在训练初期主要涉及教学因素和训练因素，学习的重点是掌握一些基础的跳高技术，如主要环节的跳高技术。进行训练应该强调技术细节的改进以及整个节奏的完善，不断地提高跳高技术水平，从而获得更加优秀的成绩。在训练的过程中，不仅要严格遵守规范，还要结合训练，尽量让训练者形成自己的独特风格，除此之外，技术训练还要结合身体训练，尤其是技术细节方面的完善。使用的辅助手段、练习手段应该尽量简化，针对不同的细节逐一进行完善，如果改进的是完整技术，那么必须进行较多的完整技术练习，要深刻体会不同的速度、不同的用力情况下技术动作的变化，以此实现动作的完美。

2. 撑竿跳高的训练方法

撑竿跳高技术是非常复杂的，在进行训练的时候要特别注重撑竿跳高的训练，而且训练要求训练者要全面地发展自身的身体素质，投入较多的精力。撑竿跳高完整技术主要涉及的用力点包括：①在插穴起跳中用力；②在后翻举腿过程中用力；③在引体、转体以及推竿的过程中用力。这三个用力是能否掌握完整技术的关键，因此，技术训练应该主要围绕这三个用力点对动作进行分解练习，以此来保证动作是正确的。

撑竿跳高完整技术需要进行的练习强度很大，运动员应该在体力充沛且精神集中的情况下进行训练。在一节技术训练课程中，很难同时完成很多数量的练习，所以，技术训练最好使用比较轻的撑竿，然后进行距离适中的助跑，以此来提高过杆跳跃的次数，使训练数量能够得到保证。在进行撑竿跳高技术训练的过程中，通常使用的方法是把动作进行分解，然后再结合动作进行完整训练。换言之，除了动作分解练习之外，还要进行动作完整基础练习。完整技术练习要让各个分解动作连接更加顺畅，以此来获得效果相对较好的整体跳跃节奏，撑竿跳高运动最关键的是训练者能否熟练地控制撑竿，如果能够熟练地控制撑竿，那么比较容易取得好的成绩。

3. 跳远的训练方法

跳远技术训练主要针对的是完整技术训练，与此同时，也要辅助分解训练，训练时期以及对象的不同需要投入的时间也是不同的。如果是比赛时期，那么应该进行完整练习；如果主要是为了改进技术，那么应该进行分解练习，但是与此同时，也要进行相应的完整技术的配合练习；如果是掌握改进技术的阶段，那么应该进行长短不同的助跑练习；如果比较接近比赛，那么最好使用全程的助跑练习。除此之外，应该在运动员个人状态比较好的时候进行训练，而且要树立明确的训练目标，一节课中不宜针对过多的地方进行技术改进。

三、投掷类运动的教学与训练

（一）投掷类运动的类型及其动作教学

1. 推铅球运动的动作教学

（1）滑步。

第一，摆腿，利用摆腿动作带动髋部运动，髋部的运动方向应与投掷方向成水平状态。滑步是个连续性动作，需要有摆、蹬、拉、压的动作，这些动作都是相连接的，前一个动作会为后一个动作产生助力与支撑。例如，摆腿的动作、摆动的力量和幅度可以决定身体的重心位置，影响支撑腿与地面的角度和滑步速度。

第二，支撑腿的蹬地与收回。在动作完成的过程中，身体的重心应位于身体下方，由下肢作为主要支撑部分，并且快速蹬离地面，以减少支撑腿的受压时间，让下肢超越上体和器械，这也是运动员需要进行滑步的原因，因为滑步会让身体达到速度快、运动幅度大的状态。在摆动腿的过程中，要积极压低动作，这样的配合会让后续的比赛更顺利。

第三，在投掷过程中，要注意促进"超越器械"动作的形成，非投掷臂的摆放位置会对身体的协调状态以及身体起伏造成影响。为了减少身体上下起伏，可以将非投掷臂保持前伸，非投掷臂膀向内扣。

第四，关于滑步速度的控制。在滑步过程中是持续加速的。具体速度的把握，需要运动员根据自身投资技术的能力来进行具体调整。滑步过程中不能一味追求高速度。因为高速度如果不能与自身的投掷技术相匹配，那么可能会加大投掷难度。最佳的状态是运动员的重心和投掷物的路线相一致。

（2）过渡。过渡的主要技巧在于滑步与用力之间的转换。要注意速度与投掷能力的匹配。从右脚滑动到左脚落地，运动员需要保持在滑步过程中所拥有的优势。

前述运动都完成以后，运动员需要注意自己的身体平衡，并且在适当的时机用力投掷铅球。这一时机非常关键，它能够影响铅球最终的落地地点。因为铅球离手的初速度就由这一阶段所决定。

2. 掷铁饼运动的动作教学

掷铁饼运动需要运用双腿的支撑进行转动，随后转为单脚旋转，然后腾空旋转，再运用动作进行衔接，最后用力将铁饼掷出，当然最初是加速阶段，需要在速度达到一定程度之后，才能将铁饼掷出。这里所论述的都是掷铁饼的一般运动过程。具体的情况还需要运动员根据自身的具体习惯进行进一步的调整。

3. 掷标枪运动的动作教学

（1）预跑阶段。在预跑阶段需要进行匀速加速运动。标枪需要扛在运动员的肩上，运动员渐渐加速。跑步时身体要放松，不要让肌肉过于紧张。关于速度的把握，需要运动员根据自身的情况来决定。投掷步阶段，运动员要对自己采用几步投掷步进行正确的判断，要根据自身的情况来确定。运动员在投掷步的后期是需要加速的，特别是在第三、四步时，运动员需要有一个明显的提速。

（2）用力阶段。用力阶段也是投掷标枪最重要的一部分。关于最后用力投掷的阶段，需要运动员做到：①应尽可能地使全身肌肉都参与进来；②落地之后要注意由于惯性而产生的髋部运动。右脚落地但左脚未落地之前，要注意调整自身的重心位置。

（3）平衡阶段。在标枪投掷出手之后，身体要保持平衡。为了避免犯规，运动员应该顺应惯性，及时向前跨步，并且将本来位于右脚的重心转向左侧身体，借助这样的动作来维持身体的平衡。

（4）投掷之后标枪的运动飞行阶段。标枪会成轴自转向前运动飞行。如果标枪的自转速度足够快，那么标枪在空中的飞行也会更稳定，而且快速自转能够使标枪落地的时间延后。经过科学的计算，标枪受阻力最小的角度是出手角度 $29 \sim 36°$。这时攻击角的角度趋近于零。攻击角位于 $0 \sim 10°$ 时，标枪的飞行效果能够达到最佳。

（二）投掷类运动的科学化训练

1. 推铅球运动的科学化训练

在投掷铅球的过程中，运动员会受到投掷圈的限制，比如助跑阶段，就会受到距离的限制。运动员想要将铅球推得足够远，就一定要提升自身的爆发力。这一爆发力主要体现在力量素质和快速力量爆发这两方面，这也要求运动员要全面提高身体素质。提高力量素质，会对运动员推铅球的结果产生决定性作用，因为这也是力量爆发程度的重要基础。腰背肌和小肌肉群是运动员锻炼过程中需要着重注意的。运动员需要有意识地去快速使用这些肌肉群，这样有利于比赛中力量的爆发。不仅是这两个肌肉群要进行锻炼，而且全身的肌肉也要进行一定程度的锻炼。但力量训练不要过度，以免损伤身体机能，可以隔日进行一次。训练方式根据自身情况来安排，应该以提高推铅球能力为目标来进行锻炼。在练习中要注意自身的速度，同时锻炼自己的手脚协调能力和弹跳能力，增加重物的投掷练习。

2. 掷铁饼运动的科学化训练

铁饼运动员的锻炼，需要以提高自身投掷铁饼的能力为导向来进行锻炼。运动员们要注意自身肌肉全面均衡的发展，注意加强腰背肌和小肌肉群的训练。因为投掷铁饼运动过程中需要选手们运用自己的手部力量、胸臂力量以及下肢力量的支撑，所以在锻炼过程中，需要利用到器械来重点锻炼这些部位肌肉群的力量，而且要注意自身内脏器官的工作时间。如果需要减少多余内脏脂肪，那么运动员也要及时进行调整。因为内脏的工作时间也会对运动员的比赛状态造成一定的影响。特别是女子运动员，要注意自身的耐力锻炼。可以利用跑步一类的耐力训练来进行锻炼。所有的训练都是为了更好地比赛，比赛也是为了检验训练的成果，所以运动员们可以根据自身比赛的状态来查漏补缺，看清楚自身所存在的问题，需要提高哪一方面的技术，边训练边打基础，边比赛边提高自身技术。

3. 掷标枪运动的科学化训练

投掷标枪的运动，本质上来说是一场速度和力量爆发的运动，需要运动员具有极高的协调能力和迅速的反应能力，对运动员的躯干、腰、髋的要求都是极高的。投掷标枪的过程中，对运动员下肢肌肉的收缩力和收缩速度也有着极高的要求。投掷标枪这一动作是大幅度的，需要肌肉群高度配合，要求运动员具备强有力的手腕柔韧性和肘关节协调性。为了掌握标枪投掷运动的技术要点，运动员需要不断提升自己的身体素质。

第二节　羽毛球技术教学与训练

一、羽毛球场上步法动作与训练

（一）场上基本步法动作

1. 上网步法

"羽毛球作为深受大众喜爱的体育教学项目，其教学有自身的特殊性，特别是技术教学与训练方面。"[①] 羽毛球基本步法中上网步法包含跨步与垫步以及交叉步三种，不管选择哪种方式上网，具体的站位标准和预备动作均相同，也就是站到中心点，两脚向两侧分开，与肩同宽，膝盖弯曲，用脚前掌着地，脚后跟抬起朝两边移动，上半身前倾，右手拿拍放到身前，眼睛时刻关注对方来球。

（1）跨步上网。

第一，二步跨步上网步法。左脚朝来球方位快速跨出，左脚着地时候，右脚随即迈出至来球方位回击。

---

① 何顺水，邱礼强. 高校羽毛球技术教学与训练的分析 [J]. 当代体育科技，2021，11（06）：66.

第二，三步跨步上网步法。右脚朝来球方位迈出一步，随即把左脚朝前迈出一步，右脚紧跟着再迈出一步后击球。

（2）前交叉步加蹬跨步上网步法。左脚朝前跨出一步，着地时抬起右脚，然后左脚着地迈出一步，随即击球。

（3）后交叉步加蹬跨步上网步法。右脚朝前跨出一步，随之左脚经过右脚后方再次跨出一步，着地后蹬地，让右脚迈出一大步迅速击球。

（4）蹬跳步上网步法。稍微朝前站立，发现对手须重复击球时，此时双脚着地快速跳到网前通过扑球方式将球击回，力争在球刚刚经过球网时即刻迅速回击；一旦看出对手仍要打网前球目的，快速调整站位并朝前一些，把右脚朝前做稍微调整，在脚刚落地时快速蹬跳身体向球网扑，采取这种蹬跳式步法时，速度要快，同时也要注意落地时的缓冲，避免由于冲力太大导致与网接触抑或落入对手区域造成违规。

上网步法要注意的要点包括：①该步法要避免过大的前冲力，防止身体失衡；②将球回击时，让脚尖位于边线方位，不要处于内侧，便于借助前冲力往前滑步；③将球回击后迅速采取倒退或交叉及垫步等方式返回中心点。

该步法具体是指实现高球回击、杀与吊球以及后场抽球的一种步法。其包含反手与正手后退法、头部顶球后退、头顶侧身与跳步以及正手后退加跳步法。不管采取哪种方式来击球后退，所用到的预备动作与站位都和上网步法的一样。

2. 两侧移动步法

对中场球进行回击时采用的步法是两侧移动，也就是接对手平射和杀球时选用的方式。在移动之前所处的预备动作及其站位和上述上网步法的大致一样，这种步法有四种表现形式：左侧与右侧移动、左侧与右侧跳步。

（1）左侧移动步法。

第一，一步蹬跨。当对方球射出时距离身体比较近，此时快速把重心转移到右脚，利用脚掌内侧使劲蹬地，此时把左脚朝左面迈出至具体方位，面向网进行击球。完成击球再利用脚掌内侧用力蹬地返回原位。当发现来球且把左脚朝左迈一步无法到位，要把重心放到左脚上，用左前掌当作轴并把髋朝左转，再利用右脚内侧使劲蹬地，由左脚朝左迈出到位的一步，背向网进行击球，完成击球右脚迅速归位。

第二，两步蹬跨法。当来球着陆点距离身体很远，把左脚先朝着左面跨出一点，随后把右脚往左面蹬地迈出较大步子，背向球网进行击球。完成击球快速返回到球场中心点。

（2）右侧移动步法。

第一，一步蹬跨法。在球距离身体很近时候，把重心放到左脚上，通过脚内侧发力，跟随髋关节带动右脚转移，再朝右方迈出利于击球的步子。

第二，二步蹬跨法。在球距离身体很远时，将左脚朝左方移动一点，随之把右脚朝右方用力蹬出利于击球的具体方位。

第三，左侧跳步法。假如射来的球弧度不大，此时把左脚朝左方迈出一步蹬地击球。

第四，右侧跳步法。若对手将球射入球场右区并且弧度不大时，先把右脚朝右方迈出一步然后蹬地突击。

（二）场上基本步法训练

1. 单一步法训练

单一步法练习主要就是集中练习一种步法，先观察教练员的示范动作，然后进行模仿练习，既可以分解练习，也可以完整练习，或者将二者结合起来，从分解、分步向完整动作过渡。集中练习单一步法有助于更好地理解步法动作和熟练掌握各个步法，使步法动作更准确、规范，运用起来更灵活，促进肌肉用力感觉的强化。如果长时间进行大量的步法练习，容易造成肌肉疲劳，而且会因为练习单一而产生枯燥感，失去训练兴趣，影响训练的积极性。所以在基本掌握常见步法后，要进行多样化训练。

2. 常见步法训练

（1）上网步法训练。上网步法练习的基本步骤是，从中心位置开始，上右网前，返回中心位置，上左网前，最后再回到中心位置。反复进行多次训练。

（2）正手后退左后场步法训练。右脚移向左后方，身体在髋部的带动下向左后方转，采用交叉步或并步的方式向目标位置移动。右脚起跳，左侧髋部随即向左后方迅速转动，同时左脚移到身后以作缓冲，重心落在左脚。右脚落地的同时，身体向前倾，重心向右脚转换，然后从左脚开始回到中心位置。反复进行多次训练。

（3）正手后退右后场步法训练。右脚移向右后侧方，身体在髋部的带动下向右后方转，采用交叉步或并步的方式向后移动直至与底线接近，然后单脚或双脚起跳击球，再向中心位置退回，反复进行多次训练。

3. 整体连贯训练

在整体连贯练习中，向练习者强调基本步法的准确性，及时发现步法运用中存在的问题，第一时间予以解决和处理，这样才能使练习者在反复不断的练习中有所收获和获得进步。

在场上基本步法训练中采用整体连贯训练方法，有助于对运动员解决网前球中出现的常见问题的能力进行培养，使运动员熟练采用适当的技术技能来处理网前球，并在此过程中对各个步法的运用更加熟练。整体连贯练习须和单一步法训练结合起来，交叉采用两种训练方法，弥补单一训练方法的单调乏味。只有多次重复训练，才能使步法更连贯，提高运用效果。

二、羽毛球发球动作与训练

发球技术包括正手发球和反手发球，羽毛球单打中多采用正手发球，双打中多用反手发球技术。

（一）正手发球与训练

第一，发球站位。站位与中线距离适中，不宜太远，一般与前发球线相距1米左右。双打比赛中，发球站位离前发球线更近一些。

第二，准备姿势。两脚前后开立，左脚在前，左肩侧对球网，重心落在右脚。右手将球拍举到右后侧，屈肘放松，左手拇指、食指、中指夹球，将球举在胸腹高度。发球时，重心移到左脚。

第三，技术方法。

正手发后场高远球。采用正手发后场高远球技术，可以使球到达对方端线，使对方措手不及，影响其进攻性。发球时，左手持球，自然屈肘，右手持拍向右后上方摆起，重心前移，右脚跟稍提。左手放球，右臂向前上方挥动，同时右脚蹬地，上体转向正前方，使下落的球在身体右侧前下方的交叉点与拍面碰触。击球时，握紧球拍，手腕闪动，向前上方鞭打击球，手臂随即向上挥起，重心转移到左脚。击球后，微屈膝，做好接发球准备。

正手发网前球。正手发网前球时，发出的球的飞行弧度较低，飞行距离较短，能够限制对方的接发球，可实现进攻意图，并进行接发球抢网、突击、扣杀。发球时，站位稍靠前。右手放松握拍，左脚支撑重心，右脚跟稍抬。击球时，由前臂带动手腕使拍面从右向左斜切击球，使球轻擦过网，落在对方前发球线附近。

（二）反手发球与训练

第一，发球站位。站位距离发球线10～50厘米，注意离发球区中线的距离不要太远，站位也可以距离前发球线和场地边线较近。

第二，准备姿势。面对球网，前后站立，上体稍前倾。右手反握拍，左手拇指和食指捏球的羽毛，球托向下，球体与拍面平行。

第三，技术方法。

反手发平球。反手发平球时，小臂带动手腕发力。击球时，抖动手腕，突然发力，拍面要有反压动作。

反手发网前球。反手发网前球时，从后向前推送球拍，使拍面切削球，这样球可以落到接近对方场区前发球线的位置。

第三节 篮球教学方法与体能训练

一、篮球教学方法

"篮球的教学有别于篮球对抗比赛，主要教授学生篮球的基本功，而基本功中的根本则是篮球的运球技术，其决定着学生篮球基本功的掌握程度和篮球教学的质量。"[①]

（一）分层教学法

分层教学指的是由于不同学生在身体素质、个性特征、运动技能等方面具有一定的差异，教师将体育教学划分成不同难度等级，并据此制定出与之相符合的教学目标、评价标准的一种教学模式。在这种模式的作用下，体育教师会挑选出适合学生的教学方法、创造出适宜学生的教学环境等，来为学生搭建一个能够释放个性、发展提升、收获成就、体会快乐的平台，促使不同层次的学生实现共同发展的目标。不同于其他类型的教学模式，分层教学模式更加具有针对性，它着眼于不同人群的不同需求，真正做到了因材施教，最大限度地激发起学生学习和参与体育运动的兴趣和热情。从操作角度来表述，分层教学是以班级教学、小群体教学、个别教学为主线，配合分层练习、分层要求、分层推进和分类指导、分类推进的教学组织模式。

篮球分层教学法指的是教师在篮球教学中，根据不同学生在篮球兴趣、篮球技能水平、个性特征等方面的差异性进行针对性教学的方法。在篮球教学中，由于不同的学生在个性特征、身心素质、能力水平等方面存在很大的不同，因此，教师应该充分考虑这一情况，遵循因材施教的原则，对不同的学生采用不同的教学方法，以保证不同能力水平的学生都能够有效掌握篮球运动知识与技能，最终实现篮球教学效率的提升。在篮球教学采用分层教学的过程中，还应该对学生进行分层次评价，根据学生的层次水平设置相适宜的考核难度，充分发挥分层次教学法的作用，有效提升篮球课程教学水平。

（二）游戏教学法

游戏教学法指的是教师结合教学目标、教学要求、教学任务与教学内容，通过游戏活动的形式开展教学活动的一种教学方法，使学生在参加游戏活动的过程中，能够在轻松愉

---

① 梁琛. 篮球教学中的运球技术提高方法探究 [J]. 当代体育科技，2021，11 (17): 53.

快或者充满竞争的环境下掌握知识与技能。游戏教学法不仅能够有效地激发起学生的学习兴趣与学习积极性，还能够充分地开发出学生的内在潜能，促使学生尽快掌握教学的重点，完成教师所制定的教学目标。除此之外，游戏教学法还能够给学生营造一个欢乐的学习氛围，调动学生的身体感官，使学生养成动手操作、动口表达、动脑思考的优秀习惯，令学生充分吸收教师所传授的知识，进一步促进学生综合素养的提升。

篮球游戏教学法指的是教师通过选择或者设计出形式与功能各异的游戏活动，来帮助学生对篮球运动理论知识以及基本技能进行学习与巩固的教学方法，以有效促进篮球教学效果的提升。在新时代背景下，国家所提倡的教育理念是学生为主体、教师为主导，这点和游戏教学法的教学主旨具有一致性。游戏教学法主张以学生为主体，将课堂交还于学生，使学生能够真正地参与到教学活动之中。

（三）媒体教学法

媒体是指人与人之间进行信息表达与传输的一个载体，是人们将自身的思想、观念与意见进行沟通与交流的一个载体，多媒体是指利用技术手段整合直接作用于人感官的文字、图形、图像、动画、声音和视频等多种媒体的信息传播方式。由于单一的媒体在对信息进行传播的过程中存在一定的局限，因此，为了能够充分发挥各个媒体的功能与作用，实现信息的高效传播与交流，人们通过不断的努力，将各种媒体进行结合，通过将各种信息进行叠合、对比呼应等方式来加深人们对信息的印象。因此，多媒体实际上是信息传输媒体多样化的产物。

随着时代与社会的不断发展，多媒体技术开始得以不断发展，并且开始运用于教学中，同时也有很多具有多媒体思维或者能够熟练运用多媒体技术的教师，开始尝试着在教学中运用多媒体技术，这对传统教学模式造成了很大的冲击。例如，在当前的篮球课程教学中，一些教师在向学生介绍篮球明星的过程中，不再局限于利用传统的教学工具，而是更加倾向于利用互联网搜集有关篮球明星的各种照片、视频等，以帮助学生更加直观地认识篮球明星。篮球运动具有很强的实践性，其技术动作复杂多变，战术训练也具有较大的难度，传统的教学方法已经难以很好地满足学生的篮球运动学习需求，需要借助于多媒体技术来为篮球课程教学的高效开展提供更多的支持。

多媒体教学法就是将多媒体的技术资源充分运用于教学活动中，根据教学要求、教学目的、教学任务以及教学对象等多方面的实际情况，通过对课程规划的详细制订，合理选择相适宜的教学资源，通过对多种形式教学资源的整合，合理选择适宜的教学方式，将教学内容传授给学生的一种教学方法。

二、篮球教学的体能训练

（一）速度素质训练的方法

1. 反应速度训练

运动员在反应速度的训练上，可以与篮球相关专项训练集合起来，在进行反应速度训练的同时要注意这些方面：①对各种专项动作能够熟练地掌握，提高人体的积极感知能力，缩短反应时的潜伏期；②缩短各环节的运动时间。尤其是关键环节的反应时间，篮球运动员可采用起动跑、运球起动、追逐球等方法进行速度素质训练。发展反应速度的方法主要有以下几个方面：

（1）增强完成专项动作的能力，增加技术动作的信息量，提高人体对技术动作的感知能力，培养运动意识，缩短反应时的潜伏期。

（2）运动员根据动作、声音、哨声和口令等突然发出的信号做出及时的反应。

（3）运动员可以进行视觉反应的训练，如对移动目标的训练。运动员看到目标后要做出正确的应答反应。

（4）在练习中通过有意识地增强外部刺激因素，使运动员迅速做出反应。

（5）选择性练习。把几种信号规定好后，发出任何一个信号时，运动员都要做出符合规定的反应。

2. 动作速度训练

在发展动作速度的训练中，要重点提高关键技术环节的速度。篮球运动员在训练动作速度上要注意这些方面：①对单个动作的关键技术和组合动作的衔接上，要反复地加强动作速度的训练；②提高动作频率，可采用缩短规定完成次数的时间，或在规定时间内完成动作的次数。篮球运动员动作速度的发展主要包括以下几个方面：

（1）减小阻力的训练，如顺风、下坡跑和减轻器械的重量等练习。

（2）在规定的训练时间和空间上提高动作速度，如进行半场训练，在规定的时间内完成规定的数量。

（3）尽量以最快的速度完成专项练习，如小步跑、高抬腿跑和后蹬跑等，或进行一些爆发力的专项练习，这些辅助的练习都有助于提高动作速度。

（4）反复练习单个动作和组合动作的衔接动作，提高动作速度，缩短动作时间。

3. 移动速度训练

在篮球运动中，影响篮球运动员移动速度的主要因素有运动的频率和技术动作的幅度。因此，应重点抓住运动频率和技术动作幅度的训练。运动频率的训练是在保证一定动作幅度的情况下，通过改进技术，提高素质，在一定时间内尽量多地完成各种动作次数，改进技术动作可以有效地改善动作的幅度，提高肌肉的伸展性、肌肉的力量素质以及关节的灵活性，充分利用运动员的自身条件。发展移动速度的方法主要有以下几个方面：

（1）10 秒直线往返运球，并完成上篮。

（2）提高步幅的练习，如发展腿部力量的深蹲练习，提高髋、膝、踝、肩关节肌群的柔韧性练习。

（3）提高步频的练习，如快速小步跑、起跑接加速跑、后蹬跑转加速跑、短距离冲刺跑以及下坡跑等。

（4）保持最高速度能力的练习，如采用较大强度的短距离间歇跑及各种快慢相结合的变速跑、反复跑或比赛等。

（二）力量素质训练的方法

1. 一般力量素质训练

肌肉收缩主要表现为四种基本形式，即离心的退让性收缩、向心的克制性收缩、等动收缩与等长收缩。前三种肌肉收缩形式可归为动力性工作，而等长收缩则属于静力性工作。根据肌肉收缩的形式，一般力量训练主要有以下方法：

（1）静力性力量训练。静力性力量训练又称为等长训练，是肌肉在对抗固定阻力时产生的力量维持和固定肢体于一定的位置和姿势，不会产生明显的位移和运动的一种训练方法。在篮球运动训练中，负重半蹲是运动员常常采用的静力性力量训练方法。

（2）动力性力量训练。动力性力量训练又称为等张训练，是肌体在等张收缩时所产生的力量使肢体产生位移，从而使人体或器械产生加速运动的一种训练方法。肌肉这种工作形式属于向心收缩工作，长度缩短，在工作的过程中，随着活动肢体关节的改变，肌肉在缩短过程中张力也发生变化。动力性力量练习主要有两种类型：①大负荷、少次数，主要用于发展一般力量和爆发力；②小负荷、多次数，主要用于发展力量耐力。

（3）等动训练。等动训练是在整个关节活动的范围内，肌肉群始终以最大张力收缩，而速度保持恒定的训练方法。等动训练需要专门的器材才能进行，如等动练习器等。

（4）超等长训练。超等长训练是一种能使肌肉产生牵张反射的力量训练方法。超等长训练对于发展爆发力具有良好的效果，其中"跳深"练习是最典型的训练方法。

2. 专项力量素质训练

（1）最大力量训练方法。篮球运动最大力量训练主要有两种方法：①通过增大肌肉生理横断面增加肌肉收缩力量；②改善肌肉内协调能力，提高神经系统指挥肌肉工作能力，动员更多运动单位参加工作。在最大力量训练中，应先增加肌肉生理横断面的力量训练，然后进行肌肉内协调能力的训练。

第一，增加肌肉生理横断面的最大力量训练。该训练方法是采用本人最大极限负重量的60%～85%的强度，4秒左右完成一次动作，共做5～8组，每组4～8次，组间间歇时间控制在上一组练习肌肉所产生的疲劳得到基本消除。

第二，改善肌肉内协调能力的最大力量训练。此种训练方法是采用本人最大极限负重量的85%以上强度，两秒左右完成一次动作，共做5～8组，每组1～3次，组间间歇时间控制3分钟左右或更长。

第三，静力性练习和等动练习。静力性练习多采用大强度和极限强度，每次持续时间为5～6秒，总练习时间不超过15分钟。等动性练习动作速度基本不变，肌肉在练习过程中能发挥出较大力量，练习强度要大，每组练习4～8次，做5～8组，组间休息要充分。

（2）速度力量训练方法。在篮球力量训练中，速度力量具有速度和力量两方面的综合特征，只有最大力量与速度都提高，才能取得速度力量训练的最佳效果。篮球运动员速度力量的训练方法主要包括两种：负重练习和不负重练习。

第一，负重练习法。负重练习时负荷强度要适宜，多采用本人最大力量的40%～80%的强度，以兼顾力量和速度两个方面的发展，每组练习5～10次，做3～6组（组数的确定以不降低速度为限），间歇时间应当充分，一般为2～3分钟。

第二，不负重练习法。不负重练习法主要采用发展下肢速度力量克服自身体重的跳台阶和跳深练习，以及发展上肢和躯干速度力量的符合专项技术要求的快速练习。

（3）力量耐力素质训练方法。力量耐力是指有氧供能，其发展主要依靠肌肉力量的发展，以及血液循环、呼吸系统机能的改善和有氧代谢能力的提高。若发展克服较小阻力的力量耐力，则最小负荷不能小于本人最大负荷强度35%的负荷强度；若发展克服较大阻力的力量耐力，可采用本人最大力量75%～80%的负荷。练习的组数通常以保证每组达到极限重复次数来确定。

（三）耐力素质训练的方法

1. 无氧耐力训练

（1）非乳酸供能练习法。训练的负荷强度在90%～95%，训练时心率能够达到180次/分钟以上，练习持续时间是3～8秒，重复次数2～4次，练习组数3～5组。如30米快跑，每组3次跑4组，每次间隔1～2分钟，组间休息7分钟左右。

（2）乳酸供能练习法。训练强度一般达到身体负荷的80%～90%，心率可达到160～175次/分钟，一次的训练时间可控制在35～120秒，训练2～4次，训练3组左右，组间休息 15 分钟左右。

2. 有氧耐力训练

（1）进行连续训练和间歇训练。连续训练和间歇训练的方法要根据运动员的最大摄氧量进行训练。最大摄氧量是有氧代谢能力的基础，是指身体发挥最大功能水平，每分钟摄入并供给组织细胞消耗的氧气量。在进行有氧训练时，可以把最大摄氧量作为确定运动强度的参考指标。

（2）运用无氧阈进行训练。无氧阈是由有氧代谢供能逐步过渡到无氧代谢供能的转折点，这一转折点相当于一般人心率在 140～150 次/分钟时的运动强度。即体育锻炼时心率在 150 次/分钟以下，主要是发展有氧耐力，心率在 150 次/分钟以上，则主要是发展无氧耐力。因此，发展有氧耐力的训练，其心率均不会超过 150 次/分钟。

（四）柔韧素质训练的方法

第一，两手指交叉相握，手心向外做压指、压腕等动作，充分向前、向上伸展或有节奏地向下振压。

第二，两臂做不对称的大绕环、转肩等动作。在背后一手从上往下伸，一手从下向上伸，使两手在背后做拉、伸练习。

第三，利用器材或同伴帮助做压肩、拉肩、转肩等动作，利用肋木做各种压腿、拉长肌肉、韧带和扩大各关节活动范围的练习。

第四，站立，体前屈下压或靠墙站立，体前屈下压，用手指摸地或握踝，前弓步和侧弓步压腿，纵劈腿和横劈腿，勾脚尖前踢腿和侧踢腿。

第五，在地板上做跨栏步拉伸，压腿、胯练习，各种负重和不负重的背伸、展腹屈体练习及腿肌伸展练习（如仰卧起坐前压腿）。

第六，悬垂练习。利用身体的重力做单杠、双杠、肋木上正反肩关节的悬垂练习。直角悬垂压腿练习。

第四节　排球运动教学与心理训练

一、排球运动的准备姿势与制动技术

（一）准备姿势

球类运动是大众所热爱的休闲运动项目之一。球发出后的运动过程的复杂多变性是球类运动的共有特点。排球属于球类运动项目，"排球是一项综合多种技术能力的体育竞技项目，在排球教学中，充分理解排球的受力机制、能量和运动轨迹，可以从根本上掌握各种技术动作的原理"。[①] 所以，在排球运动过程中，为了更快、更准确地对多变的来球情况采取对应措施，球员往往会采取不同准备姿势。准备姿势是为了方便完成相关专业技术动作而选取的合适的各种身体姿势。准备姿势和移动是检验排球技术质量的关键，它们都是为了完成击球动作所做的准备。调整好准备姿势，除了可以达到在保持球员与球相对位置的合理性的基础之上，迅速移动去接近球并完成击球动作的目的外，更是为了及时起跳或是倒地并最终做出更好的击球动作。

准备姿势就是类似于从某高处跳下来后采取缓冲措施时所采用的姿势，即前脚掌落地并将整个身体的重心放在两只脚的拇指根部，膝盖关节处要深屈，身体上半部分前倾。自己所处防守区的相对位置对于选择采用什么样的准备姿势至关重要。如果处于防守区的中心，则可选择两只脚平行打开，面部正对来球方向；如果偏向防守区右侧，则需要右脚向斜前方迈出一步；如果偏向防守区左侧，与之相反；如果是位于边线上，先判断是在左侧边线还是右侧，然后根据左侧迈左脚，右侧迈右脚的原则，向正前方迈出一步。

（二）制动技术

制动是由移动转为停止状态的过程，制动是移动的结束，也是击球动作的开始。制动不单是为了克服身体移动的惯性，同时也是为了与下一个动作进行衔接和做好准备姿势。制动技术法大体可以分为以下两种：

第一，一步制动法是指移动结束迈出一大步的同时，调整并做到降低身体的重心，但是身体的重心会因为惯性继续移动，为了防止重心的继续移动，膝盖部分和脚尖要在合理范围内向内侧转，整个脚掌要横向蹬地。除此之外，要用腰部力量控制身体的上半部分从而保持身体的重心垂直线在双脚支撑面的范围内。

第二，两步制动法则是倒数第二步时准备第一次制动，然后快速迈出最后一步并完成第二次制动。为了方便后续动作的进行，在完成第二次制动的同时还需要调整身体状态，降低重心并用双脚用力蹬地。

排球运动是推动我国体育事业迅速发展的内在动力。随着排球运动各方面的不断完善与进步，它不仅仅在体育事业中影响显著，而且已经受到其他各领域的广泛关注，尤其是我国的教育领域中，排球运动发挥着不可替代的作用。

---

① 李德玉. 物理知识在排球运动教学中的应用［J］. 中学物理教学参考，2018，47（22）：42.

二、排球运动的发球技术与动作方法

（一）发球基本动作

发球是包括排球运动的所有运动当中唯一仅由一人完成的独立运动。发球是发球员在发球区内抛球后，将球打入到对手区域内的方法。

发球的动作方法种类很多，每一种类都有它的技术特点，但无论哪种发球方法，其动作结构都包括准备姿势、抛球、挥臂击球及击球后动作。

第一，准备姿势。根据发球方法的不同，发球准备姿势分为身体侧对网站立和身体面对网站立两种准备姿势。面对网站立准备姿势的动作方法：队员面对球网，两脚前后自然开立，左脚在前，重心落在后脚上；侧对网站立准备姿势的动作方法：队员左肩对网站立，两脚自然开立与肩同宽，重心落在两脚之间。另外，同一种发球方法其站位要固定。

第二，抛球。抛球指以单手或双手将球平稳抛起在身体右前方。根据发出球的性能，抛球的高度、球与身体的距离有所不同，但同一种发球方法其抛球的高度、球与身体的距离要固定。

第三，挥臂击球。抛球的同时，右臂摆动向后挥臂。击球时，以正确的击球动作击中球的相应部位，用力方向和所发出球的飞行方向要一致。击球点和击球手法根据发球动作结构的不同而有所差异。同一种发球方法，其击球手型与击球部位要固定。

第四，击球后动作。击球后，身体随出球方向迅速移动，进场比赛。

（二）基础发球动作技术

1. 正面下手发球

正面下手发球（图 7-1）[①] 是指发球队员正面对网，手臂由后下方向前摆动，在腹前一臂距离将球击入对方场区的一种发球技术动作。这种发球动作简单、容易掌握，但球速慢、力量小，攻击性不强，适用于初学者。

图 7-1　正面下手发球

---

① 本节图片均引自：杨建文．排球［M］．兰州：甘肃人民出版社，2014：40-84.

正面下手发球技术要点如下：

（1）球员站立时，两脚前后有一定的距离，通常前方是左脚，微微弯曲双膝，将重心放在后脚，上身稍微前倾。

（2）用左手将球托于腹部前方，抛球时大约抛到距离手 20cm 的距离，将球抛于身体右前方。

（3）抛球时，发球者的右手臂应当伸直摆动至后方，借用右腿的力量，使身体的重心转移到前脚，从而摆动右手击球。

（4）以腹部的前方作为击球点，用整个手掌或者虎口、掌根击球。

2. 侧面下手发球

在利用侧面下手发球技术（图7-2）时，队员会用侧身面对球网，在身体的转动下带动手臂，从后下方挥动到前方进行击球。这种发球技术在发球时可以利用身体转动和手臂摆动的力量，较为省力。

图7-2 侧面下手发球

由于并不具备较强的攻击性，常常被初学的女生所运用，侧面下手发球技术有以下要点：

（1）双脚左右分开，与肩同宽，用左肩面对球网；微微弯曲双膝，倾斜上体，两脚间为重心所在。

（2）将球用左手抛在胸的正前方，离身体大约一臂距离，距离手有 30cm 距离。

（3）在抛球的同时，右手臂向右下方摆动，然后右脚蹬地向左方转体，以此带动右手臂摆动至前上方。

（4）在腹部的前方击球，运用整个手掌或虎口击球，掌根对球的右下方进行击打。

3. 正面上手发球

正面上手发球（图7-3）是指发球队员面对网站立，手臂由体前后摆置肩后，然后向前挥臂在体前头上方击球过网的发球技术动作。这种发球方式具有较高的准确性，能够很好地观察对手，掌控球的轨迹，充分运用各种肢体运动，发出力量大、速度快的球。

图7-3　正面上手发球

正面上手发球技术要点如下：

（1）击球者面向球网自然分开双脚；左脚在前，用左手托球放于身前。

（2）向上送球时，利用手臂和手掌向上抬的力量，平稳地将球抛到右肩前上方，使球距离手有1m的距离。

（3）在抛球时抬起右手臂，弯曲肘部向后引，肘部达到与肩持平的状态，身体向右侧微微转动，再蹬地使得上身向左转从而带动手臂的转动。

（4）将手臂在右肩前方伸直的最高点设置为击球点。

（5）在击球时，手掌的手指自然张开，与球面切合，用整个手掌对球的后中下部进行打击；手腕向前弯曲，迅速地将球推压出去，使球能够上旋飞行。

（三）高级发球动作技术

1. 正面上手发飘球

球员正面上手进行发球的方式就是正面上手发飘球，这种发球技术可以使得球在空中进行不规则的晃动，接球的对手很难判断球的落球点和飞行轨迹；在运用这种技术时，发球队员身体面对球网，能够更好地观察发球的方向，具有更高的准确性（图7-4）。

图7-4　正面上手发飘球

正面上手发飘球技术要点如下：

（1）两脚自然分开，将左脚置于前方，身体面向球网，用左手把球拖在身前。

（2）通过抬高手臂，用手掌平托向上送球，使球能够被抛到右肩的前上方距离手1m的位置。

（3）在击球前，用于击球的手臂做从后向前的直线挥摆；用五指并拢的掌面击球。

（4）击球时，手腕、手指略微紧张，手型固定，用掌根平面击球体中下部。作用力通过球体重心，使球飘晃飞行。

（5）击球后，手臂要有突停动作。

2. 勾手发飘球

发球者将侧身面对球网，通过勾手发球，使得球能够在空中不规则飘动，这就是勾手发飘球（图7-5）。这种发球能充分利用腰和腹部的力量，带动手臂挥击，相对较为省力，肩关节的负担也较小，因而适用于远距离发球和女队员使用。

图7-5 勾手发飘球

勾手发飘球技术要点如下：

（1）身体侧对球网站立，左手持球于胸前。

（2）左手将球平稳抛在左肩的前上方，抛球离手的高度约为80cm。

（3）在抛球的同时，两腿弯曲，上体向右稍倾斜。右臂向下、向右后方摆动，身体重心移向右脚。

（4）击球前重心移向左脚，利用蹬地、转体带动手臂挥动；手臂挥动时以肩为轴，肘关节伸直。

（5）击球时，手腕紧张，手型固定，并突然加速，用掌根击球的后中下部，击球点在右肩的前上方。

（6）击球后手臂有突停或下拖动作。

3. 勾手大力发球

勾手大力发球是指采用勾手发球的形式，利用转体、大幅度挥臂发出旋转迅速球的技术动作。勾手大力发球能充分运用全身的爆发力，发出的球力量大、速度快、弧度低、旋转强（图7-6）。

图7-6 勾手大力发球

勾手大力发球技术要点如下：

（1）身体侧面对网，两脚自然开立，左手持球于胸前。

（2）左手将球抛在左肩前上方，离手的高度约为80cm。

（3）抛球的同时，两腿弯曲，上体向右侧弯曲，右臂随着向右侧大幅度后摆，身体重心移向右脚。

（4）击球前，利用右脚蹬地、转体动作发力，带动右臂做直臂弧形挥动；同时身体重心移至左脚。挥臂时手指、手腕稍放松。

（5）击球时，手指自然张开吻合球，以全手掌击球的中下部，主动做推压动作，使球产生强烈上旋。击球点在体前上方，手臂伸直的最高点处。

4. 跳发球

跳发球是指发球队员在端线后助跑起跳，在空中将球直接击入对方场区的发球技术动作（图7-7）。跳发球特点是速度快、力量大、旋转强，是目前最具攻击威力的发球。但跳发球技术难度很大，需要运动员具有相当好的弹跳力、腰腹力量、控球能力。

图7-7　跳发球

跳发球可分为跳发飘球和跳发上旋球，一般以跳发上旋球为主，跳发球技术要点如下：

（1）面对球网，离端线3～4m站立，双手（或单手）持球于腹前。

（2）用单手或双手将球抛在前上方，离地面高约4m，落点在端线附近。

（3）球抛离手后迅速向前助跑起跳。一般多采用两步助跑双脚起跳方法，起跳时两臂要协调摆动，身体向前冲。

（4）腾空后，挺胸展腹，稍向右转成反弓形，右臂屈肘向后引臂，五指自然张开，手腕放松。

（5）击球时利用收腹和转体动作带动手臂向前上方挥动；用全手掌击球的后中部，并有向前的推压动作。

（6）击球后，两腿屈膝缓冲，双脚落地。

5. 发侧旋球

发侧旋球是指发球队员以正面上手发球的方法，利用手腕击球时的变化发出侧旋球的发球技术动作（图7-8）。侧旋球旋转性大、速度快，呈弧线飞行，使对方难以判断。但这种球需要发球队员有较强的手臂力量和控制球的能力。按照球的飞行路线可分为左侧旋和右侧旋。

图7-8　发侧旋球

发侧旋球技术要点如下：

（1）面对球网，两脚自然开立，左脚在前，左手托球于体前。

（2）抛球时，用抬臂和手掌的平托上送，将球抛在比正面上手发球的抛球稍偏右的上方，离手的高度约为80cm。

（3）在左手抛球的同时，右臂抬起，屈肘后引，肘与肩平，上体稍向右侧转动，利用蹬地，使上体稍向左转动，带动手臂向右前上方挥动。

（4）击球时，手掌手指自然张开并稍紧张，以全手掌击球的右部，从右向左带腕，做旋内的动作，使击出的球向左侧旋转飞行。

（5）击球点在体前右侧上方。

6. 发高吊球

发高吊球是指发球队员采用下手发球的方法，以手臂外侧击球的内侧下方，使球高弧度地落在对方场区的发球技术动作（图7-9）。这种发球高度高，且旋转，可利用球体下落的速度和弧线造成接发球困难。高吊球高度高，易受光线和风力的影响，故适合在室外运用。

图7-9　发高吊球

发高吊球技术要点如下：

（1）右肩对网站立，两脚自然开立，右脚在前，身体重心在右脚上，两膝稍屈，上体微前倾。

（2）左手将球抛在脸前，使球在体前一臂之远的地方下落。

（3）在抛球的同时，右臂向后摆动，然后借助蹬地、展腹，以右臂猛烈向上挥动。

（4）击球时，在腹前以虎口外侧击球的内侧下部，使球在旋转中高高上升。

（四）发球技术练习

1. 徒手发球练习

（1）徒手抛球练习。原地站立，连续做徒手模仿抛球动作练习。

（2）徒手挥臂练习。以正确的挥臂动作，对固定目标（如适宜高度的树叶、悬挂的固定球等）连续做徒手的挥臂击球练习。

（3）徒手完整发球动作练习。选择自己最常用的发球方法，结合步法和抛球动作做徒手发球练习。不要每种发球方法都练习。

2. 结合球练习

（1）抛球练习。对墙或对网做抛球练习，抛球的高度和落点应符合发球动作的要求。

（2）对墙发球练习。距墙或挡网 6～7m，将抛球、挥臂击球、用力等环节连接起来，做发球练习。

（3）两人对发练习。两个人一组，相距约 9m 发球。要求控制好发出球的力量和落点。

3. 结合球网练习

（1）隔网发球练习。两人隔网站立，首先站在距网 4m 处，然后不断后移站立的位置，最后移至端线后，分别进行对发球。

（2）发不同线路球练习。站在端线后发球区内某一固定位置上，连续向对场发球。要求交替发直线球和斜线球。

（3）发定点球练习。在球场的某位置放置一固定物，练习者站在对场端线后发球区内，对固定物发球。要求发球时以中等力量击球，目的是击中固定物。个人连续进行或多人交替进行。

（4）发不同距离球练习。站在端线后发球区内，向对场发球，要求球落在不同距离的间隔内。

（5）发不同区域球练习。站在端线后发球区内，向对场发球，要求球落在不同区域的间隔内。

三、排球运动的心理素质训练方法

（一）赛前心理状态调控训练

在一场体育活动的竞技比赛中，运动员的心理状态始终保持着高度紧张。其实，日常训练过程中，他们的心态和精神也会在不同程度上受到外界影响，只是在临近比赛时，心理上的变化会更加明显。尤其是比赛前的几个小时，运动员对心理状态的调整特别关键。为了更好更快地适应赛场，教练会根据运动员的不同情况，有针对性地对其加强心理上的训练。一般情况下，运动员的赛前心理状态主要有以下四种类型：

1. 积极振奋型

积极振奋型是一种非常有利于比赛的心理类型。因为，运动员的精神状态非常好，他们对赛事有必胜的把握，其注意力也很集中，对比赛的任务和目的有透彻的分析，能够正确地评价自己技术上的优缺点，他们渴望在比赛中发挥自己的力量，带着一种强烈的责任感来赢取这场比赛。运动员的心理和生理状态都保持高度兴奋，并且，其兴奋程度完全符合比赛需要时，运动员也可以自如地应对赛场上的形式变化。那么，这种可操控的战斗状态势必会带来超预期的比赛结果。所以，体育比赛也会提高运动员的运动情绪，这样，运动员可以带着轻松快乐的心情，顺利地完成比赛任务。

2. 胆怯紧张型

面对即将开始的比赛，运动员虽然很兴奋，但是，他却不能完全把控自己的情绪，更不能集中精力来应对比赛，由于缺乏战胜对手的信心而难以发挥出正常水平。尤其是第一次参加重大赛事或者能力水平相对较低的运动员，他们比较容易发生这样的状况。教练和单位领导非常重视这场比赛，亲友和观众又非常关注，运动员的心理难以承受这样的压力。因为心理上的不安和情绪上的急躁，运动员的比赛能力会越发降低，甚至发生动作失误的情况，进而表现出心跳加速、呼吸急促、手脚发抖等生理现象。生理机制一旦失去了控制，大脑皮层的信息就难以准确地传送到体表，加之心理上不能正确地平衡个人的得失和比赛的输赢，就很容易导致比赛失败。所以，这种心态对比赛非常不利。

3. 淡漠消极型

淡漠消极型是一种很差的比赛心态。作为一名体育运动员，没有树立赢取比赛的目标，或者完全失去了努力战斗的意志，以漠不关心的态度去逃避比赛，这是一种丧失了体育精神的表现。在这样的心理状态下，运动员的注意力比较分散，行动起来反应迟缓，赛前的准备工作并不能把他带入到兴奋的比赛环境中；甚至，他都不具备完成任务的责任心，更别指望能获取比赛的胜利，达到正常情况下的一般水平都是一种奢望。这样的运动员由于对自身没有了信心，无论比赛结果如何，他都会体现出无所谓的心态，客观上看，他已经没有参加竞赛的欲望。

4. 盲目自信型

在比赛开始之前，运动员高估自己的能力，简单地认为自己已经完全压制了对手，而不能正视比赛过程中可能遇到的困难，这种由之任之的态度，只会降低运动员的注意力；思想上的自负已不能令其正确地对待比赛。虽然他的情绪非常饱满，态度也很乐观，但是，过度的自信只会给对手制造获胜的机会，如果不去认真地分析比赛，只能承受盲目的代价。所以，对于运动员来说，骄傲自满的思想就是一个危险的信号。

综上所述，比赛前运动员的不同心理状态可以直接影响比赛的结果，也可能决定运动员的命运和前途。因此，通过有效的心理训练，调整好运动员备赛的心理状态，利用心理上的战略战术，就可以提高运动员的比赛能力，从而获得优异的比赛成绩。

（二）赛中心理状态调控训练

虽然大多数球类运动是身体素质的对抗，但是，运动员的心理状态能否应对赛场上的竞争也很关键。随着比赛场上敌我双方的形式变化，运动员参赛的心理素质成为获取胜利的法宝。当面对强有力的对手时，有的运动员仍保持沉着冷静的心态，可以根据不同的技术需求来调整自己的比赛战术，即使比赛到了白热化的程度，他还是会控制好自己的节奏，以旺盛的斗志出色地发挥出自己应有的水平。同时，也有一些运动员难以应对激烈的比赛气氛，瞬息万变的战局打乱了他们的比赛思路，紧张的情绪使其动作变得拖泥带水，犹豫的思想很容易贻误战机，剩余的赛程就更加困难。针对这样的情况，教练员要及时给予指导，用有效的战略来消除运动员思想上的顾虑。

（三）赛后心理状态调控训练

比赛结束后，无论成功与否，成绩都会影响参赛者的心理情绪，特别是重大赛事的成绩。成功者的大脑皮层至少会有 1～3 个月的兴奋期，强烈的成功体验会使他在一定时间段内沉醉于喜悦状态。而对于失败者来说，这是一个难以接受的沉重打击，赛后的沮丧会在生活上给他带来很大的苦恼，今后的训练可能会出现不可预料的伤病，甚至，心理上的创伤将导致其长期处于一蹶不振的境地。因此，赛后必须充分重视运动员的心理状态，只有认真地分析比赛结果，及时地调整好训练心态，根据运动员的不同心理特征和意识倾向，制定长期的训练目标，才能保证每一个运动员都能正确地对待今后的体育生活，更加长远地去规划自己的体育生涯。

第八章　体育教育中的体育精神

第一节　体育精神的内涵解读

"体育精神是体育运动的核心内容，也是体育运动的高级产物之一。体育运动又是融合了各个国家和民族的智慧和创造性，汇集了人们的生命力量和创造力的一种产物。这是我们全人类最为宝贵的精神财富，它能够帮助人们构建正确的人生观、价值观以及世界观。对于不同的民族和文化背景下的人们，都能够共同认可这种观念。"①

体育精神经常与体育运动背景中的赞赏行为相联系，然而，体育精神不仅仅体现在竞技场上，也常常被扩展至生活的其他领域，尤其是那些关注公平竞争的领域。从实践的角度理解体育精神，可以看到它主要包含着体育造就及人们在体育运动中所体现的宝贵品质，并为社会观念所积极接受的积极意识，那就是公平竞争、运动员风范和合作精神。"公平竞争"，主要体现的是"仲裁"和"法则"精神；"运动员风范"体现的则是运动员如何遵守规则的义务和在体育运动中所体现出的精神风貌；"合作精神"则主要体现的是同一队伍中的队员如何分工协作、同仇敌忾、共同对外的价值。以上这些，至今都是人类社会生活中的最重要的价值理念。

一、体育中的公平

（一）公平起源于体育，进而成为体育运动的精神理念

公平是体育精神的重要内涵，也是体育的魅力与价值所在。公平是一切体育活动重要的道德规范准则，是体育的生命。只有在公平的基础上，竞争才有意义，运动员之间才能保持和加强团结友谊的关系。早在古希腊和古罗马时期人们就把处理人与人之间关系的基本准则纳入公平范畴。在古希腊，最初的公平观念来自对不公平的社会关系的调节。亚里士多德首先把公平原则从形式上系统地表述为对同样的情况同样对待，同时，他把公平的

---

① 莫铭. 体育精神的文化内涵和价值构建的分析［J］. 体育风尚，2018（10）：10.

表现形态分为相对公平和绝对公平。相对公平也即法律上的公平，而绝对公平，是不受时空限制的公平，是建立在自然法基础上的公平。把公平与自然法联系起来，表明亚里士多德实际上把公平理解为一种最高价值。正因如此，虽然国家和社会的风俗习惯、社会状态和法律都随着时代的改变而改变，而公平作为至善则始终如一。

公平问题根源于人类社会实践的发展，公平是不同的实践主体在社会文化活动中，按双方都能接受的规则和标准采取行动和处理它们之间关系的准则。

英文"fair play"的意思是公平竞赛，它本来是体育术语，意思是说任何体育比赛都是一个整体，一场游戏；因此，运动员既是比赛的合作者，也是游戏参与者，大家不仅要尊重队友的人格和存在，也要尊重对手的人格和存在；否则比赛就无法进行，游戏也玩不起来。可见公平起源于体育，进而成为体育运动的精神理念。

（二）任何体育运动，都崇尚公正的原则

比赛时人人都必须遵守的共同的"游戏规则"，保障每个人都有站在起跑线上的平等权利；一旦裁判示意开始，个人可以最大限度地表现自己，但不允许采用不正当手段，也不允许破坏规则，更不能容忍欺诈和暴力；比赛结束，个人必须接受不均等的胜负结果，心悦诚服地接受优劣和差距。这种参赛的公正，是鼓励平等竞争的公正，是带来民主与法制的公正。人们平等地竞争，从容面对不均等的成绩，克服妒忌的阴暗心理，把精力投入到下一轮竞争之中。人人平等、公平竞争，这是体育精神在西方社会发展中的体现，也是我们社会主义精神文明建设和社会主义市场经济所必需的精神品质。

二、体育中的竞争

竞争是一种普遍存在的社会现象，优胜劣汰是自然界和人类赖以进步的客观规律。自然界和人类社会中的每一个个体都处在优胜劣汰的过程中，人们无法逃避这个客观规律。由于人们厌恶了阴谋竞争和野蛮竞争，希冀公平竞争和规范竞争的模式，于是，竞技体育就为人们构筑了这样一个平台。在这里，竞争是以一种"公平、规范"的模样粉墨登场的，场上的人们手中没有置人于死地的武器，有的只是让人产生快乐的器械和对各方都显得平等的规则；在这里，竞争不仅可以使人得到快乐，还可以消弭内心积存已久的攻击性本能，使人趋于平和，免于躁动。

平等自由的社会环境共同构成了诞生"公平竞争"的两个必要条件，即社会广泛自由平等和人本身对自由、尊严、正义的追求。这三个条件经过了启蒙运动和资产阶级大革命以后日趋成熟，促进了近代西方"公平竞争"精神的兴起。

"竞争"是体育精神中的一个核心概念。以人作为主体来看，这种竞争表现在两个方

面：一方面，是主体的人与客体的自然的竞争，这种竞争的结果是人对自然的驾驭；另一方面，是主体的人与人之间的竞争，这种竞争的结果多种多样，有在理性控制下的合理竞争而带来的体育运动的进步，也有在非理性的作用下而导致的与体育精神相背离的现象。

（一）体育竞争的特征

1. 体育的竞争属于文化中的竞争

体育中的竞争不同于以灭绝对方为目的的战争方式的竞争，也不同于以获得经济利益为目的的经济方式的竞争。体育的竞争属于文化中的竞争，以合作为前提，提倡一种公平竞争精神。与其他领域的竞争相比，体育竞争具有强烈的排他性。经济领域内的竞争或许会出现双赢或共赢的现象，但体育竞争的结果往往只产生一个优胜者，即：最终的冠军只有一个，产生多个优胜者的竞赛是不成功的。这就要求参与竞争者要通过训练，不断提高自己的身体技能、心理水平、战术意识、团队精神，以及把握机遇的能力。

2. 体育竞争属于有规则的竞争

体育竞争属于有规则的竞争，所以体育精神中的竞争精神，必须在统一规则的约束下得以实现，它要求竞争者必须遵守规范，并且违反规则将会受到惩罚。这一竞赛规则是按照"法律面前人人平等"的基本原则构筑而成，以平等为核心，从而使每一个人都乐意接受，使每个人都能够接受，保障了竞争参与者的同等资格、共同的权利和均等的机会。它不承认除身体、心理技术以外的任何不平等，从形式逻辑上来看，这种规则的制定为公平竞争的实现提供了保障。

3. 竞争使体育蕴含着具有普遍意义的人生哲学意味

竞争精神是体育比赛基本的核心精神，竞争使体育蕴含了具有普遍意义的人生哲学意味，更加充满魅力和活力。竞争者必须与某人或某事努力对抗，比赛的目的是一决雌雄，这样，竞争不可避免地产生了胜利者和失败者。在决出胜利者和失败者的过程中，比赛还为我们提供了另一种境界。在胜负的较量中，胜利者通过艰苦的拼争战胜对手，表明出自己的强大，辉煌的瞬间可以凝结为永恒。同时，荣誉和尊敬并不仅仅属于胜者，失败者在搏击过程中，同样经历了浓缩的人生旅程，深刻地体味到人生的复杂感受，从而完善了自己的体能和人格。每一场惊心动魄比赛的参与使每一个人自身价值在竞赛中获得高度的尊重和完满体现。

4. 体育竞争可以增进友谊

通过体育比赛可以增进友谊，赛后对手间互相握手是一个象征。当比赛是根据规则公平进行，并且竞赛者实力相当时，运动员会发挥自己的最佳水平，尽最大努力去争取胜利，参与者会在比赛中感觉到体育带来的欢乐。作为一个合作的挑战，他们不仅重视比赛的结果，而且重视通过与对方抗衡的过程来检验自己。只有这样，共享的结果使运动更加有意义并且提供了产生友谊的基础，这样，体育比赛中竞争成为友谊的完美载体。

（二）对竞争作用的辩证认识

首先，在体育运动情境下，竞争的本质并非不道德。竞争是为了提高个人的自我价值判断、获取胜利，而不是贬抑对手，它无须不公正地对待对手；其次，当竞争产生了有害的影响，这或者是出于意外，或者是偏离了竞争的理想；再次，竞争是各领域中树立榜样和追求卓越的最有效的方法；最后，当把追求卓越作为同他人一起的共同挑战，竞争将更多地带来友谊而非敌对，带来相互尊重而非互相攻击。

体育运动所要求的竞争可以被描述成为获得成功而进行的相互挑战。这是理想的竞争，不仅体育中如此，社会竞争也如此。既然是相互的，它就被视为协作的努力。有些人胜利和有些人失败的事实并不表示竞争活动是非合作或非道德的，努力获得成功并非不道德。

体育的一个重要意义在于它不仅反映所处的社会，而且还能概括和提炼社会的方方面面。它是社会夸张性和戏剧性的缩影，社会的各种问题也会在体育领域中蔓延。但是同时真正的体育精神又能提倡和彰显社会美德，批判旧的社会价值、呈现新的社会价值。当人们不遵守自己的理想时会提醒他们、责罚他们，以激励人们做得更好。

运动员风范是体育精神的主观方面，是参与体育运动的主体所体现的精神风貌和意志品质。可以从三个角度来理解它：第一，把运动员风范作为一种社会联盟形式；第二，把运动员风范作为一种宣传快乐的手段；第三，把运动员风范作为一种利他主义的形式。

把体育运动作为一个社会联盟，不仅与运动员接受和服从规则有关，而且与维护和赞美一种生活方式有关，在这种生活方式中，运动员能够发现价值、合作以及相互满意。如果这种观点被倡导并得以强化，那么我们就不能把运动员风范仅仅理解为对特殊的礼仪准则或一系列风俗的接受，其内容还应包括对伙伴关系和友好价值的真诚许诺，这些价值要比想获胜的欲望更有意义。换言之，把体育运动看作一种社会联盟的观点是社会系统的一种特殊类型，通过这个社会系统，运动员和官员为了共享一种共同的价值生活形式在一起，人们在一起的原因之一与人们理想化的参与方式有关。

把体育运动作为一种社会联盟，除了人们准备接受什么是公平这一原因以外，还把体育精神看作与维护体育运动的优良传统作为一种有价值的、可共享的生活方式有关。根据这种观点，体育精神就在于它能否保持一种特殊的社会类型或意识形态，它影响团体成员的行为能够被社会联盟所支持和钦佩，它是整个社会联盟的一个组成部分。因此，把体育精神看作是社会联盟的重要目的是支持追求的目标必须是比较稀少和难得的，一个人或一些人夺取或达到了这一目标，就意味另一个人或另一些人失去了这样的机会。竞争者之间是互相排斥的但不是敌对的，竞争的目的在于达到目标而不是消灭对方。竞争是有理性的，是按照一定的社会规范进行的。

体育中的竞争精神提倡一种公平竞争精神，试图使人的竞争在理性的控制之下，以此来归整工业社会那无处不在的竞争。这种精神对无规则竞争带来的灾难显然起到了很好的防范作用，从而备受称道，从而使奥林匹克运动广为传播。

三、体育中的合作

在现代体育中，无论是个人项目还是集体项目都存在着合作。合作在不同活动中以不同形式体现出来。在比赛中，所有的参与者共享着比赛结果，并在某种关系上相互间视为伙伴。在团体运动项目中，合作表现得更加明显。团体比赛中的参与者共同工作、共享结果，一致性是比赛胜利完成的关键。奥运会中有很多项目都是在集体协作的情况下完成，这为人们提供一种有效交流的机会和条件。

体育中人们为了找寻自己的"团队归属感"拥有了俱乐部、协会，这甚至影响到了人们在参加体育项目时更喜欢参与人多的项目，在属于自己的团队里，人们能够找到"爱"与"被爱"的合作幸福感。而且，往往体育运动中合作的过程比获得的结果更有价值，结果只是其次的。参与者能够看到自己对结果的贡献，成绩是团队努力的结果。因此体育中的合作强调个体为了一个共同的目标与他人共同努力的重要性。每一个参与者作为队伍中的一员都是有价值的，个人的价值来源于互相依靠。自私和对他人的侵犯不仅应该减少一种友爱关系，这点在体育运动中及通过参与体育运动而得以体现。

从作为一种宣传快乐的手段这个角度理解运动员风范时，应从以下两个方面来考察：

一方面，对运动员而言，由于其目标是"唯一性的拥有"而非合作性的努力，因此，我们只能把运动员风范看作一种从竞争性的冲突中排除某些不友好的做法的手段，其目的是为了缓和对手之间因对抗和挑战所带来的影响。在这种情况下，运动员风范只不过在一定程度上缓和了两个一流参赛者之间的竞争，使其比赛更文明了。运动员在此会明白有纪律的行为和自我控制的必要性，但他们所表现的却不是真挚和慷慨。对运动员而言，最重要的体育精神意味着以高尚的和受人尊敬的方式获胜。他们必须"公平和平等地遵守规则"，并且"胜不骄，败不馁"。

另一方面，对喜爱体育运动的人而言，运动员精神则扩大了。在此，运动员风范不仅指令人钦佩的美德，如勇气、毅力、独立、冷静和自尊等，而且与慷慨和宽宏大量密切相关。真正喜爱体育运动的人对他的权利采取一种骑士的态度。实际上，如果"他的行为能对当时的情景增加乐趣"的话，他会宽宏大量甚至自我牺牲。

因此，从这个角度看，喜爱体育运动的人的体育精神在本质上是一种带有强烈欲望的或有效的行为方式，在这种方式的运动过程中同时宣传着快乐。把运动员风范作为一种利他主义的形式本质上是一种关怀精神，即在比赛过程中，利他行为不仅要求公平竞争和遵守规则，而且还要求参与者真正关心同场竞争者的利益，不论是队友还是对手，"利他"行为是出于关心和照顾的情感而发的。利他的运动员不仅考虑他人的困境，而且还会被其所感染，他们会帮助或以某种方式来安慰他人。

运动员风范的利他行为源自希望他人好，虽然有时表面上看起来这样做会违背公平和严格遵从规则的要求，也就是会采取特殊的或个人的行为。最重要的是，相比社会联盟或宣传快乐的观点而言，运动员风范的利他观点不是出于对有价值的、特殊形式的个体之间生活方式的维护，也不是作为一种伦理方式来宣传快乐，而是源于对他人幸福真正的关心。当体育运动中的行为超出了游戏者所期望的，而且仅仅是出于关心他人而没有其他原因，那么，这些行为是对体育精神的最好例证。

由以上分析可以看出，以社会联盟观点看待运动员风范的观点与维持一种有价值的生活形式有极大关系，这种生活形式是以一种理想化的公平和友好的参与方式为前提的。以宣传快乐的观点来看待运动员风范主要是与竞争和慷慨的行为有关，这些行为又增长了有趣和快乐的感觉。

四、体育中的竞争与合作的辩证关系

竞争与合作不是相对的，任何体育运动的参与，合作自始至终存在于竞争之中。在个人项目中，由于是相互间的挑战，每一个参与者都要根据运动竞赛规则和那些限定成功或胜利的因素而进行竞赛；此外，相互挑战使挑战者尽自己最大努力去赢得比赛的胜利，这样，竞争者都视对方是相互补充的，像共同努力的搭档。

现实生活中，由于人们更愿意强调合作而非竞争，因而导致很多人对竞争与合作产生误解。事实上，在一个完整的社会结构中，竞争与合作承担着不同的社会功能，二者应当同等对待。一个完善的人，既需要有良好的合作能力，也需要有良好的竞争能力，体育比赛中，人们追求"更快、更高、更强"的超越意识，直接推动人们去竞争。竞争使得人不满足于现状，为自己的发展做出不懈努力，这种努力的结果，导致了社会的发展。人类自身的特征、各种复杂的利益关系和自然条件的限制，都会推动人们为了更好地竞争而进行合作。人类在合作中发展，也在竞争中长大。可见，合作与竞争是同一事物的两个不同方面，二者的协同，才能使社会保持正常运转，得以发展。

第二节　体育精神的价值选择

一、体育精神价值选择的根据

（一）主体需要的多样性和可变性

主体可分为个体主体、社会主体、国家主体。不同的主体有不同的需要。同一个主体在同一时期也会有多方面需要。同一主体在不同时期和条件下，需要也会发生变化。在存在不同需要的情况下，要看最迫切的需要是什么。

（二）事物发展的多种可能性

任何事物的发展有多种可能性。如何选择有利的可能性，避免不利的可能性发展，也需要选择。就中国体育而言，是主要发展竞技体育，还是主要发展大众体育，或是主要发展体育产业，这都需要抉择。

（三）主体的趋利避害

从主体方面看，主体之所以叫主体，就是因为他能主动、自由、自动，能对体育进行认识和评价，能认识体育对主体的利与弊。根据主体的认识和评价，主体必然会趋利避害，进行价值选择。

（四）必然性中存在偶然性

社会发展有必然性，必然性是由大量偶然性构成，通过偶然性来表现。各种偶然性中，就要抓住机遇，抓住有利的偶然性，果断选择。"乒乓外交"就是抓住了必然性中的偶然性，体现了体育精神的相互交往与主动开放。

二、体育精神价值选择的原则

（一）合规律性与合目的性的统一

价值选择的最根本原则，就是合规律性与合目的性的统一。人们进行价值选择是为了满足自己的需要。马克思认为，人是既按外在客观事物的尺度，又按人的内在需要尺度进行的自觉选择。必须把这两个尺度统一起来进行价值选择。

体育精神的价值选择，是中国人在了解人的自身自然规律，掌握体育运动规律的同时，进行满足国家主体需要的一种自主选择，是实现中华民族复兴的一种理性选择。

（二）兼顾与急需的统一

价值选择要全面、兼顾。兼顾不是指没有重点。价值选择应是有重点地选择，急需就是选择的重点。兼顾与急需统一的原则指的是突出重点，兼顾其他的原则。体育精神的价值选择，在不同时期，它选择强调的侧重点有所不同。20世纪50年代，中国的社会现实决定了体育精神强调人本精神和团队精神，不重视英雄主义精神和公平竞争精神。20世纪60～70年代，体育精神在坚持强调团队精神和人本精神的基础上，开始偏向英雄主义精神和竞争精神。20世纪80年代，体育精神强调英雄主义精神和团队精神，发展公平竞争精神，忽视人本精神。20世纪90年代后，体育精神仍然强调英雄主义精神和团队精神，公平竞争精神继续发展，人本精神有所回升。无论哪个时期，体育精神始终都强调爱国主义精神、团队精神。

在不同的历史阶段，中国体育亟须发展的侧重点是有变化的，这些变化并不是盲目随意、杂乱无章的变化，而是紧紧围绕满足国家主体的利益需求为中心进行变化，是在理性选择的基础上发生的时代性改变。中国体育重心的发展变化必然导致体育精神内部要素的重要性也相应产生变化，从而使体育精神具有时代性特征。

（三）择优与代价的统一

任何价值选择，都要择优，要付出代价。通常，创造价值之优与付出代价之大相伴而来。决策者的本领就在利弊得失上权衡得当。择优与代价相统一，就是尽量少付与尽量多得。体育精神以国家和民族的利益为最大利益，这种价值选择有其必然性和合理性。选择的结果是体育精神的价值得以实现，达到了行为主体的预期目标。随着时代的发展，东西方文化交融的不断深入，体育精神中体现得不够充分的"人本精神"将会逐步得以充实。

三、体育精神价值选择的内容

（一）价值目标的选择

价值选择，首先是对目标的选择。正确的价值目标是客观规律与主体需要的结合点。价值目标选择的正确与否，关系很大，它决定整个价值选择的成败。

1. 在个体本位与整体本位之间，体育精神选择整体本位

体育精神承接了民族文化整体本位的传统，表现了以民族、国家利益为最高利益的价值选择。中国传统文化重视个人对他人、对社会的意义。体育精神也表现出此特点。运动员价值的大小不在于自身的技术水平是否国际一流，而在于他们的职责，他们对国家所做

贡献的大小。为民族和国家争得的荣誉越多，运动员也就越具有价值。与传统文化不同的是，体育精神在选择整体本位的同时，又认识到了个体存在的自我价值。中国体育中自我意识始终是很活跃和强烈的，而且一直扫而不灭，延续至今。其产生，与民族传统文化联系不多，与体育精神的个体本位密切相关。

个体从传统文化中的"自我缺失"发展到"自我表现"，应该说是一个很大的跃进。这种飞跃，不但是量的飞跃，更是质的飞跃。带来这个飞跃的，主要是由于体育竞赛这个原因所致。体育比赛的整个过程就是人的综合实力进行大比拼的过程。任何大型综合体育赛事，主要进行的是单人比赛，团体比赛较少。体育比赛中，大量的个人比赛就是张扬个体、显现个人能力，鼓励个体去做个人英雄。个体如果不"张扬"，退一个级别，至少也要"表现"一下。出于冷静的实用理性态度，我们对个体的定位，就在"张扬"与"缺失"之间，选择了一个中间理想状态。

同样，竞技体育从西方传进来，中国人对西方体育先模糊中外两者的界限，再进行"求同"处理，然后判断、挑选和选择，用传统的文化对体育进行解释、贯通，对外来的力量加以适当改造，用来满足国家的主体需要。运用传统的中庸思想和实用理性精神，我们就较好地解决了中西文明之间本来有深层次矛盾的内在强烈冲突。

2. 体育精神选择国家主体第一，社会主体第二，个人主体第三

主体可分为三种：个体主体、社会主体、国家主体。个体主体，以个体的自我实现为核心价值，追求个体的全面、自由、和谐的发展。社会主体，以经济利益为核心价值，追求企业、组织自身的完善和发展，追逐市场利润的最大化。国家主体，以国家的安全和稳定，以政治利益为核心价值，追求国家领土和主权的独立与完整。主体不同，利益诉求和价值追求也就不同。

3. 在"和"与"争"中，体育精神选择"和争"

竞争使体育充满生机与活力，使体育深具魅力。竞争是体育精神的灵魂，它的核心是"争"，而团队精神的核心是"和"。竞争精神与团队精神相比，体育精神无疑倾向于"争"而不是"和"。因为发挥团队精神的目的是为了该团队在激烈的竞争中获胜，"和"是为"争"服务的，"和"是争胜的一种手段。体育精神"以争为贵"，"争"是体育精神的最简要概括。

中华民族精神"以和为贵"，强调以"和"为中心的和睦、和谐、和平。不仅人与人之间要和睦共处，人与社会、人与自然之间也要和谐共存。"和"是一切行为的出发点和落脚点，"和"是中华民族精神的最简要概括。

体育精神在"和"与"争"的矛盾对立冲突中，采取实用理性思维，执其两端取其

中，将对立的关系进行中和、模糊，然后选取双方的长处加以吸收，最后以彼此相容的"和争"作为最终选择。即选择以"争"为主的，"和"与"争"的动态平衡。可以用"和争"这个词简要概括。如，我们提倡"场上是对手，场下是朋友"，即"场上要争，场下要和"，"和"与"争"是同时存在的。

中国体育中，"争"与"和"互以对方的存在为前提，两者携手共进、相得益彰，处在动态平衡之中。从新中国的历史进程看，主要表现为"和争"，即以"争"为主，以"和"为辅。特殊情况下，主配角可相互转换。

（二）价值手段的选择

目标的确定直接关系到手段的确定。目的决定手段，手段是连接主体与客体的中介。达到一种目的可采取多种手段，手段不同效果不同，故必须进行价值选择。

1. 在求同求稳与求异求变中，体育精神选择求异求变

每个民族由于文化背景不同，在长期的历史发展过程中，会形成自己特有的认知方式。中国思想传统一般表现为重"求同"。传统文化注重整体，就必然要强调整体的统一与稳定，强调各局部之间保持协调和同一，于是求同、求稳、求安定就成为中国传统文化的必然选择。

体育精神是求异、求变的。体育精神的个体本位倡导个体可合理、合法、自由地表现独立个性与独特品质。体育的竞争也必然导致运动者要采取与他人不同的训练方法和训练理念，以求争先取胜。跟在胜利者的后面邯郸学步、亦步亦趋，则永远不可能赢得竞赛的胜利。个体本位和竞争的存在使求异、求变、求创新成为一种必然存在的特点在体育领域里盛行。

体育精神在求同求稳与求异求变中，选择求异求变，追求创新。在"保"和"赶"之间，中国体育选择"赶"而不是"保"。中国的优势项目都能深入认识项目的特点和规律，摸索并形成了自己的独特风格。也正是在求异、求变、求创新的基础上，中国竞技体育这些年在国际大赛上才能取得辉煌战绩。

2. 在道德本位与能力本位中，体育精神选择能力本位

传统文化是一种伦理型的文化，以道德为本位，倡导德才兼备。中国传统伦理思想把伦理原则提高到世界观、认识论甚至方法论的高度，往往会导致道德决定论。对于一个人的"德"与"才"而言，"德"位居第一，"才"退居其次。

体育精神选择能力本位，倡导才德兼备。比赛前，参赛者要有报名资格，要能达到参赛的最低运动水平。能否参赛的标准是其运动才能，而不是道德水平。比赛中，谁最先冲向终点谁就是冠军。当冠军的标准仍是运动者的才能。体育比赛倡导青年要有高尚的道

德，但道德的价值位于才能的价值之后。体育中，评判运动员的标准主要是能力、才能。若运动员只有一流的技术而无良好道德，他就不能成为人们学习的榜样，而承认他只是一个冠军而已。才德兼备的运动员才是理想状态的运动员，才有资格成为众人学习的楷模。

在道德本位与能力本位中，体育精神选择能力本位，提倡才德兼备。在中国举办的各类运动会中，是按照运动员运动才能的大小来判断先后名次、分辨出谁强谁弱。能进入国家队的队员主要凭借的是其竞技能力强，而不是品德修养高。

3. 在权利、责任和义务之间，体育精神选择强调人的责任和义务

传统文化在权利、责任和义务之间，强调每个人都有义务履行自己的职责。传统文化中，权利与责任、义务是分开的、割裂的。特权人物所拥有、行使的权利，即特权往往大于他应尽的责任和义务，而普通百姓所应尽的责任和义务，常常大于他应享有的权利。权利与责任、义务处在失去平衡、不对等的状态之中。等级的不同就决定每个人所享有的权利、所履行的责任和义务有所不同。

在权利、责任和义务之间，体育精神在兼顾三者的同时，更注重人的责任与义务。这种选择有其深刻的文化背景和存在的合理性。随着中国市场经济的发展，契约意识逐渐进入我国体育界，运动员与俱乐部、与运动项目中心通过签订合同，将权利与责任、义务捆绑在一起，运动员的权利得到了更多的重视，这种现象的出现是中国体育的一个进步。

4. 在人治与法治中，体育精神选择法治

传统文化是以人治为特点，带有等级秩序的礼治文化。中国传统法律文化强调礼居于法之前，礼是伦理规范，法是惩戒规范。比较二者，法只是作为礼这一伦理规范补充的从属规范。法律规范的明晰性、外在性、条理性和强制性与伦理规范的模糊性、内在性、直觉性和亲和性恰成鲜明的对照。

百余年来，世界体育以《奥林匹克宪章》为法律基础，以遵守相同的"游戏规则"为前提开展体育运动。这些规则章程不仅反映了倡导者、组织者的意志，也反映了参加体育运动所有国家、地区和人员的整体意志。《奥林匹克宪章》的制定、修改必须通过奥林匹克全体代表大会通过才能生效。在奥林匹克规则的适用上，体育运动实现了在"规则面前、人人平等"，人人受体育竞赛的规则制约，任何人触犯规则都必须受到制裁处罚。

在人治和法治之间，体育精神选择法治。中国体育遵守《奥林匹克宪章》，遵守体育比赛中的各项章程和竞赛规则。比赛规则就是至高无上的参赛规范。中国奥委会服从国际奥委会的直接领导，与国际体育标准全方位接轨。虽然受中国文化长期的人治影

响，但体育精神选择的是法治而不是人治，中国体育将在今后的发展过程中逐步完善法治。

（三）价值环境的选择

人改造环境，环境又反过来影响人的活动。一定的环境对特定的群体影响很大。传统文化是以农业为基础发展起来的，具有农耕文化的特质。农耕社会由彼此雷同而又互相隔离的村庄构成，这种以自然经济为特点的农耕生活把人限定在土地上，决定了人们的生产和生活环境缺少交往且相互封闭。

近现代体育是在工业社会的背景下成长起来的。大机器生产使人们摆脱了土地对人的限制，社会分工的不断细化和生产高度的专业化，促使人们要经常进行物与物的交换，进行商贸往来，这就决定了人们要相互交流、共同参与彼此开放。这种深刻的社会文化背景决定了体育也是广泛参与、相互开放的。"重在参与"的口号反映了人们有意识地注重体育参与，而且体育激烈的竞争推动着运动者要彼此学习、相互交流。

在两种环境中，中华体育选择广泛参与、相互开放的环境。这种选择主要是由体育的特点所决定。获取优胜的渴望使中国体育反对封闭与保守、追求交往与开放的环境。

第三节　体育精神的内容与特性

一、体育精神的内容

精神文化主要是指价值观、道德观、审美观、思想观、宗教内涵、民族情怀等形式的主观价值文化。中国的体育文化要建立在传统民俗文化的土壤中，不断地吸取优秀文化成果，建立具有中国特色的体育文化体系。从体育文化的定义来分析，中国的体育精神应当包含中国传统的精神内涵，这些精神内涵曾激励着中国的运动健儿们取得辉煌的成绩。因此，爱国、无私、奋发、顽强、自信等民族精神应当被纳入体育精神的范畴。

（一）爱国主义精神

中华民族几千年的传统文化，形成了比较系统的爱国主义精神，爱国主义精神主要体现在：民族自信心、自尊心、自豪感、富国强民的伟大梦想、国家昌盛的愿望、热爱忠于祖国的情感。在体育实践中，强烈的责任感、历史使命感体现的就是一种强烈的爱国主义精神。

体育精神的核心是爱国主义精神，中国的体育文化当中最重要的一项精神内涵就是爱国主义精神。在体育竞技当中，运动员代表的不仅是个人的成绩，更是国家的实力，因此运动员的内心往往充斥着强烈的爱国情怀，将胜利的奖牌看得无比重要和珍贵。体育事业的发展与国家实力紧密相关，因此，体育精神始终强调爱国主义的核心思想。

（二）乐观自信精神

乐观自信精神主要源于传统文化，也受到外来文化的影响。在中国的传统文化中，非常重视民族气节，把民族气节看作民族的骄傲，世世代代的仁人志士矢志不渝地坚守民族气节和节操，甚至用生命去捍卫国家的尊严和荣誉。正是几千年的民族传统文化，才塑造了当前中国体育的自尊自信自强。中华民族是坚韧不拔、积极向上的民族，曾经在历史上创造了无数的辉煌。中华民族在艰难困苦之中，一直保持乐观的态度，通过不折不挠的斗争迎来最终的胜利。中国传统文化认为，人生充满了酸甜苦辣，艰难困苦、挫折是人生的必备课程，只有在困苦中才能磨炼意志，才能彰显个人的价值。

乐观自信的精神是体育健儿们的执着态度的体现。他们在比赛当中从不气馁，从不妥协，不断地追求金牌的突破和自我实力的突破。在艰苦的锻炼过程中，乐观自信的进取精神不断地激励着他们，他们无惧泪水和汗水。过去的运动员们拼的是体力和经验，在一次次的锻炼或者失败中取得进步，现在的运动员拼的是技术和方法，在科学的备战计划中突破自己的成绩。不论什么时期，乐观自信的态度都是体育竞技者不断取得优异成绩的精神动力。

（三）科学求实精神

传统文化蕴含着深刻的科学道理，凝聚成了科学求实精神。中国传统的辩证思想认为矛盾双方互为前提、互为补充、互相渗透，并不是一成不变的绝对，也不是静止的关系，矛盾双方总是在动态发展过程中实现平衡。在体育战略上，科学求实精神主要体现在奥运争光战略、全民健身战略，两者就是在不断的发展过程中，实现动态平衡。两个战略只有实现平衡和协调发展，才能真正体现出中国体育战略要求。唯物辩证法是中国特色社会主义道路的核心思想、指导思想，对中国体育影响非常深远。

中国的传统思想对待现实生活的态度极其冷静清醒、客观。这种思想体现在体育精神方面，表现在中华体育重实用、重行动，用行动说话，用行动来展示中华民族的坚韧不屈。体育是一项严谨的学科，十分重视实践的意义以及理性分析的态度。体育文化应当重视专业人才队伍的组建，让他们在实践中理性分析并总结经验，帮助运动员更加高效地提高成绩。

（四）公平竞赛精神

西方体育主要通过三种途径进入中国，其中对中国体育影响最深远的是公平竞争精神。体育是遵守规则、公平竞争的活动，遵纪守法是体育队伍保持和提高战斗力的基本保证。同时，体育也是大众精神寄托与道德追求的特殊载体，是精神文明建设的重要组成部分，承担着重要的社会教育功能。中国体育文化应当包含遵守规则的精神内涵。长久以来，我国对各项赛事进行赛风赛纪的督查，净化了体育的行业风气。由此可见，只有规范化和法治化的竞赛环境才能够保障体育赛事的公正。

（五）集体主义精神

在社会主义时代，集体主义是社会主义道德的核心内容，集体主义强调的是集体的利益、整体利益，个人、集体利益如果发生冲突，在必要的情况下，要牺牲个人利益，实现集体利益的最大化。个人服从团队、团队利益优先的原则，实际上就是从集体主义精神演变而来。

在中国体育团队中，每个队员的位置和目标非常明确，各有各的职责，各有各的任务，不能够逾越、混淆。团队协作既是一种战术，也是一种集体精神的体现。在竞技体育的团队作战过程中，要严格地按照协调、互动和配合原则，为实现共同的目标而努力奋斗。协同意识是团队作战当中重要的精神和理念，它使得团队当中安排了主攻和辅助两种不同性质的角色，其共同的目标是取得团队的胜利。

（六）英雄主义精神

中国的传统文化在民族大义方面，体现为舍生取义、自强不息、坚韧不拔，最终形成了中华民族英雄主义精神。中华传统文化几千年来源源不断、生生不息，原因就在于其倡导的是一种自强不息、见义勇为的精神，鼓励人们在艰难困苦中不折不挠，克服重重艰险，继续向前奋斗，争取最后的胜利。这种生生不息的精神，强调了个体要积极努力、为之而不懈奋斗。中华民族英雄主义精神就建立在儒家刚健自强精神之上。中国体育的拼搏精神和上述精神具有高度的契合，存在着密切的联系。传统民族英雄主义精神体现在体育运动中，就是拼搏精神。中国体育健儿的拼搏精神，实际上是再现了中华民族英雄主义传统，在体育运动中，这种民族英雄主义精神都有了充分的释放，在世界各民族面前展示，发扬光大了民族英雄主义精神。

自强不息的中华民族精神造就了中国体育的顽强拼搏传统，缔造了一个个体育界的英雄人物，因此，英雄主义精神应当纳入中国的体育文化内涵当中。中国自古就有英雄情怀，其作为一种强大的内在精神，激励人们不畏艰险，勇往直前。运动员做更难、更累的训练，从而获得更好的成绩，成功体现了我国体育健儿不怕挫折的英雄主义精神。

二、体育精神的特性

（一）体育精神的自然属性

自然属性是自然现象中的科学内涵通过一系列的外观、规律以及现象的体现，使得人的大脑对其做出相应的反馈。它是对自然现象中的自然表象以及规律的务实性的描述，不会因人的主观意识而发生任何的改变。体育精神是建立在自然属性的本质内涵之上，体育文化中提倡的精神特质大多符合自然属性的特性。

体育竞技中也存在另一种体育精神。在奥运赛场，人们调整自我追求给自然状态的极限可能性，从人类身体机能的自然属性来看，这是与自然属性背道而驰的。所以，在体育文化内涵当中，加入了对自然属性的尊崇精神。体育精神同样强调"和谐自然"的理念。可见，体育精神保持了我国思想文化的独特性，体现出社会主义精神对于自然的客观态度。

包容是我国特有的体育精神中的又一种具有自然特性的文化内涵。我国传统文化中一直强调养生，中华文明的历史有许多是关于人与自然和谐共处的探索，以及对于我们自身健康的追求。中华文化中最具有价值的观念就是"和"。我们是在尊重自然、顺应自然的这一客观的出发点之上，思考如何从中获取利益，追求长寿、健体，希望能与自然一样延年益寿，这是中华传统体育中独特的养生方式。在体育精神的构建当中，自然属性是其精神内涵的起源，也是其发展的重要依据。

（二）体育精神的社会属性

社会属性的含义是指人们在进入全体以及社会化的生活状态之后，人与人之间会产生相互的作用和影响。人们无法脱离自身所处环境的影响，人的思想和行为本身就是具有社会属性的。从人类开始懂得最简单的互助开始，人的社会属性已经形成。所以，往往很多相互具有斗争性的、相对的事物，也存在很多的共同之处。从整体的观念出发，相互矛盾的事物也是相互依赖的共同体。因此不同事物之间运用合理的方式，把握其规律，就能够达到和谐的平衡状态，并且在矛盾与统一的斗争中，不断地演绎出新的事物。

在我国的传统文化意识当中，十分重视"和"与"合"的观念。"和"指的是不同的事物在一个大的环境当中实现平衡共处的状态。"合"指的是不同的事物往往具有互补的特性，因此可以更好地形成共同体并推进整体的发展，是建立在礼让、不争、谦逊、大义之上的。体育精神建立在社会客观属性的基础之上，中国的体育文化应当充分地体现中国的社会价值观和群众的精神需求以及文化风俗。

在体育精神中，"和合"的主要表现形式是谦和恭让，这是中华民族的内在品质以及传统的思想态度。这种理念在中国的体育文化范畴也有着显著的体现。中华民族传统体育拥有几千年的发展历史，它在文化历史的发展进程中不断地吸收传统文化的精华，并且在各个历史发展的阶段又体现出不同的文化特性，使得文化本身成为一个和谐的共生体。当我们跨入新时期，全球一体化程度不断加深，中国体育文化受到多方因素的影响，融入了很多新时代的精神，产生了众多新时代精神内涵，在不断取得发展的过程中，形成了具有中国特色的体育文化。反过来，社会的发展步伐也将进一步充实体育文化的内容。

（三）体育精神的人文属性

人文属性的实质就是人与文化的结合。体育精神具备人文属性的特质，因为体育文化当中的精神内涵与人民群众的思想意识、行为特性、民族信仰以及民族精神有着不可割裂的联系。体育精神体现了众多形式的人文内涵，体育文化的人文属性应该从中华传统体育的起源来提炼。例如，可以从人物典故中提炼。人物典故体现出民众的文化心理，往往更具备精神内涵。正义的、积极的、健康的人物形象和精神特质会对体育文化中的精神内涵的发展起到推动作用。

第四节　体育精神的发扬与传承

一、在传统文化教育活动中融入体育精神

（一）加强传统体育文化认同，增强体育精神自信力

以人为本、人民群众为核心是中国共产党治国理政的根本思想，文化建设同样是建立在以人为本的基础上，人民群众是文化建设的核心、主体，人民群众共享文化建设的成果。在体育文化建设中，体育文化的传播、体育实践的推广全部有赖于人民群众，人民群众对国家发展的认同感，对国家辉煌成就的自豪感、生活幸福指数等，成为衡量一个国家文化影响力的重要内容，体育精神就是这些内容的集中体现。

随着全球化进程的开展，中国在国际社会的影响力越来越大，中国每年外出留学的人数已经达到百万之众，成为当今最大的留学生输出国；华人华侨足迹遍布世界各地。他们就像移动的体育精神，成为传播的最佳载体，因此在研究传统文化传播时，在加强体育文化影响力的同时，应当更加注重通过体育精神培养民众的爱国主义精神，提升传统体育文化的认同感，提高人民群众的文化自觉。

提升体育精神文化自信效果，可以通过理论发展、成果展示、文化交流、文化作品等传统文化传播形式，加强优秀传统体育文化的认知、认同教育，满足不同阶层的需求，在传统体育文化的开展中，进行纪念日活动、举行民俗体育活动等形式多样的教育实践，也可以加强体育精神的文化熏陶和教育，促进中华体育的文化自信。加深对体育精神的认同感和对社会主义体育文化的亲切感，通过活动使源自传统文化的民族精神得以深入人心，使爱国主义精神、英雄主义精神等深入人心。以体育文化发展的成果取悦于人民大众，让人民群众在体育活动中感受到传统体育文化，自觉主动地传播体育精神。

（二）深挖传统体育文化底蕴，丰富体育精神内涵

中国传统体育文化是融合中华各民族传统体育文化于一体的巨大体系。五千年的中国文化凝聚了具有中国特色的传统体育文化，包含养生、武术、乐舞、气功等运动形式，其中又包容各个民族对传统体育文化的不同价值取向，即各个民族对传统体育文化的认识。社会各界非常重视传统体育文化精神，有利于促进体育精神的发展。

体育精神的内涵还有待进一步地完善和深入，需要更多的反思和创新。创新是所有文化变迁的基础，但也应是建立在深厚传统的基础上，因此我国体育精神的发展应该在深度观察、创新传统体育文化的基础上，保持中华民族基本的传统体育文化特色，通过弘扬体育精神，提高其内涵建设效果，做好引领世界体育文化的中华文明创新过程。

（三）依托区域特色体育项目开展，创设体育精神提升环境

中华大地地大物博，各地的传统文化体育传承各有不同，在相同区域地区生活的人们，拥有语言、生活习惯以及共同的体育文化，在此基础上形成具有地域特色的体育项目，对这些体育项目开展的理解和坚持，形成了固有的信任与认同，也就是我们常说的内部凝聚力。随着中国的崛起，社会经济、政治及文化都发生剧烈变化，特别是现代奥林匹克运动的全球化，奥运会项目受到推崇，而作为传统体育代表的区域特色体育受到冲击。

在促进体育精神弘扬的同时，必须注重民族传统体育文化的传承。不同的民族、文化之间进行碰撞，产生了多元化的体育文化，共同为我国体育文化的形成和发展起到了重要的推动作用。想要推动体育精神的发展，必须利用区域文化中的文化认知，保护和开发地方特色的体育项目，重拾传统文化的乐观自信精神，潜移默化地渗透和弘扬体育精神。区域特色体育的开展，为传统体育文化的传承创造了良好的环境，发挥区域体育项目的强大生命力，加大对区域特色体育项目的保护和开放，坚持中华民族自有的文化传统，促进其在新的社会历史条件和文明生态下继续发展，才能给体育精神的发展和延续提供原生态的环境。

（四）创新城市体育文化发展，提升体育精神发展平台

城市体育文化作为城市的一个精神亮点，是城市生存的基础和城市人民的精神支柱，也是传统体育的传承所在。体育精神是城市体育文化的重要组成部分，在一定程度上决定了一个城市的发展方向，它在城市文化中的作用是不可忽视的，不可替代的，其可以全面提高人口素质，能产生积极的社会凝聚力，能促进精神文明建设，能促进城市开放发展，能促进经济发展等作用。创新发展城市体育文化，可以为体育精神的弘扬提供有效平台。

加大城市体育文化创新力度，在城市发展过程中继承、借鉴本民族体育文化和外来体育文化的基础上，结合社会实践的需要，逐步对旧的体育文化模式和系统进行改造和扬弃，从而创造新体育文化的进步活动，这是推动社会进步和实现人类自身价值的一种重要实践方式。城市体育的功能包括提高城市人群的凝聚力、提高城市人口综合素质、提高城市体育内涵三个方面，因此，城市体育文化创新的途径也应该遵循城市体育内容从城市物质文化、城市体育文化组织管理体制、城市体育文化活动内容、城市精神文化四个方面加以创新。通过推进大型体育赛事与城市体育文化双向驱动，可以实现体育独特的文化价值和文化功能。通过体育发展战略转移、体育财政投入加大、体育场馆设施改善、体育惠民政策调整、体育纳入考核指标等手段，提高城市居民参与体育的动力。

从文化角度分析，体育精神推动了市民文明素质和文明礼仪，通过体育赛事也将健康、休闲和时尚的体育精神注入城市居民的生活里。在文化强国背景下提升体育文化软实力，大力培育创新城市体育文化，不仅是单纯的物质产品，要发挥满足人们精神文化需求的重要作用，挖掘体育活动的文化价值。例如，城市体育赛事、体育旅游、体育传媒等都是城市体育文化的"作品成果"，这样极力打造的城市体育品牌和城市体育特色，也是体育精神弘扬的有效平台。

二、在社会主义核心价值观教育活动中融入体育精神

（一）融入社会主义核心价值观体系，增添体育精神新内涵

在中华文明数千年发展的历史下，体育精神日趋完善，因此，要在新时代进一步弘扬和发展体育精神，就必须深入地发掘体育精神，了解其核心内涵使之发扬光大。作为一种内在精神动力，体育精神不仅是中华民族传统体育的载体，更是中华文化的载体，是我国数千年发展过程中对体育文化的重要结晶。通过与社会主义核心价值观的深度融合，提升民众对体育精神的认知水平，对加强体育精神的弘扬，彰显民族体育文化具有重要的现实意义。

通过社会主义核心价值观传播，可以充分发挥体育精神的社会功能。通过对体育精神及其核心价值观的融合，发挥刻苦务实的体育精神，共同构成了以体育精神为轴心的体育精神体系，推动我国体育事业的健康可持续发展，强化国人的健康体质。通过对体育精神和核心价值观的融合，发挥爱国主义为核心的体育精神，通过民族之间的引力、各民族对中华民族的向心力、民族之间的亲和力等，使各民族融合为一体，促进各民族、各阶层的团结、协调发展，促进社会的稳定和国家的可持续发展。通过对体育精神和核心价值观的融合，对我国各类优秀传统文化精神进行统摄整合，触类旁通地发展社会主导价值观。在社会高速发展的进程中，动态地发展体育精神，从而更好地发挥出体育精神对于体育事业乃至文化事业发展的精神合力，具有重要的现实意义。

（二）依托社会主义核心价值观教育，拓展体育精神弘扬途径

只有立足于中华优秀传统文化之上，才能够培育社会主义核心价值观。任何抛弃传统的行为，都会成为无源之水、无本之木，割断了自己的精神命脉，让自己失去了可以发展的土壤。由此可见，核心价值观的发扬光大，一定要立足于中华优秀传统文化的基础上，传承和发扬传统文化。以"为国争光、无私奉献、科学求实、遵纪守法、团结协作、顽强拼搏"为主要内容的体育精神，直接应对核心价值观的三个层面：体育精神为国争光、科学求实应对"富强、民主、文明、和谐"的国家价值目标，爱国主义精神、科学求实精神与核心价值观所提倡的相符；体育精神所包含的团结协作、遵纪守法应对"自由、平等、公正、法治"的社会价值目标，公平竞争精神、集体主义精神与核心价值观所提倡有异曲同工之处；无私奉献、顽强拼搏与"爱国、敬业、诚实、守信"的公民价值观相对应，体育精神所包含的爱国主义精神、英雄主义精神、乐观自信精神与核心价值观相同。

由此可见，核心价值观与体育精神在国家、社会、公民的道德规范具有非常高的契合性。加强体育精神的传承和弘扬，有利于提升人民群众的道德观和价值观，促进我国社会的道德建设。因此，弘扬体育精神，可以将核心价值观的文化氛围作为载体，加强体育精神的资源、典籍整理工作，可以通过核心价值观的宣传教化途径，推动其宣传工作和舆论引导，将体育精神在润物细无声中随着社会主义核心价值观的深入人心，让中华体育文化真正做到促进人的全面发展，从身体素质和思想道德全方位得以改善，提升人民群众的乐观自信精神、公平竞争精神等，实现人民群众现代生活方式的改变和提升。

在核心价值观宣传中将理论宣传与实践活动相结合，开展体育精神的文化专栏，创建体育精神的公益广告和宣传片，学术界进行体育精神的理论研讨，出版体育精神的专刊等方式对体育精神进行推广。通过资源整合，使传统宣传媒体与新兴宣传媒体相结合，将体育精神的精髓广为传颂，增加人民群众对体育精神的认知和肯定。将体育精神的爱国主义

精神、团结协作精神、公平竞争精神和英雄主义精神等广为传颂。

（三）加强学校教育活动开展，构建体育精神弘扬载体

深化社会主义核心价值观为载体的日常活动开展，可以使体育精神弘扬工作落到实处，促进学校教育宣传空间形成。面对我国经济社会的巨大转型，利用核心价值观的宣传教育和引导途径，增强弘扬体育精神等时代精神的手段，将社会舆论和个体促进相结合，积极推动中华体育文化资源的积累和整合，拓宽民众的教育活动开展形式；柔性手段和刚性手段相结合，促进体育精神的弘扬，使主流价值深入人心；结合国家的相关政策，深入构建体育精神宣传教育体系，同时形成民众认同的长效机制；辅以相关的政策制度体制以及物质、金钱的投入，保障体育精神的大力弘扬。

在学校教育层面，一是重视体育精神在德育方面的教育作用，抓住青少年热爱体育运动的机会，开拓以弘扬体育精神为主题的教育实践活动，通过对体育事迹、体育典范的宣传，使青少年的爱国主义精神在体育精神的弘扬中得到提升；二是以丰富多彩的校园体育活动为载体，开展丰富多彩的校园体育活动，根据时代的主题、学生的需求，不断地创新体育实践活动，构建校园体育文化氛围，对学生起到熏陶和感染作用，培养学生乐观自信、顽强拼搏以及公平竞赛的体育精神；三是深入开展体育教学改革，将体育精神的弘扬融入课程建设，使学生在学习中潜移默化地受到影响，培养团结协作、科学求实的体育精神，进而确立正确的人生观价值观。

三、讲好中国体育故事，拓宽体育精神传播途径

（一）加快体育产业发展，推动体育文化产品出口

文化产业作为新兴的产业，是中华文化海外传播的最主要载体之一，包括文化产品生产和文化服务。在体育生活占据重要位置的当今社会，发展文化产业，特别是体育产业，是党和国家当前工作的核心任务，对创新国家文化建设，对世界"讲好中国故事"具有举足轻重的作用。我国体育文化产业今后的发展空间依然巨大，产业增加值会不断地上升。

第一，加快体育文化产业主体建设，培育具有影响力的体育文化产业，是我国体育文化产业快速发展的必需因素，也是体育精神提供广为传播的重要载体。

第二，加快体育文化精品的生产和创作。文化消费已经成为社会主要的消费方式，消费的对象集中在文化精品上，体育精神只有生产出更多的文化精品，才能更快地向世界讲好中国故事，才能实现更广阔的发展。通过体育文化精品的直线传播，体育精神可以借助于体育文化资源向四处传播，同时能够推动体育文化资源的快速发展、不断创新，形成具

有代表性的中华观念，在全球性表达中占据主要地位，同时能够把我国的社会主义核心价值观、中华体育文化传递给世界上每一个民族，让每一个民族领略到中华文化的不同色彩。

（二）加强国际体育交流，提高体育精神影响力

中华体育文化国际传播的目标，就是能够和世界文化实现多元化的交流，或者得到其他民族文化的认同，在世界范围内得到广泛传播。中国体育走出国门由来已久，但要让各国认同中国体育文化，更进一步增进国与国之间的感情，产生国与国之间的信任，体育精神的国际交流不失为最佳的途径。

随着体育产业的发展，我国应积极推动体育外交，利用官方和民间两条路径让体育走出去：一方面，通过体育产业发展使中国体育走出去，让世界人民体验中国体育的风采，亲身体验中华体育文化的博大精深，从"文化搭台、经济唱戏"实现深度转变，建立起"经济搭台、文化唱戏"的主旋律；另一方面，充分发挥民间组织的功能，加强民间文化之间的交流，让民间文化更为广阔地流传。利用体育界对外交流通，形成民间体育文化交流，积极推动公共外交、民间外交，譬如，单项体育的交流表演赛，传统体育的海外展演等方式，使中华体育文化多样化多形式地走出去，让世界各地的人民不出家门就能感受中华体育的魅力，了解体育精神。

（三）利用现代信息技术，加强体育精神的网络传播

当人类进入网络信息时代，互联网冲击了社会生活的各个领域，人类文化发生了划时代的变革。弘扬体育精神除了依赖于传统媒体之外，还可以借助于互联网，利用互联网快速传播的特点，推动体育精神的发展。作为我国精神文明的重要结晶，体育精神之所以有价值，是因为某一特定范围或群体需要体育精神，才会产生这种精神。而如果没有人需要，体育精神也就没有显示价值。在日常体育生活中，能够在现场观看体育比赛的人数极其有限，绝大多数人需要通过广播、电视、互联网等方式观看体育比赛，这也就体现出媒体传播是体育精神传播的最主要路径。

体育精神传播的主要因素有两个：一是传播内容，二是传播方式。传播体育精神，在注重发展体育精神的内涵基础上，还应大力关注现代传播体系，让社会主义的先进文化辐射到社会的每一个角落，影响到每一个民众。因此，构建先进的、现代化的传播体系，是实现有效传播的前提条件。要加强报刊、网络、书籍出版和电台、音频、视频等途径的宣传，增加体育精神在人民日常生活中的关注度和有效宣传，扩大其国内传播的覆盖面。加强国际传播能力建设，以现代传播理念为指导，以现代网络信息技术为支撑，积极利用我国海外的国际一流媒体，提高体育新闻、体育信息的原创率、首发率，在向"世界讲好中

国故事"的过程中，坚持构建中国自己的传播途径，不受制于外国因素，能拥有中国体育的话语权，发出自己的声音。

建设传统体育文化典籍整理和出版工作，推进体育典籍的资源数字化、国际化，通过书籍和网络途径传播体育精神。特别是在发展和传播传统体育文化过程中，将体育精神等优秀传统体育文化的精髓，包装、设计后通过网络和视频进行传播和推广，使优秀的传统体育文化进入人民大众日常的生活和学习中，一方面，净化了网络环境，传播了正能量，尤其对广大青少年的教育作用巨大；另一方面，能够通过传播体育产品现代信息技术优化体育产业结构，加强体育文化的传播，使更多的人能够熟悉、深入了解以体育精神为核心的中华体育文化。而且，将体育精神随着中华体育文化广为传播，可以使其得到更为广泛的宣传，也有更多机会实现其内涵的创新，从而实现其不间断的传承。

在文化强国的战略背景下，体育愈加受到人们的广泛关注，已成为重要的文化活动形式，并且其中所蕴含的体育精神，对促进我国精神文明建设起到了重要的推动作用。纵观历史，任何国家和民族在崛起的时刻，都必须有强大的精神力量支撑，这些精神力量成为民族和国家崛起和发展的内在动力，也是取得伟大成就的主要精神财富。

第五节　体育精神融入体育教育的途径

体育教育的育人功能不仅仅体现在课堂上，作为课堂延伸部分的课外活动、群体竞赛等都是体育的重要组成部分，体育活动以其较强的身体实践性让参与者身体力行，获得更加强烈的心理感受，这也是体育区别于其他学科的独特优势。

一、在体育课程教学中注重体育精神的融入

课程教学是大学体育教育的重中之重，体育课程教学不光要教给学生动作技能，更要注重精神的提升。我们可以从构成体育教学的要素入手来探讨体育精神的融入途径。

从教学目标的设计上，体育教师要有意识地将爱国主义、集体主义、团结协作、奋勇拼搏、遵守规则等意识的培养作为体育教学的重要目标，注重学生正确价值观的培养和健康人格的塑造。

在教学内容的选择上，体育教师应优先选择开设能够激发学生兴趣、对学生思想和意志有一定启迪和鼓舞的项目。对于体育教师来说，在所教专项已经确定的情况下，应结合教学目标补充体育游戏、小组比赛、体能训练等内容。

在教学方法上，体育教师应有意识地创造情境并灵活采用相应的教学方法进行教学，

在课堂中多设计一些师生互动、同学交流的活动，通过积极的情感体验，培养体育精神。"体育精神要在体育教学中进行贯彻，就需要灵活的选取和挖掘素材，然后精心的加工输出，同时，要利用新媒体和现代的科技手段进行修饰，将会达到很好的育人效果。"① 体育教师要积极运用网络资源，开发制作微课，利用运动 APP 等提升学生的运动兴趣，帮助学生科学健身。

在课程评价方面，体育教师应采用多元评价的方法，注重鼓励和批评相结合，既要对好的行为表现进行表扬和鼓励，为其他同学树立榜样，也要对一些不好的现象及时进行批评，帮助学生树立正确的是非观。体育教师要善于发现学生身上的闪光点，如有的同学会主动收发器材；跳绳结束会将绳子缠绕好，方便后面的同学取用；有的同学学习动作比较快，会主动帮其他同学纠正动作，等等，这些都要及时表扬，用激励性评价帮助学生形成良好认知。

二、在课外活动中注重体育精神的融入

课外活动是体育教学的有益补充，也是不可或缺的一部分。学生课余时间相对自由，可以结合自己的兴趣选择喜欢的运动项目。课外活动虽然没有体育课程那般严肃，比较灵活和自由，但也绝不是全凭自愿。学生自我管理和约束力有限，而运动需要一定的毅力和持之以恒的精神，因此，除了课上注意引导学生主动运动、树立终身体育的意识外，课外仍须采取合理的管理措施。可通过考勤、规定运动量等培养学生严于律己、不断超越的精神；通过发挥骨干分子的带头作用，为学生树立榜样；扶持体育社团发展，利用社团活动培养学生的集体主义和团结协作精神。

三、在体育赛事中注重体育精神的融入

体育竞赛是发挥体育思想政治教育功能的重要一环，它有着明确的比赛规则，以取得优异的比赛成绩为目的，可以帮助学生克服生理和心理惰性，培养学生顽强拼搏、积极进取、遵守规则、团结协作等精神。除了比赛本身，赛事的各个环节都能对学生起到思想教育作用，如赛场的环境布置、宣传语、横幅等可鼓舞斗志；严谨的比赛流程、公正的裁判执法可让学生敬畏规则；赛中的文明观赛让学生明白要尊重对手、合理竞争；赛后的颁奖可激发学生的集体荣誉感，明白"一分耕耘，一分收获"的道理。

除了参与体育竞赛，体育赛事欣赏也是培养学生体育精神的重要途径。体育教育仅仅

---

① 李利军. 体育强国背景下体育精神在体育教学中的贯彻 [J]. 冰雪体育创新研究，2022（16）：122.

有课堂教学是不够的，有条件的地区应积极组织生观看高级别的体育赛事。体育比赛欣赏是一场视觉盛宴，会给学生带来巨大的视觉冲击，点燃学生心中的激情，无论是亲临赛场还是观看媒体转播，都会让学生对爱国主义、集体主义、顽强拼搏精神的体会更加深刻。体育赛事欣赏需要平时的知识作铺垫，如比赛规则、赛事礼仪等，这就要求体育教学中适当穿插一定的理论讲解，提高学生体育比赛欣赏水平。

四、体育特色项目中加强体育精神的融入

不同的体育项目包含不同的体育精神。如田径项目，可培养学生坚持不懈、超越自我的精神；球类运动强调团结协作，集体至上；传统体育运动可培养学生民族自尊心和自豪感，传承传统文化的使命感；等等。具有鲜明的体育精神项目应发挥其优势，更好地利用其教育功能。如龙舟项目，可以通过多种手段培养学生永不放弃、同心协力的精神；排球运动可发挥榜样的力量，鼓励学生顽强拼搏，永不言败；武术项目可通过讲述或观看影片等形式，让学生从精武英雄的事迹中受到感召，树立"以天下为己任"的爱国情怀。

第六节　排球教学中学生体育精神的有效培育

一、积极改变传统教育思想

在排球教学中对学生进行体育精神培育时，教师要先改变只重视排球技能而忽视体育精神的落后思想。在排球教学中，不仅要让学生达到强身健体的目的，同时还应重视对学生的全面素质教育的培育，这样才能真正地做好育人的工作。教师在进行排球教学时，不但要教会学生关于排球的一些技能，同时还要培养学生的团队精神、公平竞争的意识，最终才能有效提高学生的整体素质，这才是排球教学中对学生实施体育精神培育的真谛。

为了能更好地提升排球的教学效果，教师还要不断提高自身的整体水平。要定期去参与一些关于排球方面的知识培训，学校也应举行一些体育研讨会，邀请一些知名的排球教师、排球专家来参加，这样本校教师与同行之间可以进行交流、沟通等，通过多方面的学习后，会使得学校的排球教学不断地创新。

二、让学生感受到排球中的体育精神

良好的体育精神教育是在学生的体育学习和训练中形成的，因此，在排球教学中教师

要对学生讲解一些体育精神，这些精神包括正确的社会体育价值观和一些好的体育思想，在实际的排球教学过程中，教师应充分运用现在的信息技术教育手段，利用多媒体来进行排球教学。

教师可以为学生播放一些大型排球比赛的视频，让学生感受到优秀排球运动员的体育精神，还可给学生讲一些排球发展的历史，以及关于一些排球运动员励志的事迹等，这些都是体育精神的体现。通过这些精神的感染，学生会对排球的学习产生浓厚的兴趣。

体育精神是校园文化，因此想要培养学生体育精神，就要求学生和教师共同努力。学校可以举办一些关于体育精神的讲座，做一些关于体育精神的宣传海报，给学生专门上一些讲授体育精神的课程等，努力为学生营造体育精神的学习氛围，让学生在潜移默化中领会体育精神的内涵。

三、建立综合评价机制，发扬体育精神

体育精神是学生在体育学习、体育活动中，所展现出来的价值观念、思想认知、精神文化。因此，教师要按照公平竞争、团结协作、遵守制度、坚持不懈等原则来对学生进行教导。在传统的排球教学评价中，主要看学生是否掌握了排球的技能，这种考核方式过于片面，不利于学生体育精神的培养。因此，应建立综合性的排球教学评价机制。具体包括排球技能的考核、学生身体健康情况的考核、体育精神方面的考核等多个方面综合起来，现在尤其应提高体育精神在其中的分值，目的就是要培养学生的体育精神。在进行排球考核时，应重视学生排球学习的过程和对待排球这项体育运动的心态，再结合学生的进步情况、参与排球活动的积极性来对学生进行客观的评价，通过这种综合性的评价，能有效加强对学生体育精神的培育。

第九章 体育教育中的女排精神

第一节 女排精神的本质

一、女排精神的本质阐释

"女排'顽强拼搏，永不放弃'的精神所蕴含的意义已经远远超越了竞技体育的范畴，深深感动并扎根在每个中国人的心中，无论是球场上还是生活中，中国社会正需要这种精神。"[1] 女排精神不是一个历史概念，而是对中国女排在改革开放初期的艰苦条件下，顽强拼搏为国争光的实践中表现出来的团队精神和智慧的高度提炼与总结，它集中反映了中国女排在情感态度、价值理念、精神追求等方面的共同特质。时代在进步，女排精神却从未因时光的流逝而被淡忘，相反，其本质内涵却因时间的积淀而愈显弥足珍贵、魅力独具。

（一）顽强拼搏

"超越自己，挑战极限"是竞技体育精神的重要组成部分。中国女排顽强拼搏的历史里，深刻地诠释了这一重要部分。在艰苦的环境下，从不放弃追求，不断地克服重重困难，在怀疑和挫败中坚强成长，在失败中总结经验争取下次完美表现，充分地展示了中华民族特有的自强不息的精神。

女排精神与输赢无关，而是整个团队努力的过程。这个过程，见证了几代中国女排人的顽强拼搏，也正是因为这股精神力量，从个人到整个队伍，不管遇到再大的挫折也绝不认输，从而使得女排精神这种优秀的民族精神得到传承与弘扬。此历程并非顺利，而是筚路蓝缕、艰辛万分。中国女排曾在举国百废待兴的年代，凭借着平日里脚踏实地的训练和顽强拼搏的精气神，成就了巅峰时期的"五连冠"，一度成为国民偶像。低谷时期，也曾连续 17 年间无缘世界最高领奖台，面对来自社会各界的质疑、不理解甚至是落井下石的诋毁，顽强拼搏的女排姑娘用实力说话，以沉甸甸的战绩在之后的日子里充分地证明自

---

① 葛春林. 女排精神的魅力所在［J］. 人民论坛，2016（25）：42.

己。不管身处何种境地，也不管女排队伍如何变动，顽强拼搏的这种精神力量始终如一盏永不熄灭的引航灯，引领着中国女排团队不断进步、不断完善，攀越一座座竞技高峰。

几十年来，队员更迭，人员流动，但女排精神一直被传承着，并不因时光的流逝而黯然失色，相反，伴随时间的积淀却越发展现其独特魅力。女排精神所展示的顽强拼搏是中华民族强有力的民族精神，正是依赖这种顽强拼搏的民族精神，中华民族面对灾害和外来侵略，虽饱受磨难却终能取得最后的胜利。

（二）无私奉献

从建队之日起，无私奉献精神便贯穿于中国女排几十年的发展历程中。无私奉献是女排精神的思想基础，也是女排精神的重要内涵。

中国女排的成功离不开每个人的无私奉献，女排精神的无私奉献体现在无数女排队员献出宝贵青春。面对无可计数的疼痛伤病和反复练习高风险的技术动作，队员们除承受超负荷的运动量，失去大部分自由和悠闲时光外，同时还要承受巨大的心理压力等。1988年汉城奥运会之后，国家体育委员会为了加强女排的领导班子，决定借调陈招娣担任中国女排领队，当时，海南省文体厅任命她为副厅长的调令也一起寄到她的单位。面对这两种选择，陈招娣选择了前者。她说当时心中只有一个信念：汉城的悲剧不能重演，一定要把中国女排顶上去。其实，陈招娣在1981年中国女排首次夺取世界冠军后退役前，就已经多次做过腰伤手术，由于各种伤痕累加，整个人长期处于超负荷运转状态，但她始终没有离开排球，先后担任八一女排和国家青年女排的主教练。在中国女排最困难的时刻，她毅然选择回归。陈招娣是从中国女排成长起来的，同老一届女排队员一起走过成功之路，也深刻体会女排的精神，她想把老女排的无私奉献的精神传给当时的中国女排。陈招娣正是中国女排的一个典范和缩影，还有许多如陈招娣一样的女排队员们，不计较个人得失，始终诠释着无私奉献的高尚品格。

（三）艰苦奋斗

为了发展中国排球事业，国家体育委员会于1976年重新组建女排队伍，任命袁伟民为国家队主教练，时任国家排球处处长的钱家祥组织成立了一个选点组，多方位进行考察，最终先后在我国南方漳州、郴州两地分别建立了两个排球训练基地。确定训练基地之后不久就开始组织第一次集训，当时生活条件十分艰苦，训练条件就更为艰苦。在这种物资十分匮乏、条件十分艰苦的条件下，女排姑娘们没有叫累叫苦，也没有人放弃趴下，而是提出了"滚上一身泥、磨去几层皮、苦练技战术、立志攀高峰"的口号。同时，面对高强度训练时，中国女排队员不放弃、不抱怨，充分展示了坚韧不拔的特质，在条件困难的环境下，依旧努力追逐理想。

艰苦奋斗是中国女排队伍的优良传统，也正是这种优良传统支撑着中国女排在超强压力下重返世界巅峰，如此这般的精神力量带给女排队员的不仅仅是一次次的胜利，更重要的是体现这种优良传统在队伍中的传承。

（四）团结协作

排球这项运动是一项特别体现团队合作的运动，中国女排的成功离不开每届队员的团队合作意识。团结协作是女排精神不可缺少的团队精神。团结协作是克服困难的一种有效方法，是个人责任心的体现，更是一种道德修养和集体智慧的体现。

中国女排所呈现在训练和赛场上的高度配合、互相鼓励的态度，是源自成员间长期培养的相互团结和信任。团结、信任让一个团队发生"化学反应"，迸发出强大的力量。只有把团结协作当成每一个人的思想准则，才可以将个人力量凝聚成巨大的能量圈，从而荣誉共同、携手共济。在那个国门刚刚打开、人民急需精神力量灌溉的年代，中国女排正是依靠团队协作的精神，肩并肩打下了中国体育史上"五连冠"的传奇，给国家和人民带回了希望。

团结协作是中国女排取胜的关键。纵观中国女排的发展历程，她们上演的每一场酣畅淋漓的比赛，无不彰显了团结协作的集体主义精神。每个球员都是这个成功团队的重要组成部分，都为团队的辉煌燃烧自己的力量。

女排的发展虽有像郎平、朱婷这样的明星球员，但是从没有将重担压在某个人的肩上，而是自始至终地贯彻团结协作的理念，将团队利益永远摆在第一位。不论是在多么困难的情况下，仍然同舟共济，正是这种团结协作的信念成就了强大的中国女排队伍。

二、新时代女排精神的新特质

"顽强拼搏、无私奉献、艰苦奋斗、团结协作"构成了女排精神完整的本质内涵，呈现出爱国、团结、担当、自律、顽强等一系列新时代精神特质。这些环环相扣的精神特质，是她们情怀、境界等人物性格的生动展现。

（一）爱国

爱国扎根在亿万同胞的血肉里，深藏在中华民族伟大复兴的理想里。女排精神的核心是爱国主义，爱国主义是女排精神之魂。爱国不是一句口号，而是一种情怀和担当。中国女排"祖国至上"的爱国情怀就是这样。中国女排穿越时代的影响力，最闪耀的就是爱国奋进的情怀。中国女排建队之初，训练场上就贴着"为国争光"四个大字。这是中国女排的初心和使命。对祖国发自内心的热爱，为国争光的自豪与幸福，激励着中国女排姑娘创造了世界大赛"五连冠"的辉煌，也创造了"三大赛"十冠的壮举。

三十多年风雨之路，爱国主义情怀一直深植于中国女排，成为这个光荣集体的强大基因。尽管队员换了一茬又一茬，尽管其间几经挫折、磨难、沉浮，但祖国至上的理念一直坚守不变，她们在超越自我、追求卓越的道路上从未止步。坚守为国争光的梦想，永葆昂扬向上的斗志，不忘初心、牢记使命，用专业素养提升实力，靠科学训练赢得竞争，以开放包容博采众长，这是新时代女排精神的持久魅力所在、深刻启迪所在。

（二）团结

团结协作是集体项目赢取胜利的关键因素，排球运动更是如此。排球场上仅有个体的精彩是不够的，人尽其职、精妙配合才能最大化地发挥出整个球队的技战术水平。中国女排在训练、比赛中的每个时刻，都体现出团队之间的默契与信任。中国女排的"协作"还体现在"场外"和"幕后"。中国女排教练团队多达 14 人，他们大多是幕后默默奉献的英雄，除了做好本职工作，无时无刻不在为团队服务。中国女排一场场的精彩胜利，从根本上来说，所呈现的就是场上和场下恪尽职守、和衷共济的精妙协作与配合，就是融个人成就于集体荣光的一种大格局。

正是过去几十年里几代人默默地无私奉献，风雨同舟，才铸就了中国女排这个闪耀着团结协作光彩的英雄集体。集体主义精神不仅展现在中国女排过去的训练、比赛、生活中，而且还将继续传承下去，成为中国女排接续奋斗的强大支撑。

（三）担当

数年来，中国女排始终将优良的技战术风格和精神品格代代相传，并不断发扬光大。在关键的时间节点，女排姑娘们总能够站出来，肩负起时代的使命，让人们充分感受到了女排人的担当品格。一代人有一代人的奋斗，一个时代有一个时代的担当。历史由勇敢者创造，时代由奋斗者书写。女排姑娘们始终靠着那么一股不服输的拼劲、打不垮的韧劲，从低谷处崛起，在拼搏中奋发。唯其艰难，才更显勇毅；唯其奋斗，才弥足珍贵。女排奋斗精神激励着几代人为国家富强、民族振兴、人民幸福而奋斗。这也是中国体育人的责任与担当。

使命在肩，书写着新时代中国体育人的责任与担当；奋斗有我，释放着新时代中国运动员青春的热情和活力。新时代是奋斗者的时代。年轻的女排姑娘们接过奋斗精神的"接力棒"，训练场上一次次的咬牙坚持，不断自我加压，不断挑战自我、战胜自我，最终超越自我，达到事业与人生的新巅峰，体现了新时代的担当。

（四）自律

与老女排相比，新时代女排队员们既面临着多元利益的诱惑，也面临着发达媒体资讯和舆论的影响。女排队员深知在全国人民心中的地位，始终保持着良好的敬业精神和职业态度，认真对待训练比赛，并体现在每一天的行动中。这鲜明的自律品格是对事业最为深沉和持久的推动力，也是中华民族传统美德"事思敬，执事敬，修己以敬"的具体体现。

训练中，队员们显得非常较真和自律，不但一直坚持多年来形成的每天 8 小时高质量训练的传统，而且当训练质量欠佳时仍然要进行额外的"加训"。如果某一个单项技术动作完成不到位，就会主动要求反复练习，尤其拦网和扣球是队员们经常主动要求练习的项目。赛场上，中国女排姑娘崇尚体育道德、敬畏职业，有着尊重对手、尊重自我的品格，以良好的赛风赛纪和文明礼仪，在国际赛场上充分展示着新时代中国体育的良好形象。在 2019 年女排世界杯比赛提前一轮锁定冠军的情况下，中国女排最后一场比赛没有丝毫懈怠和轻视对手，坚持打好每一个球。习近平总书记在接见中国女排时，就夸奖这种"尊重对手，尊重自己"的做法，很好地诠释了奥林匹克精神和中华体育精神。

新时代中国女排的训练生活十分注重"自律"。教练组把生活管理权交给了队员自己，反复向队员强调，职业球员要懂得爱惜身体，养成良好的作息习惯，以职业操守来实现自我约束管理。充满人情味的管理方式契合了新生代队员的情感特征，更使得自觉、自律成为新时代中国女排队员生活和工作的信条。除训练比赛中坚持敬畏规则、严格自律外，年轻女排姑娘们的生活中也以良好形象赢得了公众的赞誉。

（五）顽强

关键节点反败为胜，是观赏中国女排比赛时最让球迷们振奋和激动的时刻。胜负一线的比赛赛点，往往最能迸发出团队的战斗力。在长期的难仗、恶仗中，中国女排磨砺出了拼到底、打不垮的坚强品格。无论比赛是一帆风顺还是背水一战，中国女排永远保持着奋勇向前的战斗姿态。

从新时代中国女排的精神特质中，我们看到了优良传统与时代风貌的交融。新时代中国女排精神把民族情怀与国际视野、团结协作与个性发展、顽强拼搏与科学精神有机地、和谐地统一起来，并将之推向了一个新的高度。

第二节　女排精神的影响

一、女排精神对新时代青少年的影响

（一）有利于青少年树立正确的体育观

女排精神是代表着中华民族体育精神的一面旗帜，它表现出的积极进取、拼搏精神、团结合作、永不服输、自强不息的精神都是我们国家在民族进步和发展过程中的宝贵精神财富。在当今社会，青少年是往成年人过渡的重要时期，也是形成世界观和价值观的重要阶段，在这个阶段他们需要正确的引导和引领。青少年的定义是十三岁到十九岁这个阶段的人，在这个时期，青少年会经历往成年人过渡的青春期，也就是身体各个机能往成熟转化的阶段。

人们很难对青春期下一个较为准确的定义，但是它可以从不同角度进行理解，它的目的是为了让孩子成长为成人做好充分的准备。在青少年十三岁到十九岁的那个年龄段正好是需要人引导和正确引领的阶段，因为这个阶段是青少年成长为成人的重要阶段，他们往往对事物的理解还处于懵懂的阶段，体育精神中包含的道德因素以及引发人积极向上的生活态度对在这个年龄段的青少年有着积极的作用，可以培养他们积极进取和艰苦奋斗的人生态度。

女排精神最初产生就慢慢超越了竞技体育的范畴而升华为一种时代的产物，对大众产生了深刻的影响。女排精神深刻地诠释了"为国争光、自强不息、团结协作、遵纪守法"的中华体育精神，这些精神都是我国青少年在往成年人过渡的重要时期的精神引领，在这个阶段的青少年需要一种精神支撑，让他们更好地参与体育锻炼和锻炼强健的体魄，学校里只设置体育课是不够的，只有青少年内心觉得体育锻炼重要，才能更好地配合体育教师完成体育教学等一系列工作，这个时候就需要一种精神的引领。"女排精神"作为中华民族体育精神的凝练，体现了体育的多方面价值。

首先，青少年可以通过学习"女排精神"中吃苦耐劳的精神正确看待体育锻炼，有主动参与的态度，特别是青少年中有一类是代表学校参加各种体育竞赛的青少年运动员，他们通过"女排精神"可以焕发他们参与训练活动的积极性，除此之外，也有利于他们在竞技比赛中取得更骄人的成绩。中国女排的发展史本来就是一部艰苦奋斗、吃苦耐劳的发展史，它始于经济条件比较落后的年代，但是老女排们却在那种条件下进行"魔鬼训练"，虽然条件艰苦，但是还是咬牙坚持，所以，现阶段我国的青少年在参与体育运动过程中要有这种精神作为支撑，这样才能更好地参与体育课或者业余体育活动，以积极心态参与体育相关活动。

其次，青少年可以通过学习"女排精神"中不轻言放弃的精神来提高自己自身的修养，辩证地看待在体育比赛中的每一场失败，做到失败了不气馁，通过自己的努力争取下一次成功，多年来，中国女排的道路也不是一帆风顺，有过失败和挫折，然而，无论挫折也好或者失败也好，女排姑娘们从没有放弃，直到比赛的最后一秒。我国青少年就要学习这种不轻易放弃的体育精神，树立正确的体育竞争意识，这样才能更好地理解体育精神的内涵。

最后，广大青少年还要学习"女排精神"中团结合作和无私奉献的精神，在竞技体育中有些体育项目并不是一个人的，通常需要多人配合才能取得胜利，集体类团队配合项目中尤为突出，在青少年往成人过渡的这一重要阶段，让他们学习"女排精神"中团结协作和无私奉献有利于培养青少年的集体意识。

通过以上三点可以看出，"女排精神"有利于青少年树立正确的体育观，在往成年人过渡的这一阶段，如果有"女排精神"作为精神引领，可以培养青少年对体育的辩证的认知能力。

（二）为青少年体育运动提供动力源泉

女排精神是一种深刻的爱国精神，这种精神对于锻炼人的意志以及提高个人品质都有着积极的作用，中国女排精神对广大青少年人生观和价值观的正确塑造有着深远的意义和指导作用，对实现中华民族伟大复兴和实现"两个一百年奋斗目标"有着指导价值。

在互联网时代，青少年身上难免多了很多浮躁的迹象，国家需要女排精神给新时代青少年注入精神动力。人没有精神就没办法立足，只有让青少年从小养成坚强的意志品质，他们才能不怕苦难，成人以后才会具有坚强的意志品质。所以我们要从青少年抓起，要让他们了解女排精神的内涵。

在网络发达的当今社会，各种电子产品层出不穷，青少年有时候会缺乏对体育运动参与的动力。由于青少年课业压力大，还有对体育锻炼的认识不够，通常会选择通过电子产品进行课业压力后的放松方式，这样也造成了久坐等不健康的生活方式，当今社会，每个青少年基本会配备手机等电子设备，手机占用的时间也大大增加。

女排精神中的正能量包括自强不息、艰苦奋斗、努力进取的人生态度等，这些都可能作为青少年体育锻炼的精神动力。女排精神可以借用新媒体平台对广大青少年传播女排精神的正能量，女排精神本来就是中华民族体育精神的精髓。作为主流媒体的传播者，要具有对社会的责任感，要运用女排精神中的有利因素去引导青少年积极参与体育运动的决心，作为媒体工作者，要运用节目的影响形成正确的社会舆论而不是歪曲事实，在网络中传播女排精神的正能量，特别是女排精神中包含的艰苦奋斗和坚持不懈的积极态度可以影响青少年积极参与体育运动。

（三）为青少年品质培养提供精神支持

善始是一个良好的开端，女排精神在早期已经体现出民族的这种情怀，为了国家的利益，努力坚持训练，我国的青少年也应该培养这种爱国的情怀，学习女排精神当中为了国家利益可以牺牲自己个人的利益的这种精神。少年智则国智，少年富则国富；少年强则国强，少年独立则国独立；少年自由则国自由，少年进步则国进步；少年胜于欧洲则国胜于欧洲，少年雄于地球则国雄于地球。我们国家只有从人才上抓起，把女排精神这种爱国情怀和艰苦奋斗的意志品质植入青少年的心中，才能使他们意识到国家对一个人、一个家庭、一个民族的意义，有了国家我们才能有安定的生活，人们才能安居乐业。

所以，在青少年时期就要培养女排精神的大无畏精神，并且要求青少年把这种精神运用到实践和生活当中，为我国的更好明天和繁荣富强努力奋斗。

二、女排精神对新时代运动员的影响

（一）为新时代运动员培养积极赛前心态

20 世纪 80 年代中国女排夺得了举世瞩目的辉煌成绩，中国女排精神成为我们的精神支柱，这在竞技体育当中尤为明显，不论是运动员或者教练员都把女排精神作为标杆，以女排精神为标杆作为突破一个个困难的精神动力，而今，女排精神上升为一种自强不息的时代精神，因为女排在里约奥运会女排当中从"死亡之组"艰难突围，最终在不被外界看好的情况下夺冠，书写着夺冠的传奇。当然，在新时代中，一个运动员是否具备女排精神已经成为是否能够成为运动员中的佼佼者的重要考察因素，所以教练员在平时训练中要充分利用女排精神对训练中的运动员进行素质培养。

国际上关于如何提高运动员的良好心理状态，并把赛前心理状态提高到比赛需要的方向中去，成为国际科研人员深入探讨的主题之一。运动员的赛前心理状态对成绩有着显著的影响，教练员应该指导运动员赛前心理状态，调整运动员克服赛前的紧张。

如今新时代的女排精神焕发着新时代的光彩，自从女排姑娘们在里约奥运会夺冠之后，这种精神受到媒体和各行各业的广泛关注，很多的教练员意识到这种精神对运动员赛前激励的重要性，运动训练学关于如何调整运动员心理状态提出了重要的几点，其中在赛前准备状态中的积极准备状态是有利于运动员正确地看待比赛和积极投入备战状态，表现为能够有良好的参赛状态以及对教练员布置的比赛任务有清晰的理解或者见解，在重大比赛的动员工作中，教练员可以拿女排精神的有关实例去激励运动员更好地参与比赛，运动员自己也要把自己的状态调整到比赛需要的方向上去，充分利用女排精神中的积极因素调整好自己的赛前心理状态，这对于自身和今后作为运动员备战大型赛事都有积极和深远的价值。

（二）为运动员团队配合提供了精神动力

排球这种需要团队配合的隔网型对抗项目，团队配合更显得无比重要，在排球场上六个人要分工非常明确才行，每个人各司其职，配合好每一个细节，而且还要相互补位，谁是主攻，谁是副攻，都必须非常明确，二传手的目标是尽力把球传到位，主攻手才能扣球准确和具有杀伤力，如此才能给对手造成压力，进一步取得优势。在排球团队配合中包容非常重要，排球场上的每一个球员都要想到每一个球员的位置，在比赛中考虑配合的重要性，从而提高整个球队的作战能力。

从五连冠到现在为止，中国女排姑娘们取得了举世瞩目的成绩，但是也曾面临困境，中国女排的发展和其他项目不同的是，中国女排不存在和其他运动项目一样出现长时间的低迷现象，在中国女排发展史上，虽然有郎平这样的明星球员，但是没有因为这样而把所有的重任放在个人身上，而是运用团队力量，把所有能凝聚的力量串联起来，中国女排始终把集体利益放在首位，有时候虽然很辛苦，但是女排姑娘们还是通过集体的力量克服层层难关，书写着属于女排姑娘们的光荣历史，无论困境如何她们仍相信通过这种信念和力量，她们可以战胜一切困难，事实证明老女排精神被很好地保存了下来，里约奥运会当中，女排姑娘们在不被外界看好的情况下，通过拼搏的精神，最终夺得冠军。

女排姑娘们通过平时训练积累起来的默契，以不畏惧强敌，及强大的团队配合战胜了强大的塞尔维亚队，这就是竞技体育的魅力，通过团队配合和集体主义取胜的典范，这正是女排精神给我们其他项目运动员的精神支持，特别需要团队配合的对抗型项目，女排精神把这种力量提供给正在备战的其他项目的运动员，让他们了解团队配合的重要性，这在今后不管是平时训练当中，还是比赛当中，队员们都可以形成默契，养成优良的团队作风。

（三）为新时代运动员树立正确的体育观

运动员体育偏离行为，是指对社会主义体育道德观和运动伦理认识不够或者过低的遵从，从而产生一种超出群体的适度界限并对他人造成消极影响的一系列行为。在新时代，我国正处在从体育大国向体育强国发展的过程中，重视运动员的体育观在发展我国体育事业有着积极的影响，女排精神中积极进取、坚持不懈、艰苦奋斗、永不放弃的人生态度可以激励新时代的运动员树立正确的体育观。

要树立正确的体育观，新时代运动员要理解体育的精神所在，如今，运动员大多数都是从学校体育中接触体育有关理论和建立体育的基础的，所以要重视学校体育的培养，学校体育中宣传女排精神也有利于培养运动员的积极心态和有利于正确体育观的形成，因为我国的选拔的制度就是这样的从市体校，然后到省，通过省推荐到全国，在这些重要阶段，也是运动员体育观形成的阶段，作为学校体育不能忽视对运动员形成良好体育观的教育，不能只重视体育训练，忽视了让运动员从思想层面去了解体育的本质。

我国正处于历史发展的转型期，经济发展需要不同力量的参与，我国发展速度快，但是也造成思想意识上的缺乏，在体育领域出现了很多不良的现象，长此以往会影响我国的体育大国形象，也会影响我国从一个体育大国向体育强国发展的步伐。我们要把女排精神融入小学、初中，还有高中和大学，因为学校是运动员初步形成体育观的地方，这样对他们今后正确体育观的形成有着积极的影响，利用女排精神中艰苦奋斗、不畏艰险、永不服输、团队协作精神去感染运动员积极参与到训练和积极备战比赛当中，用女排精神去杜绝一切违反体育道德的事情，这在我国提升综合国力以及我国从一个体育大国到体育强国转变都有积极的影响。

女排精神是我国体育精神的凝练和升华，只有利用好女排精神，才能提高运动员的思想觉悟。中国女排姑娘为了在赛场上能够发光发热，为了国家的荣誉，摒弃自己的个人利益，每一位运动员都应该培养这种不轻易放弃和不轻易认输的品质，就是这种不屈不挠的精神造就了女排精神的传奇，新时代的运动员也应该学习这种精神，努力继承和发扬我国正确的体育观，为我国体育事业的强盛出一份自己的力。

（四）为新时代的运动员树立起比赛信心

女排精神中包含着艰苦奋斗和积极进取的精神动力都可以支持我国青年运动员的积极进取的心态，并且在训练和比赛中激励我们的运动员在困境中能够不忘初心并且坚持比赛和训练的动力，我们运动员在比赛和平时集训过程中会遇到很多的问题和困难，这种困难有时候很难逾越，就是女排精神中不服输的态度才能激励我们的青年运动员，并且在潜移默化中培养他们积极进取的人生态度，在逆境中也能够有坚韧不拔的意志品质和战胜困难的决心，所以精神的力量是至关重要的。

女排精神的产生不是喊出来的，而是体现在平日的训练当中。女排教练员和运动员坚持刻苦训练，在赛场上顽强拼搏、永不言败，这从某种意义上使女排精神已经超越了女排这个概念，成为国家和民族的精神。如果每一天都能够做好该做的工作比什么都困难，而奋斗的精神就是体现在每一天的每分每秒当中。

女排精神中的积极进取的精神可以支持我国的运动员不断地突破自我，特别是能够带动我国薄弱项目的运动员积极争取更好的成绩，从而在国际大赛中脱颖而出，使我国在其他薄弱项目上也有所突破，我国在一些薄弱项目上也应该积极吸取女排精神的营养，并且多借鉴女排的成功经验去鞭策自己，为将来取得更好的比赛成绩做积极的准备。

三、女排精神对新时代残疾人的影响

（一）为残疾人增加源源不断的精神动力

全面的小康是涉及全体人民的小康，覆盖的群体要全面，没有残疾人的小康，不能算是真正意义上的全面的小康社会。

残疾人是一个特殊的群体，我们社会各界应该予以其广泛的关注，并且给予其帮助。我们要全面建成小康社会和建设中国特色社会主义，必须大力弘扬民族精神和时代精神，而女排精神正是中华民族精神的凝练和升华，女排精神汇聚了民族的精神，体现了时代的精神。女排精神不仅成为体育领域的品牌标志，而且演变成社会化的符号，成为整个民族的动力支柱。在我国，残疾人是弱势群体，女排精神应该融入实践上去，用女排精神去鼓励残疾人，培养他们身残志不残的人生态度。当今和过去不同，随着媒体和互联网的发展，新时代我们可以通过媒体和互联网传播女排精神，以此去感染残疾人，让他们建立起生活的信心。女排精神更能体现我国早期的民族精神，广大残疾人要以他们为标杆，从他们身上吸取力量和养分，为自己的理想和梦想而努力奋斗，为实现国家的共同理想而努力奋斗，残疾人虽然身残，但也不代表精神品质有差异。

通过学习女排精神，残疾人可以学习艰苦奋斗、不屈不挠的人生态度，从而解决生活当中遇到的问题和难题。新时代的女排精神更是老女排精神的继承和发扬，在随着人们物质生活水平提高，新媒体时代的背景下产生的，与 20 世纪的历史背景不同，新女排精神也是这个新时代的标志，是老女排精神的进一步发扬和继承，并且诞生在这个新时代背景下，同样也散发出了这个新时代的光芒，广大残疾人要通过学习不同时代背景下的女排精神，发扬继承残疾人身残志不残的优秀品质。

（二）残疾人运动员参加比赛的精神向导

对于残疾人来说，体育赛事对他们来说可以提供精神动力。女排精神能给残疾运动员无形的精神动力，要发展残疾人的体育精神和大力动员残疾人参加体育锻炼，发扬女排精神是必要的，我们要学会关心残疾人，要学会让他们更好地融入社会，关爱残疾人是和谐社会的直观体现，残奥会则是把残疾运动员集合在一起，让残疾人重建信心，拥有积极的心态的盛会，通过学习女排精神，残疾人更能了解竞技体育的价值，培养残疾人永不服输的生活态度和积极进取的心态。

四、女排精神对整个国家体育事业的积极影响

(一) 不同历史背景对体育精神的发扬

中华体育精神主要由多个方面因素构成，由爱国主义精神、英雄主义精神、乐观主义精神、公平竞争精神、团队协作精神、辨识实用性理论所构成。

"中国女排作为我国竞技体育的代表，其展现出的女排精神是我国体育文化的精神所在。"[①] 女排精神中包含的团队精神、艰苦奋斗等以及为国家争夺荣誉的精神等正好契合中华民族体育的精神内涵，中华民族体育精神的核心表现包括了爱国主义的奉献，以及超越自我、艰苦奋斗的决心等，这都和女排精神互相交融，换言之，女排精神是我国中华民族体育精神的凝练和升华，体现了我国中华民族体育精神的一个缩影，中华体育精神与我国的中华民族传统文化息息相关，女排精神是特定的历史背景下产生的具有时代特点的精神。

31 届奥林匹克运动会在巴西里约热内卢举办，女排姑娘们在小组赛受阻，不被外界看好的情况下重回世界之巅，时隔 12 年，重新夺得奥运会冠军，受到了外国媒体和全国人民的广泛关注，随着时代的发展，媒体的传播形式也由单一的形式转变为多元化，互联网和主流媒体的进步，给人们提供了大大的便利，我们每个人都可以运用手机接收到世界范围内的重大实时报道和新闻，消息传达得更为快速，这也成为新时代传播女排精神的便利途径。新时代的女排精神焕发出新的勃勃生机，不管是从媒体的传播方式，还是从人们的生活水平来说，都提高了一大截，在新时代的历史背景下，人们享受着改革开放给我们带来的便利的条件和生活的改善，同样，随着从过去单一的报纸或是电视了解赛事，到现在网络的发展，人们可以通过手机获取更多的信息，手机 APP 以及微信朋友圈使人们获取信息的途径更加便利了，还有微博、QQ 等的社交软件层出不穷，所以在新时代的历史背景下，为女排精神的传播和发扬提供了新的便利，同样，女排精神传播的覆盖范围和覆盖面也会更会广泛。

女排精神是中华体育精神的凝练，在不同历史背景下，女排精神对中华体育精神的传承和发展模式是不同的。

(二) 有利于培养社会主义核心价值观

随着中国特色社会主义的深入，经济发展只能满足一部分需求，中华上下五千年文明，只有汇聚一种精神动力，才能鼓舞大众，在各领域产生一种创造力和正能量，我们要

---

① 李淼，冉令华. 女排精神与体育文化建设 [J] . 边疆经济与文化，2021 (4)：117.

鼓舞人民、激励人民产生一种对全社会有利的精神力量，这就是社会主义核心价值观。女排精神是时代精神与中华民族精神的集中表现，是我们不畏困难和勇往向前的制胜动力。当代中国想要不断地进步，在大力发展经济的同时，也不能忘记在精神层面对人们的深刻影响和引领作用，女排精神中包含着的时代精神和民族精神，让全体人民保持着积极的精神状态，这是建设社会主义核心价值体系的重要一环。

（三）女排精神是建设体育强国的精神动力

改革开放之后，国内发展经历了 40 多年的风雨变迁，我国的竞技体育综合实力在国际影响上有了较大和明显的提升，但是距离体育强国的目标还有较大的上升空间，更多的难题和考验在等着我们解决。比如，我们的三大球、游泳、田径等基础项目发展比较滞后，随着奥林匹克运动的普及，各国都非常重视体育强国的发展理念，特别是欧美等发达国家，我们要吸取女排精神中的有利因素，重视对后备力量培育的同时，也要给予三大球、游泳、田径等项目足够的重视，重视这些项目的人才培育。另外，在重视人才培养的同时，我们也要重视技战术和队员身心的全面发展，培养吃苦耐劳、敢打敢拼、团队协作、顽强拼搏的精神，真正把女排精神用到实践当中去，还有一点就是也要积极探索竞技体育新的发展规律、新的特点，并且适应整个世界的体育发展格局，通过女排精神不断完善和发展体育发展战略。

"三大球"是我国的短板，女排精神不应该只在中国女排身上体现，而是应该得到进一步的传播。伟大的精神绝不会随着时代的变迁而改变，属于我们中国的女排精神也是这样，我们的"三大球"应该借鉴女排的发展，从而完善自身的发展体系。同样，其他体育项目也应该借鉴女排的成功案例为我国体育强国之梦尽一份力。

中国女排自从诞生发展到今天，女排姑娘们用她们坚强的意志证明，女排精神依然存在，一步步艰难复苏，夺回昔日的辉煌，一路风雨走来，历经千辛万苦，书写了属于中国体坛上的传奇。

第三节　女排精神的价值实现

一、女排精神是民族精神应有之意

民族精神，作为一种社会意识，是区别民族的精神特质，是被民族多数成员接受并认可的，具有强大生命力的价值取向、道德规范和思想品格的总和。他形成于民族的长期发展过程，以民族传统文化为源泉，在民族传统文化中占有十分重要的地位。所谓的民族精神教育是指可以提高民族使命感和创造力的教育活动。民族精神是一个民族能够生存发展的精神支柱。在中华民族精神教育中，爱国主义是其核心部分，重点的教育内容是革命传统教育，另外一个非常重要的组成部分是创新精神。

（一）民族精神与竞技体育的完美结合

用一种精神来对人心实现凝聚，在一个国家和民族的复兴过程中是非常重要的，其中体育是最容易突出成绩的项目之一。体育的强弱是实现一个国家强国梦的重要体验，从之前的苏联、美国、日本、韩国等国家均是如此。在不断挑战人类极限的过程中，体育建设俨然不只是体育主管部门的单方面努力之成果，举全国之力支持体育事业的国家已为数不少。在体育竞技中，民族情绪的表达，社会经济水平的展示，无一不与体育水平休戚相关。其中最为突出的就是我国的女排的巨大成功，这一成功不仅在国际上提高了我国的声誉和影响力，也大大增强了我国的民族自豪感自信心和凝聚力向心力。在如今这样一个多极化和多元化的社会，一支排球队伍依旧可以唤起整个民族的情绪，这不仅体现了国民对女排精神的怀恋，也是女排精神在这一时代精神作用的体现。

（二）爱国主义是女排精神的核心

爱国主义将个体与集体利益、国与家的情怀紧紧联系在了一起。爱国主义教育不仅可以对全民族素质实现提高，也可以促进中华民族的振兴，加强全国人民特别是青少年的爱国主义教育能够将我们的事业向前推进。

女排精神的实质就是"为国争光、无私奉献、科学求实、遵纪守法、团结友好、坚强拼搏"。女排精神是整个中华民族前进奋斗的强大动力。身为国家希望的大学生，最重要的是要树立正确的价值观。在一定程度上来说，女排精神可以帮助大学生的价值观的重塑，培养奉献精神和爱国行为。

二、女排精神丰富了社会层面时代精神内涵

时代精神体现于社会精神生活各个领域，尤其表现于社会意识形态当中。代表时代发展潮流、对社会生产起积极影响的才可谓之时代精神。女排精神不仅体现了中华民族精神，也代表了一个时代的主旋律，对我国经济建设具有强大的号召力和影响力，积极推动了我国和谐社会的建设之路。在全面小康建设的大背景下，女排精神的现实意义主要可以体现在这些方面：第一，对社会环境净化和正确价值观的引导上具有重要作用，能够对人们的思想道德体系进行完善和构建；第二，全面协调国家、集体、个人之间的利益关系，激发牺牲和奉献的良好潜质，形成无私奉献、团结合作的良好品质，从而帮助中华民族实

现伟大复兴；第三，女排精神能够丰富人们的精神世界，发挥人们在社会实践中的价值，推动社会主义和谐社会的发展与建设；第四，弘扬女排精神可以帮助学生树立良好的学习榜样，对其学习行为和动机实现规范，从而能够在其引导下养成自主学习的观念，产生浓厚的学习兴趣，为排球教学的改革和发展提供有效的保证。

（一）时代精神的实质是身心互促的品格

正是在"魔鬼训练"、主张严格、高难度、从实战出发和大量运动的训练原则下，每个运动员几乎每天都要经历上千次的起跳和翻滚，这对女排球员的身体造成了很大的刺激，体力严重透支，挑战身体极限。

时代精神反映的是一个时代人类社会的发展变化趋势及绝大多数人民的共识。当今社会，人民生活水平显著提高，青年一代艰苦奋斗、磨炼意志的传统有所缺失。因此，物质生产条件下的精神生产及再生产的水平的提高、身心互促品格的形成成为当代教育工作的主要任务和意识形态领域建设的共识。

（二）时代精神的本质体现是创新和可持续发展

在从知识经济迈入信息经济社会的今天，知识生产呈几何基数倍增。时间跨越、时代更迭，从 20 世纪 80 年代至今，女排精神超越过去、指向未来，所具有的时代本质是始终如一的，也是中华民族在不屈不挠奋斗历程的各个过程中不断彰显出来的。在排球技术层面，创新也是非常重要的，中国女排发展的过程中坚持从自身的实际情况出发，创造了"梯字进攻""时间差"等技术战略来弥补自身的不足和缺陷，并使快速灵活的优势得到进一步发挥。

另外，女排精神从 20 世纪 80 年代发展到今天，整个社会的观念碰撞、思潮涌动、内外交流倍增，创新求变也成为女排精神的重要内涵之一。在探索创新的过程中，尽管也会遇到许多挫折与失败，但是这都并不能抹去创新精神本身的耀眼的色彩。女排精神作为一项具有生命力的精神文明和社会文化，在社会的发展过程中也经历了许许多多的变化，不仅在内涵上变得更加丰富，其与时俱进的特点也彰显了尤为强大的时代精神号召力。

（三）女排精神发展动力是有容乃大的理念

民族精神是一个民族的脊梁，是民族自信心、自尊心的源泉，它不是狭隘的某一族精神，一地精神；时代精神是人们在文明创建活动中体现出来的精神风貌，更不是闭门造车的精神。民族的就是世界的。现阶段世界是一个开放性的世界，自然界、人类社会、人类自身的发展都以尊重规律、以适应自然的真实需求与规律的要求基础上的可持续性发展。在精神层面，撤除一切隔膜，回归人性本真。以北京奥运会，中国女排以 2∶3 的比分在半决赛中落败于郎平执教的美国队为例，尽管在赛前，大家对郎平率领美国女排在自己国家战胜自己国家队也颇有议论，但是在结束比赛后，多数媒体和普通大众也为美国女排献上衷心的掌声，体现了一种民族的宽容姿态。尊重规律，与和谐社会人与自然全面、协调、可持续发展的理念是协调一致的。

美国女排在赛场上体现了团结一心顽强拼搏的精神，正是对中国女排精神的新的时代弘扬。女排精神不仅仅鼓励着中国的运动员，还走出国门，在其他国家的队伍上发挥了重要的作用。因而从这个层面来说，在海外执教的郎平对女排精神进行了传播。女排精神，作为一种优秀的精神价值观，绝不应只属于中国。正因如此，女排精神在世界人民面前的绽放，更是中国人女排精神骄傲的新体现。

三、女排精神是对社会精神生产力的诠释

第一，女排精神是对社会主义荣辱观的发展。女排精神是社会主义荣辱观的一种体现，主要表现在其包含的为国争光振兴中华以及集体主义顽强拼搏的内涵上。在当前的社会中，让女排精神在艰苦的条件下取得辉煌的成功，提高民众对其的接纳能力，并使其成为一种民族时代精神的代表对激励民众具有非常重要的作用。

中国作为一个具有 14 亿人口 56 个民族的大国，应对自己的精神归属和精神家园导向有清晰的认识，形成有利于人际关系和谐的社会风气，并且要传承和弘扬伟大的民族精神和时代精神。女排精神所包含的祖国利益高于一切的爱国主义思想，对人们最基本的价值取向和行为准则进行了明确；其包含的顽强拼搏艰苦奋斗也激励着一代又一代人民去艰苦奋斗；求真务实的"较真"精神体现了创新就要不懈钻研的价值本性；自强不息的内涵则是对中华民族传统美德的传承和体现。总之，女排精神体现了社会主义荣辱观，已成为引领社会风尚的一面旗帜。

第二，女排精神是社会生产的精神食粮。精神生产力是物质生产力的先导，对整个社会生产力有巨大影响。女排精神不仅是一种竞争意识。在人类改造自然和社会的过程中，我们还不断地改造我们自身的客观世界和主观世界，增益精神生产力的内涵。比赛场上的任何一个小动作都牵动着国民的心，女排精神唤醒了全国人民的爱国心，起到了凝聚作用。

第三，女排精神是国家利益的凝聚和拓展。在筹办 2008 年北京奥运会的时候，我国先后经历了雪灾、地震等大灾难，但是在天灾人祸面前，中国政府和民众都表现了一种不畏艰难强大的信心，这也集中体现了中华民族的强大凝聚力。广大大学生在担任志愿者的过程中，不仅让自己的心灵受到了洗礼，也感受到了体育健儿在赛场上不畏艰难顽强拼搏

的精神，这些都在潜移默化中坚定了他们的爱国之情。

第四，女排精神提升了人们克服困难的毅力和信心。赛场上的每一次胜利都离不开场下几十乃至几千万次的练习，观众的每一次喝彩都是女排队员们拼搏精神的展现。在中国女排的精神理念中，顽强拼搏是尤为重要的，这也集中体现了中国人的骨气和力量。女排运动员们从不因为伤痛和苦难而止步不前，在面对强大的对手时，反而更能激起她们挑战的心理，从不胆怯，永不言败。顽强拼搏的精神帮助中国女排在多次不利的战局中反败为胜，在这一过程中，与其说是战胜对手，更不如说是战胜了自己。当代大学生生于和平年代，物质产品丰富，社会舒适度、宽容度极大提高，但困难和挑战依然无时不在，要发展，就要锤炼本领，磨砺意志，培养自己不畏艰难、顽强奋斗的精神，只有这样才能在挫折面前迎难而上，实现人生进步与成长。

四、女排精神是对科学发展观的解读

第一，"以人为本"体现科学的高尚性。"以人为本"是科学发展观的核心，所谓的核心就是根本地位。它强调的是要发挥"人"的作用，在发展中，其主体、动力、尺度以及目的都是人。即发展的动力依靠人来实现，发展的主体是社会化了的有血有肉的人，而不是机器；检验发展结果水平的是人整体素质的提升，而不仅是某一方面孤立的发展。发展的最终成果是为人类共享，而不是带来痛苦或造成各种失衡。以前的竞技体育在训练的过程中更看重成绩，因而导致体育和文化的分离，也忽视了文化和精神对人的发展的核心作用，这也违背了"以人为本"的发展原则。

第二，发扬女排精神符合全面协调可持续发展的基本要求。科学发展观强调发展的协调性、永续性。按照中国特色社会主义发展的总体思路，社会经济、政治、文化、社会、生态的各个方面、各个环节要统筹兼顾、统揽全局、总体规划、协调发展、兼顾当前和长远、局部和整体。就运动员来说，全面发展就是要使其思想、教育和创新能力、经济水平等各方面素质都有所提高。而协调发展就是实现运动员各个环节的发展，此外还要实现运动员在退役后各个阶段的发展。女排精神很好地体现了这一理念。

第三，统筹兼顾是对女排精神和谐发展的时代需求。可持续发展把"为了人"作为发展的根本目的，始终把实现好、维护好、发展好人民的根本利益作为一切工作的出发点和落脚点，解决人民最关心、最直接、最现实的利益问题。传统体育运动训练方式曾片面追求人的竞技水平的提高，以一味追求运动量的提高等方式提高运动成绩，而忽视运动员知识水平、道德素质的培养。现实表明，高层次竞技体育实质是精神的共享，人们在竞技中追求美、体验美、发展美。在社会各行业领域中，人们敬仰道德高尚的竞技水平高手，对用各种卑劣手段获得竞技成绩的人表示不齿。和谐社会是整个社会运行发展的总体目标。其发展度、协调度、持续度在理性空间的持续性和广延性的考量。女排精神从根本上表征了对于发展的完美追求和实际体验。

第四节　体育排球教学中女排精神的渗透

一、体育排球教学中女排精神的价值与意义

（一）动态发展性

任何学科都有自己的发展规律，就排球教学而言，在大部分情况下，由于排球运动本身的运动规律和囿于客观条件所限，短期内无法实现急速飞跃式发展（这当然也是不现实的、不科学的）。在精神层面，大众体育运动环境已比几十年前有了突飞猛进的提高，人民群众对体育教学的认识也从神秘化、专业化向普及化、大众化转型，追求在体育运动过程中的身体感悟和精神享受。这种精神领域的动态发展的同时也推动了体育竞技条件的全面提高。

（二）职业震撼性

学生是人民群众中的易感人群，他们易接受先进文化和新潮理念，形成共鸣的同时，也容易被各种精神现象所蒙蔽。特别是在青年人的职业选择上，这就依赖于教育过程的力量，启发引导学生做出正确的选择，进而调整学习目的、修正学习习惯、完善学习方法，通过心灵的洗礼，对排球运动产生新的认识，形成新的动机，以自我感悟有效激发排球学习的兴趣。

（三）心理榜样性

女排精神是一种榜样激励，榜样激励法在教学法中，是教学者将先进的个人或集体加以肯定和表扬，进而促进受教育者主动与榜样对象缩小心理差距，激发赶超心理。排球教学本身是比较枯燥的，易产生惰性心理。榜样教育可以使女排精神首先转化为身边榜样，学生们会不自觉地将自己的成绩、品德、作风与榜样比对，在成绩、品德、作风等方面唤醒、感召，促进团队意识的提升。

二、女排精神在体育排球教学中的渗透方法

（一）教师的言传身教

对于学生来说，教师们的道德素养不仅是学习的榜样，对于国家和现代社会来说，他们也是践行社会主义核心价值观的引领者和指路人。因为学校的综合素质教育水平和高等教育的总体质量，体现在教师的思想道德素质和职业素养水平上，体现在社会主义核心价值观的实现上。而女排精神恰好可以作为落实社会主义核心价值观的有效抓手。所以，体育教师更应该切实贯彻社会主义核心价值观的要求，提升自我修养和理论学习的效果。只有让人们理性地认识和接受社会主义核心价值观的理论，才能体现出它的优势。这就对体育教师提出了严格要求，要求将培养和实践社会主义核心价值观说得明白透彻，而在体育课堂中，女排精神恰恰有得天独厚的优势来说明总结这项理论，可以延伸到今天国家倡导的社会主义核心价值观的各个层面。

（二）融洽的师生关系

现在很多教师对学生的关注度不够高，在解决学生日常生活和学习任务的问题上都敷衍了事，这样就无法真正有效果地对学生进行社会主义核心价值观的指导，只有了解了学生的所思所想，从学生心灵深处出发，才能进行全面教育。

第一，教师对学生应该秉承关心信赖、尊重有爱的原则和教育理念。不仅仅是学生，每一个人在成长过程中最重要的就是被人关爱和信赖，只有在互敬互爱，相互相信的环境中，彼此才能产生爱的感觉。教师在教育学生的过程中因关心而使大家产生爱的交流，用关心信赖赢得关心信赖，用尊重有爱赢得尊重有爱，如此就可以让学生的灵魂得到洗涤，充满积极进取的力量，成为各方面都协调发展的人。以这样的原则和教育理念面对学生，学生也会将教师当作自己的知己，愿意接受朋友的帮助。在这样的情况下才能将教学内容以润物细无声的方式传递给学生，使学生认同和接收。

第二，以足够的耐心和细致的用心来关注学生的内心世界，帮助他们在学习生活中明确心中的需求，解决面临的问题，克服遇到的困惑，激励学生参与各类社会活动，并且注意与他们进行必要的互动。与此同时，以朋友的身份深入了解每个学生的性格和爱好，减轻彼此在接触交流时的尴尬和紧张，营造一种轻松愉快的和谐环境，从而进行全方位的剖析，有重点的指导。

三、女排精神在体育排球教学中的渗透形式

（一）渗透策略

1. 教学参与体味

融会贯通地使用教学方法，是实现教师和学生在教学过程中，完成目的和任务的一系列方法。它是教师教学和学生学习的有机结合。在进行变革的过程中，位于最活跃部分的一直是教学的方式，这也是提升整个变革进程的关键。苏联教育家巴班斯基曾经说过，最关键的和最艰难的是教学方法，优化程序问题是正确选择多种教学方法的综合办法，使它在有限的时间内达到最佳的教学效果。因此，教学方法的改善，必须实现个性化和多元化的方式，促进师生、学生和学生之间的相互帮助，努力增强学生参与学习的积极性，最大限度地发挥学生的创造意识。在课堂上课双人或多人练习时，不单提出对技术熟练要求的掌握，同时强化合作配合的团队意识，涵盖为成绩的一部分，通过这种模式来激发学生的团队意识与奉献精神，来体现女排精神所在。既要注重教学方法的不断探讨，也要加大对学生学习方法和实践方法的教导，提高学生自主学习、自主练习的能力。

因此，关注学生在教学活动中的主体地位，改变传统的教育观念，放弃唯上思想，建立教师与学生间和谐友善的关系，鼓励学生勇敢提问，善于发问。在教学过程中改变过于注重填鸭式教育的方法，积极实施"启发式""诱导式""讲座式"等多元化的方式方法，用学生喜爱的兴趣活动和强大好奇心激发学习热情，使学生真正学懂教师所讲的教学内容，并且通过创新进行运用。

2. 教学角色体验

学习的场所和设备是传授学习专业排球必修课的物质基础，是一种培育专业体育人才的重要的物质条件，没有这一元素专业排球的体育教学将成为一个空洞的话题。这几年由于有体育相关部门和各级领导的关注和支持，使得排球的培训场地、专业器材等硬件设备基础逐步完善。只有通过提高装备，才能提高排球教学的成效，才能进一步体现女排精神。

3. 通过活动体悟

高等学府在排球教育的价值观教育中，必须注重学生们的个性化成长，不仅要指导学生在基本的价值观形成中的学习，还要重视学生个性化价值观的成长过程。排球运动的一项基本作用就是激发学生在日常生活中个性化价值观的形成和培养。排球必修课能够借鉴其他课外活动来提高学生对排球运动的体验，促进学生在普通生活中对个性化的价值观产

生领悟，充实和发挥自己的价值观，充分体现学生在价值观形成中的积极主动性和多元创新性。

在教学对抗比赛时，不采用简单的分组比赛，而是采用正规比赛程序，从升国旗，奏国歌开始，分队对抗，同时遴选裁判员、记录员、司线员等，其余不参加比赛同学一分为二，融入比赛环境，为各自的队伍呐喊助威，让现场的每一分子都投入进来，确定角色，分工明确。既培养了比赛同学的团结协作、团结敬业精神，又锻炼了裁判员公正法制的思想，还让全体同学感受到爱国友善的集体力量，与女排精神相辅相成，将课堂教学中的目标要求与女排精神融会贯通，达到人本合一的教学效果。经过班级共同的探讨和交流，互相补充各自的不足和缺点，不仅提倡如"环境保护""和谐共处"等端正的价值观，还能在潜移默化中促使学生间的沟通合作。

让课外活动和排球训练相互融合，把正确的价值观灌输进普通生活，避开了枯燥乏味的讲课，激发了学生积极进取、感恩生命的意识。尊重其他生命，珍惜自己生命是在活动中需要引起学生注意的生命价值观内容，尽管在社会主义核心价值观中没有正式提出，但是根据现在青少年面对生命不懂敬重的现实情况，在排球的训练教学中可以不断补充对于生命价值观的教育，指导学生采取人道主义面对一切生命体，爱惜一切生命体。

（二）渗透要点

教师们必定先清楚地认识到"潜移默化"并不是"照本宣科"，更不是"替换"，在进行女排精神教育时必须调整其在排球教学中的地位，不能过分偏颇，不应该导致一个极端向另一个极端倾向。我们所要意识到的，是要避免强加灌输地传播知识和培养技能，忽略了做人的教育和实践；同时，也不要对育人过分重视，培养了学生的情商和价值观，并将这些取代科学知识和基础技能，如此排球课就纳入了思想政治课，失去了排球学科的特征和真谛，失去了排球教育的本质。理论课，除了讲授排球的发展史、竞技规则、女排五连冠及女排精神发展历史，同时也要跟上现在社会发展形势，视频、图片讲授内容需要不断更新，持续学习了解新的社会状态，将女排精神融入其中，才能反馈给学生更多当今社会的东西，以润物细无声的方式做到与时俱进。"潜移默化"的特点和母语教育的规律具有一致性，不能忽视母语教育的规律而错过价值观教育，不结合教材、只讲大道理，这样既不能达到教育的价值目的，又错过了排球教学的本质。

1. 渗透自然

"潜移默化"的形式和经历必须不僵硬，排球课程与女排精神教学不能用机器脱离实际，教师要把女排精神贯穿于排球教学的全部课程中，贯穿于单字、词语、句子、段落、文章的讲解。这是能够贯穿两者的自然组合，但它并不僵硬而是顺其自然。既不是把女排精神基本观念和文本中包含的内容互相孤立，只注重文本的文字解释和陈旧的思想感情，而忽略了价值观的指导和培养；也不能简单地把文本和文本本身没有价值的事物链接起来，主张一个单纯的字面意思就包含了崇高的价值观，这样会容易导致学生的误解和困惑，最终对教师的价值观指导出现排斥的心理。在运用针对的方式和手段时，教师要注重先激发学生的关注和好奇，好奇心是进行动态思维和学习的推动力，教师应采取的是学生喜爱的形式和手段，来潜移默化地进行教育，使学生对他们的信念和想法、价值观的发展等内容充满积极参与的兴趣，就可以达到潜移默化的效果。

潜移默化的过程，是应该准确知道这种方式不是替代，在讲解女排精神与社会主义核心价值观存在潜在联系的过程中，把排球这项体育活动当作思想政治课新的载体，以学生感兴趣的方式来入手，则会达到排球教学和思政理论同时进步的双赢局面。学习排球的过程和思想政治课最大的不同在于，排球课主要为了培养和发展学生的排球素质和涵养，这些素养能够用德育美育来进行培养，教学过程中还能催生思想道德的教育，更能使社会主义核心价值观真正合理地进入到排球素养的培养中。如果缺少了排球的素质教育就无法进行其他教育，把排球课变成了思想政治课，从另一个方面来说也是替代了排球课。

2. 渗透贴切

"贴切"的内涵如下：

（1）在教科书的概念中所包含的教学目的、技能和理论层面应该被准确把握，我们既不能忽略了包含在排球教学资源中的价值观教育，导致没有支持进行深入挖掘，也不能投机取巧，为了提升精神层面的教育目的而随意教学。当教师准备教学的时候必须做到深入探讨细心研究，将所能利用的资源尽可能地利用。

（2）女排精神进行"渗透"的过程中，必须符合学生实际，从学生需求出发，教师过于主观判断，生搬硬套，强加引导会产生不良后果。教师的教育教学必须建立在理解的基础上，因人制宜进行统一分析和教育，对排球教学过程中的教学内容女排精神视域内价值观进行分析，也就是在完成排球相关知识和能力培养的同时，及时联系课本的价值观教育内容，结合学生之间的实际情况，注意适当的控制，找到平衡点。

四、女排精神在体育排球教学中渗透的意义

渗透本身即是个渐进的过程。现代化教育教学要求教师关注渗透的规律，重视学生的创造性，紧密联系我国、本校排球教学实际，以双向渗透互促，探索出符合时代要求和学生发展成长规律的教学方法体系。

（一）排球教学的发展

第一，改进教学理念。理念是思维方式的总和，是教育教学活动的根本。随着现代科技的发展，越来越多的新观念、新知识的涌现，需要排球专业教学更加深化认识、夯实基础、更新观念，综合运用多学科知识，将定性和定量运用结合起来，在思维方式、教学手段、教学内容、教学方法上给予创新。同时，鼓励学生创新性思维，突破成规、挑战权威，将其他体育科目甚至社会领域的其他合理成分有效吸收，为排球教学注入新的生机活力。

第二，调动学习兴趣。"兴趣是最好的教师"。学生学习兴趣是教学水平提升的重要环节之一。总体而言，教学比赛可以调动学生极大的热情，让他们参与比赛，融入其中，是提升教学水平的有效途径。针对比赛的渴望，有效利用好学生对竞技性比赛的良性刺激，很多时候可以让教学工作事半功倍。而体育教师要充分考虑这种正面需求，加以使用。将比赛分解成多个环节，强调其中必须将基本技术、战术作为有效保证，并在比赛中加以结合，相互推动，而且对竞赛的基本规则和裁判手势要了然于胸，有针对性地引导学生从被动学习到主动求解，将比赛教学法当成抓手，用以调动学生良好的学习兴趣。一旦学生学习的积极性增加，就对基本技、战术以及竞赛规则的渴求多了几分，教学效果的良好基础便由此扎根、成长。当下，作为学习型的现代社会，生存的基础是学会学习，只有不断充实自我，才能在飞速发展当今社会与之适应。学生自学能力的提高，就需要针对不同学生采取相对应的方式。至今，经过不少教学单位大量系统的尝试，在排球课程术科教学中，可以有针对性地采取学练结合的方式，以赛代练，以练促赛，调动学生自觉学习、锻炼的积极性。

第三，完善考核标准。无论怎样的教学方式方法、教学手段形式，都要以提升教学质量、完成教学任务、提升教学成果为目标。所以教学环节的"最后一公里"是建立系统完善的考核制度。作为教学过程终点，对教学指导的作用不言而喻。课程基本教学任务和教学效果要求应以考核内容为依据，从"结构优化、效果良好"出发点来衡量，力求达到最终成绩的考核标准与评定结语能全面、客观地反映出学生的技能掌握与学习效果，规避学生对考核产生沉重的心理、生理负担，影响正常水平发挥。既要考虑到学生在体育课堂中学习锻炼累积效果，又要将学生在学习过程中的学习态度、心理影响、意志品质、道德层面、价值取向、学习能力综合考量；用以促进学生成长"多点开花"综合素质在教学中全面成长；同时，还要对学生身体素质加以重视，培养其良好的体魄。在课堂开展排球技、战术教学中，应有形式多样的练习手段，同时素质练习也要在教学上贯穿始终，不断形成新的教学环境与氛围，以此来提升学生学习的主体性，调动学生学习积极性，使之在练习中全情投入，同时适度提升单位强度，强化素质练习，在寓教于乐中练习、进步，使得学生身体素质和技战术并行开来，同步提升。

（二）渗透意义的探索

要积极培养和实行社会主义核心价值观，无论是国家层面富强、民主、文明、和谐，还是社会层面自由、平等、公正、法制，以及个人爱国、敬业、诚信、友善都需要通过多维度立体化培养。这与女排精神是一脉相承的。这些正确的指导说明中国特色社会主义的本质思想和特点，是继承发扬中华民族优秀传统文化的一个体现，融合了世界文明的精华。自社会主义核心价值观提倡以来，一直获得人民的热烈反响。"把培育和践行社会主义核心价值观融入国民教育全过程"是对中国教育系统的总纲领、要求，高等教育作为人民素质教育的重要一环，要把"把培育和践行社会主义核心价值观融入国民教育全过程"这一要求落实完成，这也是学生在学习正确价值观时的时代要求。

从道德教育的方面来看，必定坚持"育人为本、德育为先"，必须给予学生通过世界观人生观价值观来解决问题的肯定，让正确的核心价值观去武装学生的头脑，让广大青年学生从理想信仰、道德行为、为人处事的正确与否去经受考验，为国家的发展、人民的生活和社会的和谐做出应有的贡献。

在当代学生独生子女占很大比例的背景下，我们必须了解他们的身体和精神特征的成长规律，有针对性地对他们进行教育。他们在改革开放的环境中成长起来，面对中国经济发展的好时期，要面对比过去更为繁杂的社会环境，需要面对未来各种各样的困难，肩负建设祖国、服务社会的责任。这就必须让他们全面提高自身的身体素质和科学文化素质，更可以通过女排精神将社会主义核心价值观这种正确的意识形态融入他们心中，为了伟大的"中国梦"而奋斗。诚然，因为社会的高速发展，各种思潮的激烈碰撞，这一代人作为本身就已经受到极大关注的群体，也需要有良性的引导，合理的教化，正确的影响和环境的熏陶。比如，作为一个个体，在思维形式、价值判定、生活习惯、口语表达、个性表达等诸多问题上都有比较新的特点。

因此，有必要进行创新的方式，注重实效性的真实，并使其更符合社会主义核心价值观与女排精神的认同。要紧密联系，潜移默化地指导他们的日常学习和生活，开展"三个倡导"活动，使社会主义核心价值观植根于现实世界，贴近时代的特点，使广大青年学生能够真正理解和被说服，逐步转变为自己的内在信仰和习惯行为。

学生培养和实践社会主义核心价值观的重要一环是积极参加各种形式的社会实践活动，通过这些实践活动可以了解社会现实，了解国情状况，提升能力，奉献自我，锻炼耐力，培养性格，具有无法替代的重要作用。而在排球课程中深化女排精神恰恰是其良好的推动途径。这是以中国特色社会主义理论为指导，坚持以育人为本的思想，社会主义核心价值观教育实践教学体系所要求的社会实践。坚持将课程与课外活动相结合，统一和分开指导相结合，确保社会实践成为每一个大学生都能拥有的经历。进一步挖掘校园和社会资源，并能够全面动员这两种力量，构成全社会一起加强大学生社会主义核心价值观教育的大好局面。

在排球教学中深入强化女排精神，用以培育人才，强化我国人才储备的软实力，将践行社会主义核心价值观指导思想，全面融入校园文化建设，全面发挥文化育人的作用，树立当代社会新的思潮。要更加注重校园文化建设，以团结协作、爱国敬业为抓手，自由平等、公正法治为准则，作为大学生培养和实践社会主义核心价值观的重要载体，它起到了非常重要的作用，要充分结合校园文化建设和思想政治理论课，形成两者之间的巨大作用力。隐性课程，比如作为核心的校园文化活动，对人的情感发展和其他非智力因素的发展，都有着潜移默化的作用，可以使青年学生形成正确的价值观。

第十章　体育教育中的篮球精神

第一节　篮球精神的内涵与载体

一、篮球精神的意蕴内涵

精神是个人或者人类群体在各种社会活动中所张扬的一种人之为人的证据和生机。精神不单是在人们的生命中存在着，更在历史演进中发挥着不可替代的作用，习惯上将人们在劳动创造中所形成的思想惯性和价值取向等统称为精神文化。据此，学校篮球精神的意蕴内涵可以表述为：与学校篮球场地设施等物质实体相对应而客观存在的，有独特意蕴和内容的，以篮球课堂教学、课外篮球活动、篮球竞技比赛、篮球体育组织及体育媒介宣传为存在依托的，有着较强教育性、激励性、辅助性、稳固性、领先性及娱乐性等功能特性的，学生和体育教师在学校篮球运动和文化实践中所已经和将要产生的各种篮球思想观念的总和。

学校篮球精神是集中展示篮球锻炼功能与思想形态的文化样式，同时也是对这一独具特色的运动项目的实质概括和总体把握。它对于所有置身其中的学校学生有着深刻的教育意义和提高人生境界的作用。篮球文化所内蕴的永不服输、乐观向上、热爱集体、合作互助等文化理念是其在精神领域的显现。精神文化是学校篮球文化具有博大内涵的文化事项，其存在与彰显对于广大青年学生的思想和道德境界有着建构性的意义，也正因此赋予了它深刻的教育价值和永久的生命力。学校篮球精神随着社会的进步而能够增添新的内容，随着学生的广泛参与而具有青春的活力，它是实现教育目的的一种精神力量。

学校篮球精神的生存与发展要借助一种载体，而学生的文化认同即是此文化生根发芽的场所。在发展和壮大之旅中，一致的文化认同是生存的根基，也是文化内涵借此丰富的重要基石。唯有文化信息发出者和信息接收者二者的共同配合和步调一致，才能够促进精神文化深入人心，进而成为学校学生自觉的文化选择和心理认同。此外，密切二者之间的关系，能够更好地促进学生对篮球精神的认同。学校学生自觉主动地配合是这种文化得以发生效力的必要步骤。

（一）满足学生的自我实现的内在渴求

学校学生在满足生存需要的同时，随之有了自我实现的内在渴求，这就是学校学生作为实践主体和认识主体的人生思维逻辑和客观真理。学校学生在其人生发展过程中，不单需要首先满足衣食住行等人之为人的基本需求，还会在基本需求实现的同时，追求更高层次的自我实现的内在渴求。

从各个方面来看，学生作为正在接受尖端教育的社会群体，在其基本生存条件得到保障之后，还会要求得到更为高尚的诸如艺术审美、体育欣赏等精神享受的潜在需求。学生和其他社会群体一样，在他们的整个在读期间都面临着繁重的学业压力和毕业后更为棘手的就业及生存难题。高等院校的学生尤其需要一个能够舒缓紧张情绪、减轻思想负担和实现自我的有效途径，而篮球精神之存在，能够在多数时候发挥其特有的作用，让学生在参与篮球运动、分享篮球精神成果的同时，发现并认识"学生活"和人生，进而坚实克服困难的勇气和增加奋斗的动力。

（二）满足企事业单位对高素质人才的需求

学生群体的一举一动无不受到社会的高度关注，在大众的思想意识里，高等院校的学生是家庭的希望和民族的未来，因而承担着建设国家、强盛民族的重任。特别是在日新月异的当今时代，企事业等用人单位非常关注学生的综合素质和健康水平，尤其希望这一特殊的群体能够拥有永不言败的勇气和敢于开拓创新的锐气，期望他们能够在社会为其提供的平凡的工作岗位上做出出色的成绩，从而满足正在发生深刻巨变的社会对高、精、尖人才的需要。

二、篮球精神的物质载体

学校篮球精神具有实质的存在性与强烈的表现性，而这都离不开物质载体的呈现与传承。文化竞争已经成为一项重大战略，最终是要通过具体物化的载体表象出来，形成实际的竞争体，因此，篮球精神的物质载体的阐述与明确是具有重要的理论与实践意义的。

（一）课堂教学

篮球的课堂教学是体育教育的重要内容，同时也作为篮球精神的物质载体而存在。篮球教师是课堂教学中知识的传播者，篮球教师的精神品质对于篮球精神传播有一定的推动作用。

课堂教学是目标清晰、有计划地对学生实施国民教育的技能养成的过程，采用这种形式来传播篮球的价值观念和思维方式。这种学校的教育行为以促进学生形成自觉锻炼身体和提高精神境界为旨归，并将这一精神贯穿在篮球课堂教学的准备活动、基本部分等教学环节中。在教学内容的选择和教学手段的采用上，篮球教学在充分照顾到该项目的特殊性和普遍性的同时尤其看重它的实效性。在有限的时间内，体育老师尤其注意向学生传授可重复性的篮球技能，调动学生学习和参与篮球运动的兴趣和热情，力求让学生在课后和课堂上一样自觉地参与到篮球运动中来。篮球课堂教学让学生在感受拼搏进取等篮球精神魅力的同时，也促使学生深刻领悟到篮球精神对其个性养成上发挥真正的促进作用。

（二）课外活动

课外活动之所以是篮球精神的物质载体之一是由于学生对于参与课外篮球运动的态度比较积极，篮球课外运动参与程度较高。学生参与课外篮球运动的动机包括强身健体、娱乐休闲、兴趣爱好、丰富业余生活、塑造体形、通过考试、发展个性、增强社交、磨炼意志。其中发展个性和磨炼意志与篮球精神的传播有关。在学校中，课堂教学只是学生学习中的一个有机组成部分，而课堂教学之外的时间全是归属学生自由处理。因而，课外活动是学校学生提高自身综合素质和生存本领的有利时机，而篮球运动作为学校学生课外活动的重要内容在各个院校得以蓬勃开展，课外活动也因此成为"学校篮球精神"的又一至关重要的"物质载体"。

学生在进行篮球运动之时，无一例外地在接受顽强拼搏的精神文化的熏陶，切身体会篮球给人带来的精神感染力量，这有利于学生养成健康的思维方式和善于思考、乐于动脑的良好习惯。课外篮球活动由于其高度的灵活性和自由度能够较好地满足各个年级学生的多样化的锻炼需要，所有这些都使学校篮球精神在校园中具有旺盛的生命力和充足的开展理由。

（三）竞技比赛

各级各类篮球竞技比赛也是学校篮球精神的物质载体之一，学校篮球竞技比赛主要分为四种形式，分别为知识竞赛、校内篮球赛、校外篮球赛以及篮球运动会。亲身经历激烈比赛场景的学生，从比赛的开始到结束都会时时刻刻受到篮球精神的鼓舞和熏染。学校的篮球竞技比赛有着强烈的身体对抗性，因而参与比赛的学生在竞技场上难免会遭遇身体冲撞和意外伤害。而完善的竞技比赛规则和章程有效地发挥了保护运动员的作用，参与竞技的篮球队员从接触篮球的那一刻起就自觉将其内化为自觉的行为规范，从而更好地促进自身的社会化。篮球竞技比赛的定期举行，不仅促进学生的篮球技术的进步和运动能力的提高，同时对于促进参赛和观赛学生之间的友谊及情感的加深都具有积极的意义。

（四）体育组织

学校的篮球体育组织主要包括篮球校队、篮球社团以及学校根据自己学校实际成立的其他篮球专门机构。篮球队作为高等院校的一种体育组织，犹如一面迎风招展的旗帜扎根于学生的心目中，同时也作为该学校对外展示自我的一个窗口。

致力于创办一支能征善战的学校篮球队，一方面能够满足热爱篮球运动的学生的运动需要，另一方面篮球队所赢得的荣誉也有利于学校建立自己崇高的教育者形象。篮球队的出色成绩和不怕困难、勇攀竞技高峰的精神是群体学生学习的楷模，它可以增加学生对于所就读学校的精神文化认同和内在的情感归属。一支有潜力、能比赛的高等院校篮球队是学校篮球精神活的物质载体，它是学校篮球精神得以扩大生存领地的最活跃的因素。

（五）媒体传播

媒体在当今时代发挥着越来越重要的作用，凡是轰动性的事件无不是经过媒体的传播而为天下知，当今发达的媒体使新时代的人们能够不出屋门，就知天下事。

学校的媒体宣传设施是学校篮球精神深入学生生活的快捷通道，它可以将篮球精神搭上众多时尚元素从而在学生中产生深刻的影响，造成一种每一个学生都是篮球精神的创造者的文化景象，从而最大限度地拉近学生与篮球精神之间的距离，鼓动学生参与到篮球运动中来。学校中常见的篮球宣传形式包括篮球贴吧、组织学生观看篮球比赛以及篮球宣传栏，做好校园的媒介宣传工作，能够使学校学生深刻了解篮球精神的文化意蕴和时代内涵，促使学生尽早自觉形成热爱体育运动的生活习惯和从事终身体育锻炼的生命规划。

不断完善的学校的媒介宣传不仅能够令学校学生在篮球课堂之外，对于体育课程设置、课外体育活动等有一个清晰的了解，同时对于篮球精神内涵的丰富也有着非凡的建构作用。

第二节　篮球精神的体现——篮球文化

"篮球文化是在长期篮球运动中形成的，是人们对篮球精神的理解与内化，直接影响着人们对篮球运动的态度。"① 当前，篮球运动的文化属性已经获得世界各国的肯定，深入研究篮球文化内涵和篮球文化多元体系，对我国篮球文化的发展具有深远意义，有助于篮球文化多元体系的进一步完善。

① 刘华波 . 篮球文化对我国高校体育教育的影响研究 ［J］. 当代体育科技，2018，8（16）：180.

一、篮球文化的特征

篮球文化是以篮球运动为表现形式，体现体育价值观、体育道德观和社会意识，围绕篮球运动而创造的物质和精神财富的总和。

篮球运动蕴含的体能、技巧、智慧和欲望的基本元素，就决定了它的文化特性与文化价值，也是它在人类社会中经历百年而长盛不衰的重要原因。

（一）时间和空间特征

文化时间为人类活动确定的一定的节律性、连续性的反映，是传统与创新之间关系的永恒课题。文化空间是人类活动的产品和领域。篮球运动在规则上体现出了明显的时空特征，时间特征主要体现在 3 秒、5 秒、8 秒、24 秒，空间特征主要体现在边线、底线、限制区、2 分区、中线、干扰球。分析篮球运动的发展历程可知，篮球运动对时间和空间的限制经过了逐步完善的过程，其旨在加快篮球进攻节奏、增加篮球比赛强度，使篮球运动的观赏性特征更加显著。

对于比赛制订的训练计划来说，可以划分成全年、阶段、赛季、周、课训练计划以及赛前、赛中、赛后训练方法手段，在空间位置上主要体现在地面与空中、前场与后场、中路与边路、罚球线上与下等。在战术上则表现快速的战术行动，多维的战术空间，连续比赛以及赛中错综复杂的场面，战术的制定安排上具有明显的时空性特征。

在规则逐步演变的过程中，篮球场的三分区增加了"一条弧线"，这充分调动了运动员远投的积极性，使得篮球运动的表演效果更加理想；增加了"二十四秒进攻时限"，不仅有效加快了运动员的进攻速度，同时增加了比赛的激烈程度。这两个方面的规则都是"文化"推动了运动员素质与技艺的提升速度，由此使观众的高水平欣赏需求得到了满足。从表面来看，"线条"和"时限"的文化比较简单，但却汇集了设计者的很多思想，是一种软文化。

（二）社会性和个体性特征

文化的社会性是指文化产品在产生过程中所融入的并在形式中所体现出来的人的社会性本质。篮球文化同体育文化一样，从它诞生起，就得到了社会的广泛认可，并很快融入了社会。篮球文化的社会性体现在两个方面：一方面，篮球文化的传播迅速；另一方面，社会的认可度高。文化的特性告诉我们，人创造了文化，但必须得到社会的认可。任何文化都不能脱离社会而存在，必须为人类服务，促进社会发展。人、社会、文化的交互作用表现为一种复杂的整合过程。篮球的发明和出现获得了社会各界的普遍认可与接纳，从而大大提高了篮球运动的传播速度，也拓展了篮球运动的传播范围。

个体性是指文化的实行方式，篮球文化个体性特征的具体体现是由很多运动员在参与篮球活动的过程中反映出的个体行为方式，篮球运动由投篮、运球、传球、防守等个人技术组成，这些技术在每个运动员身上往往会出现很多截然不同的运用组合，进而产生各种风格和特性，这就充分反映了个体的行为方式。

在篮球赛场上，往往向运动员、观众、全体参与者提供了把个人感情趋向于篮球比赛密切联系的客观条件，人们的情感往往被有效宣泄出来，球员能够在赛场上充分发挥自身已经掌握的技术，观众能够将自己的看法表达出来，篮球文化原本就拥有持续创造尊重人格、彰显个体自由的很多种特质。在篮球赛场上，每个人都会受社会道德、社会制度、篮球规则的限制，即文化学反复重申的文化"规范功能"，人们往往会主动遵守公共道德行为规范，这是篮球文化社会性反映出的一个重要方面。

（三）全面性和体质性特征

篮球运动是一项在世界各国大范围开展的运动项目，不仅具备体育运动固有的一般特征，同时具备自身特征。现代奥林匹克竞技运动都是在人类创造的各种游戏的基础上产生的，篮球运动的实质就是一种以球为工具的游戏。游戏是一般生活的陪衬、补充以及事实上的组成部分，不仅装饰着生活，同时不断拓展生活并充当一种生活功能被人们和社会所需要，所以作为一种游戏的篮球运动所包含的意义、意蕴、特殊价值、精神与社会的交往作用，大体都是其文化功能作用的结果。

文化是通过若干符号系统表现出来的，从各种表现形式可见，篮球文化包含了文化符号系统中的多个因素，其中包含音乐、舞蹈等艺术符号，但核心内容却是比赛本身。篮球运动首先表现出来的是一种特殊的身体符号，具有自身的运动特征，也就是体质人类学所描述的体质性。高度重视篮球文化具备体质性的意义在于一定要明确认识到，篮球文化建设的重中之重是提升运动竞赛的实际水平，在此基础上借助各种各样的文化符号，从而使篮球文化借助综合性文化符号系统反映出来。

（四）全球性和民族地域性特征

所谓的全球性是指文化为人类的基本生存、生活需要和社会组织服务的特性，这种特性不因种族、民族、地域、阶级、时代而有所区别。所谓的地域性则是指文化所具有的地域、民族间的差异性。文化的普遍性与民族性统一的特征，使文化拥有自己的独特创造方式、存在方式和服务方式。当新的文化现象出现时，人们总是利用本民族的文化代码来理解认识它的本质规律，这种认识和理解往往打上本民族的文化烙印，呈现着民族文化的多样性。

在体育文化上，一个民族的体育文化总是要反映这个民族的文化精神，形成反映本民族文化精神的体育文化，形成区别于其他国家的体育文化，区别于其他具体文化的体育文化个性。因为各个民族在历史与文化上存在很大差异，对篮球运动的认识与应用同样存在差异，因而产生了很多种技术风格和战术风格。技术风格和战术风格是在特定民族文化的前提条件下，拥有突出的文化、观念、身体条件的烙印，是民族群体共同拥有且和其他民族文化特点有所区别的，体现了文化在篮球运动中的层层渗透，其能够发展成一种精神、行为制度、规范以及习惯。

科学技术的革命引起人类生产方式、工作方式和生活方式的深刻变化。电视机的普及，卫星通信的发展，计算机网络技术的应用，以及其他大众传媒的发展，使职业篮球的影响成倍扩展，促进了篮球运动及其相关产业在世界各地的普及与发展，篮球运动的统一规则、球队外援的加盟、世界大赛的开展等都体现了篮球文化的全球性。

我国国土面积十分广阔，站在民族文化的角度来说是具有代表性的东方文化，我国篮球文化难免会和社会文化充分融合成一个整体，逐步演变成扎根于社会民族文化基础上的篮球文化，在价值观念、行为方式、管理与运行文化理念等方面都反映出了鲜明的民族特色。在我国各个省市和各个地区拥有文化差异和风俗习惯差异等的作用下，我国篮球文化在赛场环境、球队风格、观众习惯、表演形式、表演内容等方面同样反映出鲜明的民族地域性特点。但需要说明的是，我国篮球文化共性以外的区域性特征，不仅使我国篮球文化的内涵更加丰富，而且使篮球文化对人们产生的吸引力更大。

（五）继承性和时代发展性特征

继承性是文化的重要基础，文化得以形成和发展都是在持续继承、持续积累的基础上实现的。继承积累是发展的前提条件，如果继承积累不复存在，那么文化的发展将无从谈起。人类不仅能创造文化，而且能通过学习掌握文化。相应地，还能通过教育等手段将文化予以传播累加，这就使人类与其他动物区别开来。另外，人类在使用文化时，不是简单地重复，而常常是在重复的基础上加上自己的创造，体现出文化的时代性。篮球文化更是如此，某些篮球文化的内容不断地积累和发展，丰富了篮球文化的内容。

时代性证实，篮球文化具有动态性和发展性的特点，篮球文化持续发展的重要原因是其始终能把时代创造的财富纳入其中，从而使自身的文化内容更加丰富多彩，促使自身的文化品位得到质的飞跃，同时逐步和广大群众的生活方式与文化习惯进行适应。

站在发展的立场进行分析，文化不仅是我国篮球运动不断扩大规模、提高整体水平的物质保障条件，还是各级联赛逐步形成的独特文化形态，更是篮球运动持续发展的重要基础，文化使得篮球联赛大大超出了篮球比赛的范畴，发展成了广大群众文化生活的一个关键部分。在和篮球运动发展存在联系的多项因素中，赛场形成的文化传统与多项习惯在较高层次上对篮球运动的发展趋势产生了重要影响，是篮球运动发展空间的决定性因素，所以说，赛场文化将会使我国篮球运动的发展潜力大大增加，为篮球运动快速发展注入强大的推动力。

（六）多样统一和互动合作性特征

从本质来说，人不仅是自然与社会的统一体，还是心理与文化的统一体。文化是全人类集体财富的总和，民族文化是总体文化的根源。对于任何一种民族文化来说，都一定会和其他民族存在很多种关系并借此保持联系，同时和其他文化相互作用、相互影响，促使人类文化成果更加多元化，对国际社会的共同进步产生推动作用。对于篮球运动而言，其创造出的物质财富与精神财富是有机结合的关系，最终组成了内涵丰富的篮球文化。

如今，篮球运动早已超出体育运动范畴，和社会的政治、经济、文化有机结合在一起，形成了相互联系、相互推动、协调发展的状态。各个国家和地区的篮球文化统一存在于世界篮球文化中。然而，各种篮球文化之间又形成了相互推动的关系，在互相碰撞、互相融合的过程中不断发展，同时，篮球文化本身的不同层面之间和各个层面中的不同因素同样是在相互影响、相互推动、共同发展的。

二、篮球的多元文化体系及其提升

（一）校园篮球文化

1. 加强校园篮球的物质文化建设

（1）整合校园篮球物质资源。对校园篮球物质资源进行整合，就是要合理地分配现有的资源和短缺的资源。对可用的器材与场馆，要对其加以充分的利用，已经废弃了的篮球场地和器材要进行及时的处理，以为之后的管理提供方便。有些资源虽然暂时不可用，但是经过维修与其他处理之后还可以用，这部分资源不可随意丢弃，要对其进行再利用，从而节省资金，将其用于建设其他的体育设施。除此之外，要充分利用废弃但重修后能够持续使用的篮球场地，最终达到减少开支、科学配置资源的目的。

在时代持续进步和社会持续发展的背景下，学生对篮球课提出的要求与实际需求越来越多元化，所以导致学校篮球资源不足的问题随之产生。学校应当高度重视这个问题，投入适量资金来尽可能满足篮球教学需求和学生体育锻炼需求。除此之外，学校要对篮球场地和相关器材进行科学管理，尽可能延长篮球场地器材的使用寿命，有效缩减维修支出和重建支出。

（2）对篮球设施空间进行合理规划。篮球文化现象存在于校园的每个角落，具体包括篮球场地和体育雕塑等方面。篮球意识文化应当把这些现象当成重要载体，在这些载体中充分反映人们的意志品质、道德情操以及价值观，这些物质载体将会对人们的情操产生潜移默化的影响。因此，建设校园物质文化应当充分利用学校空间，科学布局篮球场地，科学组织各类篮球文化活动，并结合篮球活动的实际需求来修建和添置场地设施。在安排与布置篮球场馆时，应当达到科学精细、整齐洁净的要求，如此能够使校园篮球物质文化的功能有效发挥出来，促使校园中所有群体对篮球运动的审美需求得到满足。

（3）促进篮球设施教育性的不断加强。校园中的篮球器材、场地设施属于硬性的，如果没有老师指导，就需要将一定的教育性赋予这些设施，从而使学生可以安全地利用场地设施来进行自主锻炼。

除此之外，学校应当把部分国内外知名的和篮球运动存在联系的体育雕塑设立在学校篮球场馆旁，并准确标注雕塑的个人简介以及具体荣誉，如此不仅把学生的兴趣充分调动出来，还能激励学生自觉成为篮球运动的参与者，也能推动学生创造积极向上的校园篮球氛围。

2. 加强校园篮球的意识文化培养

人的任何行为都是在意识驱动下完成的，意识可以促使人们形成完成特定行为的动机，所以有效培养校园篮球意识文化是构建校园篮球文化体系和推动校园篮球运动健康发展的基本要求。由于学生与教师是校园篮球文化主体，所以加强校园篮球意识文化的培养应当从这两个主体着手。

（1）提高教师的篮球意识。分析校园篮球文化体系的构建过程可知，篮球教师能够发挥主导性作用，是有效传播校园篮球文化的重要使者。因此，篮球教师应当最先树立较强的篮球意识，其有无树立篮球意识对他们能够在构建校园篮球文化体系中发挥主导性作用有直接影响。

（2）提高学生的篮球意识。树立篮球意识并非是一朝一夕的事情，必须经历很长时间的系统培养，所以构建校园篮球文化体系时必须高度重视篮球意识的传播工具和传播手段。信息科学技术的大力发展向信息传播提供了很大的便利和多元化的传播手段，这在互联网方面反映得尤为突出。尽管新型科技的产生限制了传统的传媒手段，但并不是说学校广播和体育宣传栏等传统传播方式的价值荡然无存。在很多情况下，传统宣传工具往往能产生潜移默化的传播价值，如在宣传栏中展示学校篮球健将参与各类比赛的精彩瞬间往往能有效激发学生参与篮球比赛的积极性。

培养学生的篮球意识也可以采取传播篮球知识的手段，如在学校官方网站中制作篮球专题页面，邀请学识渊博且经验丰富的篮球学者、教练员、运动员参与学校知识讲座，黑板报的宣传作用同样不容忽视。除此之外，培养学生欣赏篮球运动的意识和能力也能够强化学生的篮球意识。

3. 加强篮球教学和校园篮球文化的深度融合

（1）更新教学管理理念，对新的教材体系进行建立。篮球教学与校园篮球文化融合的根本途径就是要转变与更新篮球教学的理念，对新的篮球教育体系进行建立。学生参与篮球课学习并不能仅仅是为了获取良好的成绩，教师应让学生了解学习篮球知识与技能要达到的最终目的。在篮球教学中，教师应尊重学生的主体地位，注重学生积极性的发挥，充分解放学生的学习天性。学生应积极参与篮球活动，并带动其他学生参与其中。学校应当密切关注篮球课程教学的改革进程，着重培养学生的终身体育意识。分析我国篮球教学实践可知，高校的高年级普遍没有开设包含篮球运动在内的各类体育课程，或者处于形同虚设的状态，仅仅是把文化课程教学摆在关键位置，这对培养学生的篮球意识有害无益。对于高校的高年级学生，学校应当适度增加休闲篮球运动的教学时间，激励学生积极参与篮球运动锻炼。除此之外，在休闲篮球运动的教学中融入篮球文化，对推动学生的身心健康与均衡发展有很大的积极作用，有助于发展我国体育教育和弘扬篮球文化。

（2）通过开展篮球俱乐部教学来进行校园篮球文化的宣传。每个学生参与课外篮球活动的目的往往存在很大差异，最常见的目的是强身健体、提升篮球技能水平、顺利通过考试。通常来说，学校开展篮球课外活动旨在顺利完成篮球教学任务，顺利达成篮球教学目标，为我国篮球运动发展培养优秀的后备人才。就学生而言，参与课外篮球活动是其身心发展的客观要求。因此，学校应当定期制定切实可行的规章制度，采取有针对性的措施，从而推动学生自觉成为课外篮球活动的参与者。

课外篮球活动具有灵活性，具体是指课外活动组织形式是灵活多变的。篮球课外活动的性质决定了其形式的灵活性。学生之间的个体差异（如年龄、性别、爱好、身体素质、运动基础等）使得学校千篇一律的篮球活动形式无法满足学生多元的需求。因此，需要开展多种形式的课外篮球活动来使不同的学生都能够有机会参与到篮球活动中。

（二）竞技篮球文化

1. 竞赛体系建设及其发展对策

（1）大力加强青少年篮球竞赛体系的建设。结合篮球项目的具体特征来设定竞赛方法，科学安排准备参与下届奥运会的运动员参与各类赛事，合理检验训练成效，将赛事数量控制在合理范围内，避免过多过滥的情况出现。

深入研究符合青少年成才规律的分层次与分等级的竞赛制度，立足于机制的角度来妥善解决训练与竞赛中存在的早期专项化问题与急功近利问题。

（2）加强对服务于国家队训练的竞赛制度的完善。对于参加国际大赛（亚运会、奥运会等）的选拔赛制度，应进行科学、客观、公正的建立，对可以代表我国竞技篮球最高水平的运动员进行有效的选拔。

动态管理国家篮球队。对国家队竞争选拔的比赛制度进行建立，按照优选劣汰的原则来选拔，一般每年选拔的次数为 1～2 次。

对篮球训练与竞赛的关系进行妥善的处理，促进比赛质量的提高，将国内练兵与国际争光的关系处理好，国内竞赛主要服务于运动员的训练和国际竞争力的提高。

在全面考虑各项实际条件的情况下，主动承办有关的国际比赛，增加我国篮球运动员与教练员参与高水平篮球赛事的机会。

（3）加强竞赛的监督与管理。

第一，对竞赛组织工作实施合理指导和管理，推动竞赛组织工作达到更高的规范化要求和制度化要求，向篮球运动队提供公平、公正的氛围和环境。

第二，对篮球运动的赛风赛纪实施综合治理，制定和健全篮球竞赛对应的法规政策，大力处罚篮球竞赛中的违纪问题和不良行为。

第三，构建和优化篮球竞赛组织工作的评估体系，高质量完成有关竞赛法的修订工作，保证竞赛工作依法有序地完成。

2. 保障体系建设及其发展对策

（1）优化组织机构，提高职能效率。为了与形势发展需求相适应，要深入改革篮球管理中心的内部组织机构，明确各部门的职能与权力，合理安排各部门的工作，统一目标，然后以中心人员的年龄结构、知识素养、管理水平及实践经验等为依据来优化组合相关资源，使每个部门及工作人员都最大限度地发挥自己的才能与优势，从而促进篮球管理中心的管理与决策能力的提高。

（2）大力发展篮球产业。进一步增大开辟篮球产业发展投资方式的力度，促使资金来源的途径更加多样化，使篮球有形资产和无形资产的作用充分发挥出来，全面开发篮球产业与篮球市场，科学调动社会各界的力量，促使社会各界积极举办不同形式的篮球活动。

（3）对目标责任制度和各种奖惩制度进行建立与完善。一方面，和国家篮球教练员、运动员、科研人员签订正规协议，奖勤罚懒，尽全力激发所有人员的工作主动性；另一方面，对教练员和运动员实施物质奖励和精神奖励，结合完成目标的具体情况来安排奖励措施。

3. 人才培养体系建设及其发展对策

（1）对后备人才的出路进行拓展。在竞技篮球运动人才的培养过程中，要坚持体教结合，而体教结合的关键是培养优秀的篮球运动队。这是因为优秀篮球队中的运动员其前途更为宽广。居于二、三线的篮球后备运动员要把注意力集中放在篮球训练中，促进自己向优秀运动员转变。普通高校从优秀运动队中招收学生以及将优秀运动队院校化是政府对后备人才进行培养的主要途径与方法。

分析我国当前的篮球专业队情况可知，我国已经把部分省市级的篮球专业队改革成了体育技术职业学院或运动技术学院，绝大多数学院是大专性质。由于这些院校的学生仅具备大专学历，和拥有本科学历的体育毕业生相比，这些院校的学生在竞争性上还须进一步提高。因此，在构建篮球后备人才培养体系时，必须把篮球后备运动员的输出问题摆在重要位置。

（2）实施多样化的培养。在构建篮球后备人才培养体系时需要完善以下几个方面：

第一，训练与比赛相结合。对于篮球后备人才的培养来说，鼓励篮球运动员参加比赛是一种重要的培养途径。运动员日常参加篮球竞技训练，就是为了有机会参加大型的篮球比赛，并且在比赛中能够获得优异的成绩，同时也可以对自己的训练结果进行有效的检验。如果不将运动训练和体育实战进行有机结合，就很难有效地提高运动人才的竞技水平，也不能够最大限度地激发并培养运动人才强烈的竞争意识，其所具备的运动潜能就很难得到开发。综合分析国际先进篮球训练经验可知，以赛代练的培养措施是可取的，同时培养效果比较理想。

第二，创造学习和深造的机会。在培养篮球后备人才方面，一定要充分发挥中小学培养基地的作用。在基础教育阶段，中小学中对篮球运动感兴趣的人不仅能接受系统的义务教育，还能在业余篮球院校与体育院校参与篮球技、战术水平的训练，也能参与青少年篮球竞技运动的比赛。这种培养篮球后备人才的形式对运动员全面掌握篮球理论知识有很大的积极作用。中学毕业之后，篮球运动后备人才既能够选择打球与学习同时进行，也可以选择先上大学再打球。在指导篮球后备人才的篮球技、战术能力训练时，应当安排必要的理论学习和文化学习环节，激励运动员积极参与篮球比赛，借助实战的方式来提升运动员的竞技水平，最终使篮球后备人才的学习、比赛、训练有机结合。

（3）加强科学训练，注重多种形式的选材。对篮球运动训练与运动员文化学习之间的矛盾从根本上进行处理，需要国家重视体育院校中文化课教学的作用与地位，体育院校要把运动员的文化课学习成绩纳入最终的考核中，各地体育部门要不断鼓励体育院校将文化课程的开展与实施重视起来，在条件允许的情况下，有必要对相关的法律制度进行制定。需要强调的是，在对运动员篮球训练与文化课学习的比重关系进行确立时，要以运动员的成长状况以及不同年龄阶段的身心素质为依据。

建设竞技篮球后备人才的培养体系应当和实际情况相符合，具体就是和我国篮球运动职业化方向以及我国当前的篮球市场发展走向相符合。在实施篮球后备人才选拔制度和合同聘用制度的基础上，推动篮球后备人才的选材形式更加完善，具体措施如下：

第一，中小学对篮球人才进行选拔时，要综合考察运动员的身体素质水平、先天素质水平、篮球基础水平以及观念意识等，学校相关的篮球运动机构或者专业篮球教师与教练员负责挑选优秀的篮球后备人才。

第二，在选拔青年篮球优秀运动员时，应当密切联系运动员在初级赛场中反映出的篮球运动素质、意志品质、科学文化水平，此外还须兼顾运动员的心理素质水平。

第三，对职业篮球运动员进行选拔时，要以运动员在篮球竞赛中表现出来的技术水平为主要依据，同时也要考虑运动员在日常训练中的综合表现，而且还要结合相关专家的评议。

（三）群众篮球文化

1. 提高参与篮球活动的主体意识

主体意识是指在部分因素的作用下，引发主观冲动和主观欲望并产生自觉行为。主体意识能够在很大程度上调控人的思想、情感及行为，而且其能够促进个体的自我发展与完善。当前，我国实施全民健身计划的一项重要任务就是对广大的人民群众进行发动，使其主动参与篮球活动，促进人民群众健康观念的加强与篮球健身意识的提高。

群众篮球运动参与者主体性的发挥是以调动参与主体意识为前提，以强化参与者的主动性、积极性及创造性为标志，以各种条件要素为手段，以推动参与主体发展为目标的篮球行为。通常情况下，计划经济时期是立足于组织制度的角度来发动群众篮球活动，同时指令性计划会对其产生很大影响。在现阶段的市场经济背景下，主要是依靠参与者思想观念来发动群众篮球活动。当前的群众篮球运动充分反映了参与者对个体自由的积极追求以及对篮球乐趣的充分享受。当参与者以主体角色参与篮球运动后，继续参与篮球运动的意识和对应行为才会随之产生，才能亲身感受篮球活动的乐趣，从而对群众篮球文化进行广泛宣传和积极传承。在建设群众篮球文化体系时，应当引导参与者树立大众主体意识，从根本上提升群众的积极性，如此方可让群众参与篮球运动的效率得到大幅度提升。

提高人们的主体意识还须进一步加大宣传力度，促使群众逐步形成奋发向上的健康观念。大力举办各种形式的篮球活动，对形成群众篮球活动热潮发挥带动作用和促进作用。

2. 加大经费投入力度

总的来说，全民健身活动属于一项公益事业，发展这项事业需要政府的大力支持。因此，政府要高度重视群众篮球的发展，提供高水平与高质量的公共服务及公共产品，坚持以人为本，维护人民群众的根本利益，全心全意服务于人民。为了使人民群众不断增加的篮球文化需求得到满足，政府和体育部门应该加强公共服务职能的扩大化，在公共服务中投入一定的资源与财力，使群众不断增长的篮球需求与场地设施不足的矛盾尽快得到解决，将高质量的篮球文化产品提供给广大人民。

在建设和发展群众篮球文化体系的过程中，体育行政部门应当进一步转变服务观念，从根本上提升服务模式的创新力度和服务水平。在以人为本的前提条件下，全面维护公民的基本权利，充分结合公民的具体需求来提供适合的篮球公共产品。地方政府与体育主管部门应当以本地的经济发展情况为依据，进一步优化群众参与篮球运动的环境和基础条件。政府和相关部门应当制定和优化群众体育事业发展的各项经费制度，适度增加开展群众篮球活动的各项经费。改革和完善群众体育事业的经费制度是妥善处理群众篮球经费不足的基本途径，政府应当在财政预算中增加体育事业经费，同时在制订基本建设投资计划时增加体育基本建设资金。各级体育行政部门应当科学调整体育事业的经费支出结构，有效增加群众篮球经费支出在体育事业经费中的实际比例，对篮球活动经费非法占有问题进行严肃处理。

3. 加强社会体育指导员的队伍建设

篮球运动的技术性较强，人民群众参与该项运动，如果得不到有效的指导，就会失去继续参与的兴趣与热情。篮球社会指导员需要对形式丰富的篮球表演、竞赛等健身娱乐活动进行有计划的组织与举办，并向参与者提供规范的技术指导。我国群众篮球文化体系的建设进程及发展水平直接受篮球社会指导员数量及素质的影响。就现阶段来说，我国不同等级的社会体育指导员数量已经十分庞大，社会体育指导员是开展社会体育活动的中坚力量。带动社会体育指导员发挥骨干作用，不仅有助于激发人们参与篮球活动的主动性，也有助于提高群众篮球的发展层次。

在完成篮球社会指导员的组织工作和管理工作上，有关部门还的进一步完善各项工作，制定行之有效的政策法规，进一步增强指导员深入培训的实际效果。在考核篮球社会指导员时，应当遵循优胜劣汰的原则，从根本上落实技术等级的实施手段和审批手续，制定有效的指导员评聘制度。对于承担培训社会篮球指导员任务的各个部门来说，应当自觉服从体育行政部门的指导，自觉参与篮球社会指导员发展规划的制定工作，高质量完成培训篮球社会指导员的具体工作。在进一步建设和发展篮球指导员的过程中，应当认真贯彻循序渐进原则。同时，应当主动肯定和尊重篮球社会指导员的劳动，肯定篮球指导员的各项工作，推动他们在积极向上的社会环境中贡献出更大的力量。

除此之外，当前我国篮球社会指导员数量较少，无法使社会需求得到满足，面对这一问题，我们应对发达国家的成功经验积极进行借鉴，对志愿精神进行弘扬，鼓励并引导社会各界篮球工作者在业余时间积极指导群众篮球活动，使这些工作者发挥自身的作用与影响。

4. 推动群众篮球的全面可持续发展

由于我国当前依旧处在社会主义初级阶段，所以在推动群众篮球持续发展的过程中应当一直以基本国情和体情为立足点，始终遵循从实际出发的原则，具体应从以下几个方面进行推动：

（1）政府要密切关注人民体质与健康情况，在群众篮球事业的发展过程中应当充分发挥政府的领导作用，对城乡、不同区域、不同人群的群众篮球实施统筹发展。

（2）始终遵循以人为本原则，尽全力满足广大群众的篮球文化需求，带动广大群众积极开展篮球健身活动，立足于多个方面来改进和优化开展篮球活动的环境与条件，更好地服务于参与篮球活动的群众。

（3）坚持从公益的角度推动群众篮球事业的发展，促进群众篮球社会化发展进程的加快，加强对群众篮球产业的开发与运营。政府对公共财政进行合理利用，从而将基本公共服务提供给群众，使人民的篮球活动需求得到满足。借助社会力量对基本资金进行多渠道的广泛筹集，为群众篮球活动的开展提供基本的资金支持。

（4）通过改革促进群众篮球运动的发展，坚持以政府为主导，体育部门及有关部门要明确自身的职责，对政府的政策方针要积极贯彻与配合，从而共同对充满活力的社会化群众篮球服务网络进行构建。

在对群众篮球区域格局进行构建的过程中，应切实考虑我国各地区在经济、政治及文化等不同方面的发展特征与现状，从而逐步推进各地群众篮球运动的发展。

第三节　篮球精神文化的功能特性

一、篮球精神文化的教育性

（一）教育学生建立终身体育意识

体育意识指的是在特定的历史条件和社会整体发展状况中人们对于体育的组成、表现方式、作用形式等有关体育的所有层面的观念的集合体。学校学生的体育意识是指学校学生在学校这一特殊的文化氛围中形成的对于体育目的、体育手段、体育方法和体育过程等关于体育的总体认识和总的印象与价值取向。学校学生体育意识的内容往往随着教育改革和教学理念的革新而发生或大或小的变化，也会随着社会的进步而增加新的紧扣时代脉搏的新内涵，因而有着突出的时代特色和丰富的社会内涵。符合社会历史发展和群众利益的体育意识能够促使体育事业不断走向成熟和完善。

伴随着社会不断进步和完善的历史趋势，以往的体育意识也在面临着被历史抛弃的命运。教育部有关文件指出，我国各级各类学校开展体育课和课外体育活动的目的在于贯穿健康第一的体育思想，体育的课堂教学要从过去单纯注重学生成绩的提高向提高学生综合素质的方向发展，21世纪学校体育要有清晰的教育目标和鲜明的教学理念，即学校的体育教育要牢牢抓住体育为社会服务的主线，并以此决定今后学校体育教学改革的方向。学校开展体育课堂教学和课外体育活动唯有切实落实党和国家的教育政策，积极探索学校的体育教育规律，帮助学校学生养成终身从事身体锻炼和体育运动的习惯，同时真正关注学生的身心健康，培养德智体协调发展的高素质的社会栋梁，才能推动学校体育教育不断取得新的发展成果。从事高等教育的教育者们应该要深入贯彻健康第一的体育教育思想，使更多的学生成为体育群众中的一员，为学生的成长打下坚实的身体基础。

篮球是高等学校中最受学生欢迎的体育运动之一。学校篮球精神文化集中体现出学生的体育精神和思想境界，因而是培养高尚体育价值观的有效推力。欲养成学生高尚的体育价值观和崇高的人生境界，就需要借助举办各种形式和规模的篮球比赛和课外篮球活动来承担，而学校的篮球比赛又是巩固学生已经形成价值观的得力手段。学校篮球精神文化表达着各年级的学生不怕困难、迎难而上的乐观向上的精神境界，激发学生参加篮球运动的内在愿望，帮助他们养成正确的"体育意识"，促进"篮球精神"在学校真正的弘扬。

（二）教育学生养成健康向上人格

健康向上的人格指的是不畏艰难、勇于奋斗、善于开拓、不断进取的过人品格。自从体育从生产实践中脱离出来之后，人们就世代自觉运用体育文化中千年不变的开拓精神向自己的潜能发起挑战。所有的体育项目不管是中国的传统体育项目还是发源于美国的篮球运动都是高举竞争、竞技的挑战精神，参与者无不倾心于人格的完善；所有向世界纪录发起进攻的努力，不仅展示着运动员的完美的身体技术，同时也彰显出运动员完善自我的自由意志。

重在参与的篮球比赛往往会上演这样的精彩场景：一些敢于拼搏、热切盼望胜利的队员由于求胜心切触犯篮球竞赛规则而提前出场，但场下的观众仍然给予雷鸣般的掌声。篮球比赛取得胜利的一方依靠的是精湛的篮球技术和队员之间的密切配合，而此种运动员依赖的就是自己的勇气。在高水平篮球的竞技比赛中，暂时的得分差距，并不能表示比赛的结果，只要勇于进取、乐观向上就一定能够克服困难，从而实现参加本次比赛的预期目标。篮球比赛是奥林匹克精神的集中展示和活的化身，它集中传递着一种不满足于现状和向极限挑战的进取精神，同时也展示着超越自我的人生理念。

篮球运动是参与者之间多种能力和毅力的综合较量，同时也是队员之间运动技术和战略的较量，正是因此，篮球运动吸引着充满朝气的学生乐在其中，并从中获益良多。篮球运动的竞争性要求运动员为了提高自己的运动成绩而必须刻苦再刻苦，而所有的运动员都将在运动中发挥出自身的最大能量。而成绩的获得和运动技术的保持并不是一厢情愿和一劳永逸的事情，这必定凝结着篮球队员持之以恒的技术磨炼和精神考验。参加到篮球运动队伍中的学校学生必定会被其他队员的拼搏精神所感染，从而于不自觉中形成健康向上的积极人格和思想境界。

我国在实行"市场经济制度"以来，各行各业的竞争愈来愈激烈，甚至到了"白热化"的地步，而在此社会环境中成长起来的部分学生由于自幼受到家长的过分关爱养成自我为上的思维惯性，从而对激烈的社会竞争和生存压力缺乏应有的敏感和知觉。为此，篮球精神文化能够在促进这些学生从舒适的温室中走向竞争激烈的社会上发挥积极的作用。体育教育以崭新的面貌出现在文化学等学科的视野中，从而获得丰富其内涵的千载良机，学生也在分享篮球运动发展成果的过程中养成"健康向上"的品格。

（三）教育学生形成团结互助品格

团结互助指的是借助集体的共同努力，整个共同体所自然而然地体现出来的帮助团体中其他成员的内心愿望及在此品格关照下的具体行动，它是保持群体章程和共同体组成原则不变的保证。团结互助借助成员对于团体所取得的社会声誉和实践成果的重视而得以强化，同时也可以直接表现为团体各分子之间人际关系的和谐、友好相处及致力于共同的长远目标而不计较个人一时一地的牺牲。

团结互助的落实，需要借助统一的思想路径和价值取向，及群体间大致相同的生活态度和行为举止来现身。在学校的校园中，篮球运动已经作为学生之间交流学习心得的一种介质，学校学生在一起进行体育活动时，不单在投篮、冲刺中完成个人身份的认同，也会在于其他同学的密切配合中增进彼此之间的了解和情谊。学校篮球的物质设施等文化形式给学校学生营造一种浓郁的精神文化氛围，使学生拥有相似的篮球价值观和基本一致的目标。篮球精神作为一种无形的精神黏合剂，能够起到糅合学校各种教育资源的作用，并能够通过增进参与篮球运动的学生之间的凝聚力来增进学校的吸引力。

篮球运动为学校的学生提供了参与社会实践和人际交往的机会，篮球运动以其不可阻挡的魅力吸引着各个年级的学生参与进来，引导学生从现实的视角分析他所生存于其中的世界。另外，篮球运动所蕴含的敢于进取、永不服输、团结才能够获胜的精神文化对于学生凝聚集体的力量战胜困难有着现实的启发功能。

（四）教育学生增强爱国主义情操

在世界经济一体化深入发展的当今时代，体育成为增强学校学生爱国主义情操的纽带，是对学校学生实施国情国体教育的有机环节。在 21 世纪的今天，体育超脱了它萌芽时的最初含义，承担着民族国家腾飞和自立于世界民族之林的重任。以体育的内容来分析，当今体育不仅有竞赛夺标、争取卓越的竞技运动，也有修养身心、安心立命的养生体育。现代体育将哲学思想、价值理性、产业经济和休闲娱乐等人类生活的各个方面都囊括进来，可以说是一个包罗万象的万花筒，它更是发展为一个国家引以为荣的精神象征。

现代体育自从与世人见面之后，就与民族的命运紧紧联系在一起，和民族同命运、共呼吸，和国家同尊荣、共患难。国际性的体育竞技比赛从开幕式到闭幕式无不依托于举办国的民族文化和民族精神，为每一届的盛会打上鲜明的国家印迹和民族期待。大型体育竞赛的开幕式和领奖台上都会奏起运动员所属国家的国歌，这激励着人们的爱国主义热情。不论国家强盛或衰落，也不论国家先进或落后，这种国际仪式无不激发广大国民的家国认同和爱国感化，人们的精神境界也会随着爱国情怀的升腾而更上一层楼。

在体育全球化的当今社会，体育作为学校借以增强学生的爱国主义情操的重要媒介和有力工具。在此层面上说，体育教育是增加学校学生祖国感情和家园情怀的媒介。广大教育工作者应该扎实地做好以体育锻炼为手段促进学生爱国情操的提升，教育学生积极参加体育活动，锻炼好身体。

二、篮球精神文化的激励性

（一）激励学生参与篮球运动的热情

兴趣和热情是几乎所有学校学生参与校园集体活动和体育锻炼的基本原因，是学校学生学习文化知识和掌握先进技术的最初动因，是触发其积极性的关键。人们从事其所感兴趣的活动时，思维活跃、精神集中，而从事没有缺乏兴趣的活动时，思维迟钝、容易走神。兴趣可以激发学生做事的"主动性"，长期持久的"兴趣"会形成一种良好的习惯。

学校的学生要想有一个健康的身体和充沛的精力，要想早日实现成为社会栋梁的人生愿景就必须定期定时地参加体育锻炼。所有形式的体育锻炼所具备的保持健康的效用并不是一劳永逸的，若坚持一段时间的锻炼之后，就将其束之高阁，其效果就会随着运动的停止而减弱，致使身体状况和未参加体育运动之前未有不同。要想有持久的斗志，就应该调动每一个学校学生进行体育运动的热情，最大限度地发挥体育的健身价值。

篮球是一项能够依据参与人数的多寡、各年级学生的多样需求和不同的课堂要求而变化的运动项目。借助这种具有高度普适性的运动项目的开展，学校的学生能够对篮球增加新的了解，从而提高其从事篮球活动的积极性。学校篮球精神文化，不怕困难、勇于攀登的进取精神不单刺激着学生敏感的神经，更能够激发他们参与其中的热情。此外，学校篮球精神文化也能够促使学生在篮球活动中自觉遵守运动规则，引领其掌握高效的篮球技巧，督促其提早形成终身进行篮球运动的体育意识，从而更好地实现学校体育教育的目的和阶段目标。

（二）激励学生不断提高心理承受力

"心理承受力"指的是人们在先天遗传的"心理素质"基础上，在后天生活环境、教育经历等的规约中自觉成形的一种"心理属性"和特征。较强的心理承受力是一种开朗、平和的积极心态的反映，也是自信心、自制力等心理素质的集中展示。较强的心理承受力必须以扎实的技术功底为基础；必须有坚定的信念、必胜的信心；必须有坚韧不拔的意志，凡事一定要有好的开头和好的结尾，并勇敢承担一切即使是最糟糕的后果。

一个人是否能够发掘出自身的最大能力，就要观察他是否有较强的心理承受能力，重要的就是观察他是否有坚定的信念、必胜的信心和调整心态的本领。若是缺乏较强的心理承受能力，在碰到棘手难题之时，往往显得不堪一击和脆弱无比。坚信自身的努力和付出一定会开花结果，才有可能立于不败之地。一个人的心理承受能力往往与其身心机能的调整能力高低和最大潜能的发挥与否紧密联系在一起：心理承受能力强，调整身心机能的能力就高，就能发挥自己的最大潜力；反之则反。

"现代高校教育应该重视对篮球精神文化的构建，帮助学生在进行篮球运动的同时不断地进行思考和探索，在教学的过程中注意篮球精神和文化的传播，帮助学生在运动的过程中不断提升自己的综合能力。"[①] 篮球竞技比赛以其超强的身体对抗和冷门迭出的比分成绩于瞬间判出输赢，同时这也在检验着参与比赛的双方队员的心理承受能力。竞技过程中难免会出现一些不可预测的事情发生，运动员唯有较强的心理承受能力，才能够有出色的表现，并取得比赛的最终胜利。篮球精神本质上就是一种不怕困难、勇于挑战的精神，是一种即使重兵压城也决不退缩的必胜勇气，不仅能够激励学生不断提高心理承受力，同时也是学校学生实现人生理想的基本动力。

三、篮球精神文化的辅助性

（一）助益勤奋好学的学习作风

勤奋好学的学习作风指的是学校学生这一群体在接受教育和在社会生活中逐渐形成的，展示学校校风校貌的一种集体意识，是在特定环境和文化氛围孕育下产生的集体思维定式。学习风气是学校的基于物质基础之上的一种社会意识，往往能够通过学校学生的日

---

① 王尧鸣．高校篮球精神文化探微［J］．当代体育科技，2018，8（16）：92-93．

常行为中得到充分的体现，是一种可以琢磨得到的不成文的行为规范。学习风气作为学校的一种社会意识，对于学生的成才与否有着不容忽视的意义。

在学校中，勤奋好学的学习作风是任何其他硬性规章制度和行为规范所不可比拟的。由于各种硬性规定更多的是在强调可以忍受的最低限度的行为标准，是从消极方面来考虑问题的，而勤奋好学的学习作风的辅助作用能够对各年级的在校学生产生巨大的感染力，帮助他们建立起好学是学生的职责的内心认同。勤奋好学的学习作风一旦形成，就能够释放出一种无形的规约能量，当一位学生看到其他学生在勤奋学习时，就会有发自内心的赞同和欣赏，从而使这种风气得以固化。勤奋好学的学习作风，一定能够在很大程度上扭转不爱学习的学生的学习态度，促使这些学生早日意识到勤奋学习的重要性，并付诸行动。

篮球文化所内蕴的乐观向上、热爱集体等是人类文化精神库存中的不败之花，它不单获得了超越单纯的体育运动的形而下意义，同时也获得了形而上的内涵，因而是学校开展教育活动和实施国民教育的一种不可或缺的辅助力量。此种精神文化同其他形式的例如航天精神、红旗渠精神一样对学生的成长和成才有着引导性的意义。学校篮球精神文化从篮球被发明的那一天起，就深刻地根植于广大学校学生的心目中和意识里，并以高尚的追求和丰富的内涵辅助学校的教学活动，促进学生的成长。

作为学校教育推进的潜泳暗流，篮球精神必定是一种不可估量的动力，促使学生在日常学习和社会实践中不断完善自我、追求卓越。它更会以其无私的情怀和包容精神垂青那些暂时陷入学习和生活的困境而又不甘落伍的同学，激励他们形成勤奋学习的良好习惯和攻坚克难的意志。学校篮球精神文化以多种方式、多策并举地影响着大学校园中的每一个充满活力的学生，并在侵入每一个学生心灵机体的过程中，铸造勤奋好学的学习作风，而反过来讲，勤奋好学的学校学习作风又会促进"学校篮球精神文化"不断增加新的成分。

（二）助益自立自强的生活作风

自立自强的生活作风从心理的维度来看，它是人们根据自己的人生价值取向和思想观念来自觉调整自身行为，在力所能及的情况下最大限度发挥主观能动性的心理活动和决策过程，这种心理活动经过自动化之后历经岁月的磨砺就会形成一种自立自强的生活作风。自立自强是人们在个人成长的过程中，心理预期和社会现实产生强大反差之后所调和出来的一种稳定的素质，具体来说，就是一个人在做事时所展现出来的机智果断、机敏乐观等的性格特征和行为表现。

自立自强既能够在激烈竞争的篮球运动中得以显现，又能够出现在其他的生活场景中，尤其是在决定人生走向的重大关头。在篮球运动中，它是篮球运动员在夺标竞赛的过程中，自觉克服身体障碍和畏惧心理，追求最后胜利的意志努力。对于篮球运动员来说，自立自强的作风并不是生来就有或不练就有的，而是在日复一日的刻苦训练中逐渐养成的，它往往能够在篮球竞技比赛的关键时刻发挥意想不到的作用，甚至能够于瞬间决定整个赛场形势的走向。在双方体力和篮球技术旗鼓相当的篮球比赛中，胜利属于那一支拥有最多具有自立自强作风的球队。

篮球是竞争高度激烈的体育项目，篮球运动不仅是体能和篮球技法的较量，更是智慧和自制能力的比拼。在胜负难料、战局复杂的篮球竞技运动中，赢得桂冠的重要因素非篮球队员的自立自强作风莫属，它是决定哪个球队将要拔得头筹的砝码。篮球队员若要想在竞技场上有突出的表现，就只有求助于自立自强。竞技赛场上瞻前顾后、犹豫不决的篮球运动员，即使曾经练就多么扎实的技战术都注定是要尝失败的苦果。因而，篮球竞技运动不单内涵有技术的比拼，更有自立自强作风的成分。篮球运动把广受赞誉的自立自强的精神带给学校的学生，使学生不论是在生活还是在平时的学习中都要发挥自己最大的努力，发掘自身所拥有的无限潜能。

（三）助益踏实肯干的工作作风

篮球项目是一种处处洋溢着速度力量和年轻朝气的活动，篮球队员争先恐后的扣篮、转体与团队合作无不吸引着参与其中的人们。在大型篮球竞赛中，参与比赛的双方队员不论曾经取得过多么辉煌的篮球战绩和运动成绩，都在用尽全力，当仁不让。篮球竞技运动的结果难以预料，学校的学生在进行篮球的审美活动时，能够抒发压抑已久的内心苦闷和生活压力，其心灵随着篮球运动员的每一次成功进球而放飞，欣赏和参与篮球比赛的过程就是获得新生的过程。因而，现代篮球运动由于它不可阻挡的魅力成为当今最受学生欢迎的体育运动而在几乎所有学校的课外活动中占据不可替代的位置，故此，也是学校学生课余生活的一部分。

篮球项目能够在学校取得生存资本的原因在于篮球队员们借助身体的能量和理性比拼，整个过程一波三折、引人入胜，篮球队员运用各种各样的篮球技术组合，不时使出自己的撒手锏和看家本领，而比赛过程中队员之间的默契和争分夺秒的努力更是令人感动，所有这些都在无形中增添篮球运动的魔力。学校的学生对篮球运动的情有独钟和酷爱并不是由于某一个篮球明星出色的技术及其所取得的社会声誉，而是源于以篮球为介质体味生命的神秘力量和生而为人的意义，同时这是促进学校学生成长的机会。篮球项目是一种具有全方位锻炼价值的体育运动形式，能够养成学生各方面的素质，尤其是助益于培养学生踏实肯干的工作作风。篮球项目技术和战术的发挥是在篮球场这种特定的空间场域，有明确限定的时间范围内进行的，各个运动员都会发挥所学的篮球技术全力以赴的集体性运动。这种集体性的运动不仅能够使学生产生集体归属感，同时也能够在促进学校学生个体身心健康和踏实肯干的工作作风的养成方面发挥积极的辅助作用。

学校的学生借助参加篮球运动，可以增长人体知识、升华人生境界，获得审美的愉悦。大部分参与篮球活动的学生都有愉悦的体验，都不同程度地获得了身心的放松。因而，学校应该在课堂内外组织形式多样的篮球活动，给学生创造更多参与运动的机会，使其领悟篮球运动的"精神文化"风貌。同时在体育的课堂教学中，篮球教师应该启发学校学生安排好平时学习和参加课外社会实践的时间分配问题，以此帮助开发学生的理性思维能力和实践活动能力，督促经常参与身体锻炼，从而形成踏实肯干的工作作风。此外，学校还要定期维修篮球设施和篮球运动场地，满足学校学生参加体育活动的客观需求，定期组织各种规模和各种形式的篮球比赛活动，例如篮球技能大赛等在引导学生练好篮球技术的过程中，形成踏实肯干的工作作风。

四、篮球精神文化的领先性

（一）引领学校课程改革大潮

以往的体育课程理念一直追求体育教育所引起的学生的外在体育成绩的提高，并且在整个体育课程教育过程中，体育教师只关注一次体育课的即时效应，而对其所产生的长远效果着力甚少。学校的体育课程应该以提升学校学生的自觉的体育意识为目标，为学生在校期间和将来从事体育探索和社会体育实践提供认识论和方法论的指导。就篮球的课程教育和课堂教学来说，学校应该从创设浓郁的篮球精神文化环境入手，使学校学生在"篮球课堂"和"课外篮球体育活动"中提高运动技术，并完成"篮球自觉意识"的建构。

学校的篮球课程教育和基础教育阶段篮球课程内容的相异点就是能够对于不同年级的学生实施不同的课程内容，使大部分接受篮球课程教育的学生都能够乐在其中并有所收获。学校的篮球课程改革和内容的调整在加大篮球精神文化比例的同时，也能够加深学校学生对于篮球项目的认识，并引领学校的体育课程改革大潮。

（二）引领学校媒体宣传趋势

媒介宣传是学校学生获取篮球精神文化信息的最有效的途径。借助发达的媒介，不单能够普及有关篮球的技术知识和文化底蕴，更能创造浓郁的学校篮球文化氛围，引导学生更多地关注篮球。而转播由中国篮球队员参与的大型篮球国际赛事更能够引发学校学生的爱国情感，传播篮球文化是学校实现体育教育目的的有效方式。学校媒体加大力度宣传篮球文化，在吸引更多观众的同时，事实上也在引领着学校媒体宣传趋势。

学校的宣传媒介是电子计算机和互联网技术快速发展的成果，它已经占领学校文化信息传播的高地，并内化为当今学校学生生活方式的重要标志和有机成分，对学校学生的人生价值取向发生了潜移默化的影响。学校应该抓住互联网飞速发展的有利时机，积极宣传学校篮球精神文化。运用图书馆网站、报纸宣传栏等信息传播媒介，定期制作篮球精神文化专题，大力宣传篮球精神文化，使篮球精神文化充溢在学校校园的每一个角落，并深入每一个学生的意识中，以宣传篮球精神文化为突破口，引领学校媒体宣传趋势。

（三）引领学校体育竞技走向

一支竞技能力突出的篮球队是学校形象的一面镜子和全息缩影，是学校不折不扣的面世脸谱。学校篮球队队员奋不顾身的运动激情和积极向上的挑战精神是点燃学校学生努力进取精神火花的燎原之火。高水平篮球队是将来学校竞技发展的风向标，为此，学校要倾注大量心血着力打造一支能征善战的篮球队和培养一批拔尖篮球运动员。学校篮球队的薪火相传与学校浓郁的篮球精神文化氛围以及篮球运动队引领学校体育竞技发展方向的事实有着密切的关联。为此，学校不仅要重视培养那些有篮球运动天赋的学生运动员，更要将精力放在学校篮球的普及上，为高水平篮球队的发展奠定群众基础。

篮球项目的竞技训练和文化传播在西方发达国家的学校文化中有着突出的位置，并作为一种精英文化而存在。

五、篮球精神文化的稳固性

（一）稳固的历史文化传承

学校篮球精神文化以学校基础设施及其自然环境为其存活的场域，它孕育并长期发展于学校校园中，同时承担着塑造学生精神的任务。学校篮球精神文化在养生身心和谐发展的高素质学生方面具有突出的作用。它塑造着学生的体育爱好、思想观念和价值取向，引导这一群体进行体育运动的主动性和自觉性；帮助其形成高尚的道德情操；引导学生增长独立思考和独立生存的能力；为学校学生进入社会成为社会的支柱和国家的栋梁做好准备。这就是学校篮球精神文化同其他形式的学校精神文化有较大不同点的地方，而这种不同主要体现在如下几个方面，并表现出此种精神文化的稳固性。

第一，篮球精神文化身体教育与技术熏陶相结合的教育方式历来一脉相传、代有发展，它一方面借助篮球技术和运动特征来传达其增强身体素质的健身价值，另一方面借助其文化本身不变的特质来传达提升精神境界和思想高度的文化意义。篮球是一种集体参与、制度严密和倡导公平竞争的运动形式，它对进取心强、斗争旺盛和充满活力的学校的学生具有强烈的吸引力。例如，在学校定期和不定期举行的各种篮球活动（迎新篮球赛、毕业杯篮球赛、学校间的篮球锦标赛和学生篮球联赛等），对培养学校学生的历史使命感和集体自豪感及养成精益求精的做事方式和永不满足的开拓精神具有重要意义，这同时也是学校篮球精神文化的存世价值。

第二，高强度身体对抗的篮球比赛要求参与这种激烈运动的学校学生一定要遵守篮球运动规则和服从裁判的判决，即所有人都必须在同样的规则下公平竞争，任何人不得逾越运动规则，否则就会被警告甚至会被取消竞赛资格。篮球精神文化是在文明有序的体育活动中规范着运动员的言行举止，促使所有进行运动的参与者的行为都不得和规则相违背，这也是篮球精神文化通过硬性的约定俗成的规则来规范每一个参与者的行为，使之纳入大众能够接受的范围之内，而这种约束力量只要存在篮球运动，它就会稳固地存在。

篮球精神文化为学校的所有学生提供一整套行事规则，也促使学生在合乎大众期望的行为中受到社会化的教育。篮球精神文化能够帮助学生形成遵守纪律的行为规范，并自觉调节自己的行为举止，为承担光荣的历史使命和社会责任打好基础。

（二）稳固的学校篮球课程

所谓的稳固是所有事物的某种良性的运转和代谢过程，指的是在一个特定时期这种事物不会发生大的变动或者质的变化。学校篮球精神文化的稳固性在学校的篮球课程中有着鲜明的体现。学校篮球精神文化的稳固性是多种原因综合作用的结果，而此种人文精神形式和内涵在学校篮球课程方面体现为篮球课程的稳固性。学校篮球课程的稳固性能够在维持篮球文化价值和规范学校学生思想行为方面发挥重要作用。比如，每当学校篮球队参与大型赛事的激烈角逐获得胜利后，就会在学校学生当中一石激起千层浪，激发学校学生的集体自豪感和归属感，在客观上促进学校篮球精神文化的再巩固和稳固性的再强化。学校形成具有自己特色的篮球精神文化之后，必定在一个较长时期以稳固的形式存活于学校校园文化之中。学校篮球精神文化的此种稳固性和其他特性是互为依托、彼此映衬的关系，它既注重精神本身的过去更看重其前景，在取得稳固地位之后，走向更成熟的明天。

学校篮球精神文化的稳固性传达着篮球精神和时代气息的融合，它在吸收中华民族优秀文化内核的和高等学校教育精神意蕴之时，实现着稳固的传承。稳固性是一切事物取得更多成长机会的前提，学校篮球精神文化要想获得更大的生存场域就应该先求稳定，而后求得发展，取得更多发展成果之后的学校篮球精神文化又为其稳固性奠定基础。

（三）稳固的学校篮球制度

完善的学校篮球"运动制度"和竞赛"评价标准"是学校篮球精神文化得以存身的前提，其价值的显现得益于稳固的学校"篮球制度"的有力支撑。学校篮球精神文化不单有着润物细无声的软文化，同时还有参与篮球竞技活动所必需的硬规定，那就是篮球制度。完善的篮球规则和竞赛管理体系能够促使学校篮球的各个方面的和谐有序推进及取得预期的目标。学校篮球竞技比赛中不论是篮球队员，抑或是裁判都必须表现出高度的组织纪律性，都必须身体力行篮球运动竞技的章程法纪，否则就会受到规则的制裁。此外，篮球制度提倡的无不是团结友爱、公平竞争的社会道义和伦理章法，督促所有参与此项运动的人都无一例外地维护规则的尊严和章程的完善。篮球运动章程和规约会对于每一个运动员产生潜移默化的积极影响，促使其不但在篮球运动场上是遵纪守法的模范运动员，也会促使其在社会生活中自己遵守规章制度和法则律令。

在学校中，学校学生上课的时间只是其整个学生生活的一个部分，而非全部，学生有大量"自由时间"，于是课外篮球运动充斥着学生的课外生活，学校篮球精神文化在学校学生的课余时间得以集中创造和广泛传播。学校学生的课外篮球活动不单囊括充满激烈竞争的运动竞赛，也含有交际娱乐性性质十足的篮球俱乐部的社会实践。学校的学生借助参加形式多样的篮球俱乐部组织的相关活动，在俱乐部中尽情展示自己的各种才能，推动着丰富校园篮球精神文化内涵的实践发展。

学校在筹备篮球社团及社团活动时，一定要充分考虑到学校自身的特点和学校学生的身心发展规律，以促进学生的素质提高和能力提升为办社目的。此外，学校还要实行篮球表层和深层文化相统一的策略，创办篮球社团的分支机构，例如花式篮球组织、游戏篮球社团等，为学校学生提高篮球运动兴趣和锻炼多方面的才能提供机会，让学生在各种篮球社团组织中接受篮球精神文化的熏陶，实现学校教育的目的。

第四节　篮球精神文化对体育教育的促进

一、篮球精神文化对学校教育的影响

（一）促进学校体育教育的社会化

自发明篮球运动之后，这项运动风靡全球，自然也迅速进入了校园，融入校园文化，对学校的体育教育起到了非常重要的作用。这项运动具有国际性，美国职业篮球联赛（NBA）就是由不同国家的球员会集在一起展开的篮球比赛，而独特的篮球文化也成为各个国家的标志。我国不乏在校园里因为篮球文化得到机会的学生，球场上的表现也映射着自身的品质，在学校组织开展篮球活动时，通过自身良好的表现就有可能得到认可。篮球文化属于社会文化，篮球比赛的开展有利于学生与社会的交接，能促进学校体育教育和社会的联系，进而使学生能接触到社会领域，开阔自己的视野，锻炼自己的心理素质，加强学生对社会的了解。

（二）提升学校体育教育的多样化

国外的生活方式、文化观念的不同，加上我国学生了解国外文化的机会不多，所以我国学生大部分对于外国的篮球文化知之甚少，对其充满了好奇，这也促进了学生对于学习篮球文化的兴趣，使学生能够积极地参与到篮球文化的传播中。并且篮球文化的传播是带有娱乐性的，在娱乐的同时篮球文化就会慢慢地渗入学生的脑海里。我国篮球文化主体引用国外主体，这也造成了理念、文化的冲突，而这些理念、文化的差异也为我国学校教育添加了新内容，使学生能接触到不同的教学内容，感受不同的教学形式，进而领略篮球文化的独特之处。

（三）有助于提升学生的综合素质

篮球是一种竞技性的运动，自从篮球文化融入校园，这种竞技性的运动方式受到了广大学生的喜爱。篮球运动能够增强肺活量、提高身体免疫力、提升身体素质。因为篮球运动中对身体负荷较强，所以对学生的身体素质提升很明显。"随着社会竞争日趋激烈，对人才需求提出了更高标准，即要在激烈的竞争环境中能够快速融入到团队中实现自我价值。"[①] 在篮球运动中，能更深刻地让学生理解团队合作的重要性，养成"胜不骄，败不馁"的良好品质。篮球运动会使大脑释放愉悦的信号，能够调整学生的心态。所以，篮球文化在学校体育教育中的推广对于提升学生的综合素质有着很大的影响。

二、提高篮球精神文化教学，促进体育教育质量提升

（一）重视篮球文化对学校体育教育的影响

学校应积极转变体育教育思想，加强对篮球运动和篮球文化的重视，积极开展篮球教学，并在篮球教学中渗透篮球文化，提高教师和学生的篮球文化意识。具体来讲，学校应将篮球运动纳入课程教学的范围，并制定明确的篮球教学目标和篮球教学方案，强调学生终身体育观念的培养。并且，学校应积极鼓励体育教师在篮球教学过程中渗透篮球文化，强化学生对篮球文化的学习，让学生在篮球文化的基础上深入认识篮球运动。

（二）增加篮球运动开展的方式

篮球运动适应许多活动，各大学校可以通过班与班、系与系之间展开篮球比赛增进班级友谊，同时也能吸引到更多学生对于篮球文化的求知欲。篮球比赛的展开要公正、公

---

① 李昕. 高校篮球教学中的合作意识培养探析 ［J］. 运动，2013（24）：101.

开，使学生在享受运动的同时能够得到公平的对待。学校应积极倡导篮球比赛的展开，给学生一个展现自我的平台，让篮球运动在大学校园成为一种风尚，使尽可能多的学生了解到篮球文化，体会篮球文化的独特魅力，让更多的学生参与到篮球运动中。

学校可以通过运动会、校篮球比赛、学校联赛之类的方式增加展开篮球运动的机会并增设奖品，让篮球比赛更加充满竞争性，令其他同学能够感受到拼搏的氛围，进而提高篮球文化教学质量。

（三）提升篮球教师的综合素养

在校园里学生想要了解篮球文化主要是通过篮球教师来了解，所以篮球教师的综合素养对学生了解篮球文化是至关重要的。作为教师，先育己才能育人，所以篮球教师应当提升自身素养，给予学生一个良好的印象。篮球教师的知识以及对篮球文化的理解会影响学生对篮球文化的第一印象。篮球教师应该提高自己对篮球文化的理解，以自身为榜样来领导学生们积极地参与到篮球运动。篮球教师应该把学生当作核心，将正确的篮球文化传播给学生进而丰富学生对篮球文化的知识。篮球教师应当多组织篮球活动，丰富自己组织活动的经验，提升自身综合素养，提升学生们对篮球文化的正确认知，通过专业化的指导来提升学生们对篮球文化的兴趣。所以，想要提高篮球文化教学质量必须提升篮球教师的综合素养。

篮球精神文化，是由篮球这项运动中包含的技能、知识所产生的一种独特的文化。如今，篮球运动已经融入了大学校园，深受学生们的喜爱，每个大学里都设有篮球场地来提供学生们进行篮球运动，并且学生们可以通过参加各种篮球比赛来丰富自己的社会经验，展现自我。我国的篮球文化是从国外篮球文化的主体上延伸而来的，所以学生们在体验篮球运动时更应该多了解篮球文化，体会篮球文化带来的魅力，促进德、智、体全面发展。学生们可以通过了解篮球文化来开阔自己的视野、提高自身综合素质、丰富自己的校园生活。所以，篮球文化对于我国体育教育有着非常重要的影响。

第十一章　体育课程思政建设与精神融入

第一节　课程思政的内涵阐释

一、课程思政的内涵界定

课程思政是以思想政治理论课的改革创新为背景，以思想政治理论课之外的其他课程作为载体，通过挖掘和整合所有课程中的思想政治教育内容对学生进行思想政治教育的一种教育方式。课程思政的目的在于充分利用其他学科的育人功能，使学校的思想政治教育工作达到润物细无声的效果，最终实现立德树人的根本任务。

第一，从理论的角度看，课程思政是传统思想政治教育理念上的创新。课程思政是将学校各个学科与思想政治理论课"同向同行"，充分发挥学校所有学科的思想政治教育功能，进而达到全课程育人的一种创新教育理念。课程思政的核心在于把思想政治教育内容融入各个课程当中，让思想政治教育内容与专业知识有机结合起来，实现润物细无声的教育目标。

第二，从实践的角度看，课程思政是传统思想政治教育载体上的创新。课程思政既不是增设一门课程或一项活动，也不是将其他学课程进行专业知识弱化，更不是将其他课程"思政化"；而是通过对思想政治理论课在内的所有课程内容的挖掘更加充分地发挥课程的育人功能，通过优化课程设置、课程安排、教材制定、教学方法等方面，统筹各个课程的思想政治教育元素，明确各个课程的承载能力，使所有课程都能成为科学化、理想化的思想政治教育载体。

第三，从发展的角度看，课程思政是传统思想政治教育本质上的创新。课程思政打破了传统思想政治理论课作为思想政治教育的单一渠道；深化了对学校传统思想政治教育的认识；将思想政治教育工作延伸至所有学科，拓宽了渠道、丰富了载体，有利于将思想政治教育工作贯穿于所有学科、教材、管理体系当中，对于学科设置、课程编排、教材制定以及教学方式都是一种发展性创新。

二、课程思政的基本特点

（一）课程思政的隐蔽性

课程思政是采取隐蔽的方式，将思想引领、道德熏陶、心理健康教育及劳动教育等方面的内容渗透到教育教学活动中，传授给学生，影响学生，寓教于无声无息之中。课程思政所强调的是将价值观引导隐蔽在教育教学活动中，在教育教学活动开展的过程中不构成形式上、感觉上的价值观引导，而是构成事实上的价值观引导，即隐去的是价值观引导的"形"，让价值观引导在施教过程中不被学生所直接感受到。所以，课程思政是"隐形"之教，它所追求的价值观引导是隐蔽于教育教学活动中，其隐蔽性具体主要表现在以下两个方面：

1. 施教过程的隐蔽性

专业课教师进行课程思政建设，是将思想引领、道德熏陶、心理健康教育、劳动教育等方面的内容渗透于专业知识之中，使学生在学习专业知识的过程中接受价值观教育。专业课教师所开展的课程思政施教过程也是其所隐喻其中的价值观引导过程，学生所直接关注的是专业知识的学习活动，而没有直接体验到价值观引导活动，甚至没有感觉到价值观引导的存在，因此其施教过程是隐蔽的。虽然专业课教师具有明确的价值观引导动机，但却没有外在地表露出来，因此这种施教过程与思想政治理论课具有明确的施教动机和过程不同。这种隐蔽性必然要求专业课教师并不是将价值观引导标签式地贴到专业知识中，而是要实现价值观引导与专业知识教育的合二为一，达到价值观教育与专业知识教育形式与内容上一体化。

2. 受教结果的隐蔽性

课程思政改革要求专业课教师将思想政治教育元素熔铸在专业课程的专业知识中，对于学生而言，在整个施教过程中，他们的整个思想是向专业课教师的施教开放的，不存在主观的封闭和逆反倾向，所以其教育效果是突出的。但是由于专业课教师进行价值观引导的施教过程也是专业知识的传授过程，学生所直接关注的焦点在专业知识上，而不是其背后蕴含的思想政治教育资源。因此，课程思政所取得的价值观教育的效果往往会被专业知识的传授所暂时遮蔽，一般不会即时即刻地暴露出来。从这一意义上来看，课程思政有异于思想政治理论课，教育效果具有滞后性。

（二）课程思政的依附性

我国学校专业课教师无法孤立地对学生进行价值观引导，而是要依附一定的载体，通过这个载体将专业知识蕴含的思想政治教育元素不知不觉地融进学生的心灵，并对其产生影响和发挥作用，这一载体就是专业课程，所以依附性是我国学校课程思政的特点之一。专业课教师只有全面、正确地把握依附性这一特点，才能增强学生价值观教育的实效性，提升价值观教育的渗透力、感召力、说服力和吸引力。因此，专业课教师须对自身所授的课程进行精心设计，精心组织教育教学活动，使学生身体力行，积极参与，从中陶冶情操、树立信念、培养意志。

课程思政建设要求专业课教师依附一定的课程向学生传递专业知识蕴含的思想政治教育元素，而这种课程能够为专业课教师所操控。专业课程是将专业课教师与学生联系起来的形式和手段，双方须依附于这种形式和手段发生双向互动。课程思政的本质在于育人，围绕这一本质，专业课程教学致力于实现知识传授与价值引领的同频共振，使学生在学习专业知识的同时，受到价值观的熏陶，进而成为合格的社会主义建设者和接班人。专业课程承载了丰富的思想政治教育资源，以课堂教学为主要表现形式的专业课程也能为经过专门培养的专业课教师所掌握和运用。在课程思政建设的过程中，专业课教师与学生之间正是依附专业课程教学这种有效形式发生着多维互动，产生着积极的教育效果。

（三）课程思政的浸润性

思想政治理论课与其他课程的一个显著不同就是自身的特殊性质，就是要将思想政治理论传授给受教育者，这显而易见是一种显性思想政治教育。课程思政则不同，它是要求专业课教师在讲授相关学科知识理论时渗透价值观引导，将价值观引导寓于每个专业、各类学科以及课程之中是显在的，但其本身的存在方式是内隐的，是一种隐性思想政治教育，但是二者的存在是同一的。换言之，在课程思政的实践存在中，课程思政表现的外在形式是单一的，但其内在的目的、意图以及内容是多维的。

课程思政是在不破坏原有的思想政治理论课的前提下，专业课教师积极开发各自所属专业、学科以及所在课程中的思想政治教育元素，将价值观引导体现在课堂教学的全过程以及各个环节之中，突出的是融合中的浸润。浸润是将价值观引导潜移默化到每个专业、各类学科以及课程的每一个环节之中，而不是将价值观教育置放在每个专业、各类学科以及课程的某个环节。这一点体现的是浸润的精髓与灵魂。换言之，开展课程思政建设，关键是要具有隐性育人的意识，要在课堂教学中植入隐性教育之魂，实现价值观引导与其他课程的融合，从而达到思想政治教育与其他课程形式与内容的一体化。

一方面，课程思政的顺利开展有利于充分发挥教师的主体性作用。在课程思政建设过程中，教师作为兼具能动性与创造性的主体，主要表现为对课程思政建设过程组织实施的主体性、对受教育者施教的主体性、对自身发展的主体性等方面。因此，课程思政建设有利于推动教师形成完善的知识结构、正确的思想观念，从而在知识量的储备和思想观念的先进性上优于学生。

另一方面，课程思政的顺利开展有利于继续深化教师的主导性作用。虽然课程思政强调须尊重学生的主动性与自主性，但是教师作为教育内容的实施者和教育活动的发起人，应深化自身的主导性作用。教师的主导性主要表现为其在整个教育教学过程中的有意识性，课程思政建设有利于促使他们结合教育任务、目标的需要和学生思想发生的新变化，及时引导和调控活动的进程和发展方向，根据新时代下的新情况采取不同的应对办法，从而彰显自身的主导性。

三、课程思政的重要意义

（一）课程思政是勘探专业课程育人元素的需要

"体育课程思政建设的思维向度正由'大水漫灌'向'精准滴灌'转变，由此凸显的建设指向和生成的相应推进理路是形成体育课程思政建设实践体系的重要内容。"[1] 社会成员经由学校这座桥梁，接受教育的过程是实现社会化，进而成长为合格公民的过程。学校如果只片面地要求学生学习专业知识、练就专业技能，而不引导学生如何学会生活、学会做事，学会生存，就很难塑造他们的责任意识、使命意识和权利义务意识，就会拉低教育的境界，使学生缺乏理想和追求。在我国传统的教育理念中，传道、授业、解惑是目的与手段的关系，而长期以来，这种传统似乎被弱化和遗忘了。尤其是专业课程，专业课教师多数情况下都是以授业和解惑为目的。新时代对于学校的立德树人工作提出了新诉求，各学校逐渐意识到应该在授业和解惑中融入传道，实现教书与育人的统一。

内含教育目标、彰显教育内容的载体，是学校教育教学活动的基本依据，因此专业课程育人元素的勘探是隐性课程发挥育人功能的基础。任何一门课程都包含知识、方法与价值三个维度，知识是本学科的基础知识和基本概念体系；方法是基础知识和基本概念体系背后蕴藏的思维方式与行为模式；价值是该思维方式与行为模式背后潜隐的情感、态度与价值观。这三种维度相互联系、相互贯通、相互渗透，有机地构成一个整体，任何一个维度目标的实现都是在于整体目标的相互联系中实现的。所以，每门专业课程都同思想政治理论课一样，具有丰富的思想政治教育资源。

目前，学校仅靠思想政治理论课对学生进行价值观教育是远远不够的，专业课程在吸引学生、感染学生、引起学生共鸣方面比思想政治理论课更具优势。专业课程的课程思政

---

① 赵富学，彭小伟. 体育课程思政建设的思维向度转换与推进理路生成 ［J］. 上海体育学院学报，2022，46（11）：1.

元素蕴含着启迪人们智慧、激发爱国热情、拥有社会正义感、负有社会责任感、具有文化自信、充满人文精神等价值范式的思政元素。

（二）课程思政是铸牢专业课教师政治信仰的需要

信仰是最高价值的信念，它是一种精神形式，在引导和激励人的思想、感情、行为的作用方面，信仰的力量比任何其他意识形态都更巨大、深刻、持久。人在信仰的激励和引导下，在思想、感情、意识、意志等精神活动中形成一个闭合完整的行为导向，人一旦有了信仰，就会付诸以最真挚的情感来维护它，并会以最理性的智慧寻找和建立它存在的合理性依据，并千方百计地进行理论明证，证明它存在的客观真理性。教师要做到有学识、有品质、有德行、有信仰，学生才能心向往之，才能做学生锤炼品格的引路人、学习知识的引路人、创新思维的引路人、奉献祖国的引路人。所以，课程思政中的专业课教师必须有政治信仰，才能成就课程思政铸魂育人的伟大使命。

专业课教师的政治信仰体现在胸怀共产主义远大理想层面上。课程思政中的专业课教师要深切体会到共产主义社会的实质，体会到人性自由全面解放与发展的科学性。人才培养需要教育，专业课教师胸怀理想，才能认识到专业课教育是为了培养某类人的成才教育，而思想政治教育是培养某种人的成人教育，只有将成人与成才教育合理融合，才能培养出全面发展的时代新人，才能成就人民美好生活愿景，才能成就共产主义远大理想。引导学生立德成人、立志成才，是当代教育工作者的根本任务和神圣使命，也是受教育者提升满意度与获得感的必由之路。

专业课教师的政治信仰还体现在坚定中国特色社会主义信念和中华民族伟大复兴的信心上。课程思政中的专业课教师在专业课讲授中，必须正确认知中国特色社会主义承载了中国共产党人百年探索史，创造了新时代中国特色社会主义的伟大成就。党和人民百年奋斗，书写了中华民族几千年历史上最恢宏的史诗。中国取得的伟大成就证明了中国特色社会主义道路选择的正确性，在现代化强国目标中体现了中国共产党人民至上的价值观。专业课教师必须在思想上认识到，中国选择社会主义道路的必然性和正确性，只有社会主义才能带领人民实现共同富裕的美好生活。坚定中国特色社会主义的信念，坚定实现民族复兴中国梦的信心，才能认同中国共产党领导是中国特色社会主义制度的最大优势和根本所在。

（三）课程思政是将思政工作贯穿育人全过程的需要

全过程育人的实质在于将思想政治教育潜移默化地渗透到教育教学全过程之中，教育教学全过程就是学校在立德树人过程中围绕育人这一中心任务，坚持知识逻辑与价值逻辑并驾齐驱，在遵循教育教学规律和学生成长成才规律的基础上，充分发挥课堂教学和其他教育实践活动的育人功能，从而保证思政工作在时间上的不间断性和过程上的可持续性。

思想政治工作和教育教学虽然都具有育人功能，而且都致力于为国家培养输送建设者和接班人，但是二者毕竟在运行逻辑和管理方式上不尽相同。就思想政治工作而言，它的任务在于将社会价值理念转化为个体的思想观念和行为准则，对于社会价值秩序的再生产产生维护和推动作用，是一种规范性逻辑；就学校教育教学而言，它在落实教书育人、科研育人等要求的基础上还有一定的自主空间，具有明显的专门性，主要遵循知识性逻辑，所以，将思政工作贯穿教育教学全过程，就必须解决好规范性逻辑与知识性逻辑的关系问题，即如何勘探不同学科蕴含的思政元素，怎样实现二者有机衔接的问题。

教育教学过程包括教师教和学生学两个部分，它不是单向度的传授过程，而是双向度的互动过程。在对学生进行价值观教育的过程中，专业课教师通过有目的、有计划、有组织的师生活动，使学生自觉地学习和运用专业基础知识与基本技能，在此基础上引导他们形成符合社会发展要求的价值观和道德品质。课程思政建设强调育人的连续性和不间断性，具体而言，从学生入学到离开校园这段时期，专业课教师就要牢记立德树人的初心和使命，结合所授课程的性质对学生给予价值观引导，思政工作是连续的、不间断的。

第二节　体育课程思政及其实践策略

一、体育课程思政的育人体系

（一）体育课程思政的基本原则

课程思政指以构建全员、全过程、全方位育人格局的形式，将各类课程与思想政治理论课同向同行，形成协同效应，把立德树人作为教育的根本任务的一种综合教育理念。学体育课程思政以体育课程为载体，以立德树人为根本，充分挖掘蕴含在专业知识中的德育元素，实现体育课与德育的有机融合，将德育渗透、贯穿教育和教学的全过程，帮助学生塑造正确的世界观、人生观、价值观，助力学生的全面发展。体育课程的设置应遵循以下原则：

1. 遵循教育规律原则

遵循思想政治工作规律、教书育人规律和学生成长规律，提高体育教师对体育课程思政工作认识，提高体育教师将思想政治教育融入体育课程教学能力，明确体育课程思政目标、优化教学方案、健全体育课程思政评价体系。

2. 实事求是原则

体育课程思政教学工作要从体育教学实际出发，探求体育课堂教学与学生接受偏好特点，贴近学生思想实际，以改革创新精神做好体育课堂思想政治工作。在师生互动交流中进行思想引导，有的放矢、生动活泼地开展工作。同时，注重发挥师德楷模、名师大家、学术带头人等群体的示范引领作用。

3. 创新思维原则

传承中国传统文化，全面总结经验，适应新时代变化，加强创新，推动体育课程思政建设工作不断深化，推进体育理念思路、内容形式、方法手段创新，增强体育课程思政工作创新性和实效性。

4. 注重实效原则

强化体育课堂实践育人，提高实践教学比重，组织师生参加实践活动，完善协同育人模式；在体育教学中引导思想教育，加强师生人文关怀和学生心理疏导，促进学生身心和人格健康发展；健全体育课程思想政治工作评价体系，研究制定内容全面、指标合理、方法科学的评价体系。

（二）体育课程思政教学监督评价体系

1. 体育课程思政教学同行评价指标体系

由于同行对教师体育课堂教学内容比较了解，并且具有相同的教学经历，因而他们对体育课程思政教学内容是否正确、教材使用是否妥当、教学组织是否成功具有绝对的发言权。所以，同行对体育课堂教学质量的评价具有极强的说服力。由于同行对教学内容比较了解，具有一定的相同教学活动，其评价重点应是体育课程思政教学内容、体育课程思政教学方法和体育课程思政教学效果，具体评价项目如下：

（1）思政教学目标应符合学生实际情况，并贯穿于整个教学环节。

（2）体育课程思政教材选择合理，教学设计层次清晰，善于利用思政教材。

（3）体育课程思政教学组织过程分配合理，层次清晰，调控得当。

（4）体育课程思政教学方法多样化，能够激发学生兴趣，使学生积极参与，课堂气氛活跃。

（5）体育课程思政教育内容明确，师生关系和谐。

（6）体育课程思政教学既要考虑到大多数学生全面提高，又要照顾到薄弱群体的学习与需要。

（7）体育教师的语言及示范动作具有感染力。

（8）体育教师的教态、举止自然大方。

（9）体育教师课程思政教学应变能力强。

（10）体育课程思政教学能启迪学生思考、联想、创新，思政教学特色显著。

2. 体育课程思政教学领导和督导组评价指标体系

学校教学巡视员和督导员，是学校领导聘请离退休的教授和在学校从事多年体育管理工作的领导，他们既有丰富的教学经验，又有一定的教学管理经验，对教学评价工作能从培养目标、教学基本要求、课程内容的深度和广度、教学环节等方面实事求是地提出意见，使评价尽量做到公平、公正、客观。学校领导或体育界退休的老教师专门组成督导组，代表学校对体育课的教学质量进行监控，在体育课堂教学质量评价中依然处于监控者的地位。

在评价体育课程思政教学过程中，督导组应注重对体育课程思政教学内容、体育课程思政教学方法与手段、体育课程思政教学效果的评价。具体评价项目包括体育课程思政理论知识的传授、与课程思政理论联系实际、体育课程思政案例恰当、精心组织、体育课程思政教学时间合理、体育课程思政教学与体育教学衔接恰当、启发教学等方面，评价指标分为优秀、良好、中等、合格、差五个等级。

3. 体育教师体育课程思政自评指标体系

体育教师是课堂教学活动的主体，教师通过对体育课程思政教学情况进行自我评价，有利于调动体育教师评价的积极性，加深对自我的了解，促使体育教师在自评过程中找出差距。同时，促进体育教师改善体育课程思政教学内容，改进体育课程思政教学手段和方法，提高体育教学水平。

（三）体育课程思政的教学保障机制

深入贯彻学校内部体育育人战略，扎实推进体育思政育人格局。体育课程思政的同向同行离不开学校组织化体系机制担保，需要整合学校党委部门、行政机关、思政理论课、体育课程、学工系统等各个部门，建立党委领导下学校系统相互贯通的育人机制。

1. 建立体育课程思政的组织管理体制

学校体育部要高度重视，成立体育课程思政工作领导小组。建立健全体育课程思政教育教学的管理体制和运行机制，加强对体育课程思政工作的领导。各部门紧密配合，建立健全畅通的体育课程思政教学体系，狠抓体育课程思政工作的任务，把体育课程思政建设常态化、机制化，统筹推进体育课程思政教育教学工作。

2. 建立体育课程思政教学的宣传机制

体育课程思政教学要充分利用网页、宣传栏及微信平台等宣传媒体，为体育课程思政工作的推动营造好舆论氛围。体育教师要高度重视，把推进体育课程思政工作摆到重要位置，切实加强体育教学组织领导，精心组织课堂思政教学，统筹安排体育思政教学内容，确保教学工作扎实有效。

3. 建立体育课程思政教学的考评制度

建立科学评价体系，定期对体育课程思政工作实施情况进行评价，建立动态化、常态化、滚动式评价模式，及时宣传表彰、督促整改。把体育教师参与体育课程思政教学改革情况和体育课程思政效果作为教师考核评价、评优奖励、选拔培训的重要依据；改革学生的课程学习评价方式，把价值引领、知识传授、能力培养的教学目标纳入学生的课程学习评价；将推进体育课程思政教育教学改革成效纳入学院绩效考核评价之中。

二、体育课程思政的实践策略

以下以公共体育课课程思政教育为例，探索体育课程思政的实践策略：

（一）正确认识公共体育课课程思政的重要性

1. 公共体育课课程思政具有其独特性和优越性

公共体育课是一门以实践教学为主，辅之以必要的体育理论讲授的课程，在进行课程思政建设的过程中有其独特的优势，具体表现为，在体育训练中，可以有效地培养学生的意志品质，增强学生对优秀体育精神的感知。

以篮球项目为例，一场篮球赛不是单个人的单打独斗，而是一个团体的协调配合，共同发力，这就有助于培养学生的团队精神，同时在篮球赛竞争过程中，队员之间相互配合、相互信任，根据不同的赛况，在短暂的赛场时间中，如何运球、传球、防守、投篮等，其中蕴含着丰富的智慧，需要队员之间的勇敢付出、坚持不懈，才能达到期许的效果。同时在篮球竞赛中，有相应的规则，应遵守规则，严守纪律，这有助于培养学生的规则意识、纪律意识。以中华武术项目为例，在中华武术训练中，离不开学生的用心、坚持，但更重要的是在学习过程中，学生能近距离地感知优秀中华文化，不断地增强文化自信。

总之，公共体育课实践性强，且有各种各样的体育项目，每类体育项目中的思政元素不尽相同，公共体育课教师首先应认识到体育类课程的独特性，有效地分析各类体育项目的特性，寻找不同的思政元素，以及融入思政元素的不同契机，进而在实践教学中有针对性地进行课程思政。

2. 公共体育课课程思政工作覆盖面广，影响大

公共体育课课程思政工作覆盖面广，影响重大。主要表现为这门课程是面向体育专业

之外的其他所有专业学生开设，且公共体育课课程思政的发展不仅使学生学习到了体育技能，同时也有助于提升学生的思想政治素质，培养学生良好的人格，有助于学生的发展，同时也有利于整个社会的发展，公共体育课课程思政建设的影响重大。因此在公共体育课课程思政建设中应充分认识这一点，一方面，体育学院在制定相关公共体育课课程思政实施细则时依据实际情况，综合考量各专业学生的发展情况，统筹大局发展，制定可行、可用的相关细则；另一方面，教师在进行课程思政时，须充分地了解学生，了解学生的学科背景，个性特质等，有针对性地调节教学形式，优化教学方法，通过公共体育课课程思政的建设，不断地提升学生的思想道德修养。

3. 防止公共体育课课程思政出现片面错误做法

在推进学校公共体育课课程思政发展的过程中，要正确地认识和理解公共体育课课程思政的运行规律，公共体育课课程思政的发展不是生硬地将所有思政理论知识灌输到公共体育课中，也不是强硬地将公共体育课堂变成思想政治理论课堂，在实践教学中，要防止这两种片面的做法。公共体育课课程思政是在充分认识公共体育课程的基础上，挖掘课堂中蕴含的思政元素，思政元素是多方面的，例如政治认同、道德修养、人文素养、家国情怀、职业理想、法制意识等，多元的挖掘思政元素后，逐步寻找思政元素的融入契机，将思政元素有效地融入到公共体育课的教学体系和教学内容中，使学生在很好的学习体育技能的同时有效地提升自身的思想道德修养，提高公共体育课的实效性，增强学生的获得感。

（二）建立公共体育课课程思政的制度规范

1. 建立责任人制度

（1）学校层面对课程思政的发展做出整体规划和部署，在具体的执行过程中，学校须有专人或者成立领导小组分管课程思政建设工作，日常生活中指导和督促学校课程思政的发展工作，这样有利于学校课程思政工作的有效推进。

（2）体育学院层面，也应集中安排体育类课程思政建设，由专人分管公共体育课课程思政工作，统一协调处理公共体育课课程思政的发展工作，对公共体育课课程思政的发展集中管理，有效监管，推进公共体育课课程思政的稳步发展。

（3）公共体育课教师作为课程思政建设的直接施行者，应肩负起课程思政发展的责任，深入全面地了解学生，分析课程实质，综合运用多种教学方法，优化教学组织形式，将公共体育课课程思政的发展落到实处。压实主体责任，建立完备的公共体育课课程思政责任人制度，对公共体育课课程思政的发展有着重要意义。

2. 建立教师培训制度

教师在推进公共体育课课程思政的发展中起着关键性作用，建立健全教师培训制度，有利于不断地更新教师的知识结构，强化教师的思想政治工作能力，更好地推进公共体育课课程思政的发展。

（1）学校成立课程思政教师培训管理领导小组，制定课程思政教师培训实施细则、教师自学规范等，完善培训管理制度，结合学校的发展情况，依据不同学院的实际情况，制定学校组织培训制度，学校定期对教师进行课程思政发展培训，同时可以定期外派教师进行学习培训。在此基础上，体育学院内部也应制定公共体育课课程思政教师培训细则，结合不同课程的特性，有针对性地加强对教师的培训，增强其课程思政发展的能力。

（2）综合运用网络新媒体，引入一些网络培训课程，或者进行远程直播培训，不断创新优化教师培训方式，逐步扩大教师培训的覆盖范围，全面落实好课程思政教师培训制度。

3. 建立激励机制

（1）在公共体育课教学中，制定一定的激励制度，激励制度的建立应符合学生的发展实际，例如学生们在课堂中表现积极、勤于思考、积极配合教师的课程思政发展工作等，教师适当在总评成绩各考核模块分差允许的情况下增加学生的平时成绩，也可以给予一些奖品奖励，尽量让奖励形式多样化。这样有助于激发学生参与课堂教学的积极性，在教师与学生的双向互动课堂中，学生积极配合教师的教学，及时反馈学习效果，教师的教学积极性也会有所提高，教师不断地优化教学，在教学中积极地探寻公共体育课程发展突破口，有效地促进公共体育课课程思政的发展。

（2）学校、体育学院可以建立一些对公共体育课教师的激励制度，如果公共体育课教师课程思政发展得较好，同时各方面也很优秀，可以以增加绩效工资、优先评优评奖等方式加以奖励，不断激发公共体育课教师进行课程思政的积极性，从而促进公共体育课课程思政的发展。

（三）开展公共体育课课程思政的经验交流

1. 建立校内公共体育课课程思政交流平台

（1）加强不同学院内部的定期交流合作。应以开放包容的心态对待学校公共体育课课程思政的发展，不断地学习先进经验，交流互鉴。在学校内部，有着文史类、理工类、艺术类、医学类专业，不同学院的发展方向不同，所开设的专业课程不同，不同专业课有不同的特性，课程思政的发展角度可能有所不同，在对不同专业课课程思政发展的探索中，积累了不同的经验，课程思政发展的角度可能有不同的创新视角，定期地加强学院与学院之间课程思政发展的经验交流，相互学习，相互借鉴，有效地促进了课程思政的发展。

（2）定期举办教师教育教学技能比赛。公共体育课教师教育教学技能比赛可以是院级的、校级的，在条件具备的情况下，可以评选出优秀教师参加省级、国家级的相关比赛，通过技能比赛不断提高教师的教学技能，在比赛中表现优异的教师可以定期与其他教师分享经验，其他教师在自身课程任务完成时，可以去听听别的教师上课，在实践中相互交流学习，共同进步，努力提升公共体育课的教学质量。教师教育教学技能不是短时间内就能速成的，须在实践中不断地锻炼。

2. 建立校外公共体育课课程思政交流平台

（1）不同学校地域位置、师资力量、人才培养体系、教学资源等不同，关于课程思政的发展也会逐步建立起自己的一套体系，学校与学校间加强学习交流，建立互助平台，强化资源共享，在交流合作的基础上共同推进课程思政的发展。

（2）学校、学院聘请课程思政建设方面的专家，对学校课程思政工作进行专业指导，也可以举办专家座谈会、专家讲座等，不断提升学校课程思政发展的能力，保障学校课程思政工作稳步发展。

（3）加强校外合作，引入一些优质的课程思政精品网络课程，建立便利的课程思政网络交流平台，促使课程思政的科学发展。

（4）鼓励教师积极参加各类课程思政研讨会，定期进行进修访学，体育学院干部到相关学校进行挂职锻炼，学习优秀的课程思政建设经验，加强交流合作。

3. 公共体育课教师有意识主动开展非正式的交流

（1）公共体育课教师与思政课教师之间的沟通交流。学校公共体育课课程思政的发展涉及到公共体育专业知识和思想政治教育知识，在某种程度上，思政课教师更加擅长思政课的教学，思政课教学经验丰富，对思想政治教育的相关知识较为了解，而公共体育课教师更加擅长体育教学，体育教学经验丰富，对相关体育知识较为了解，因此在公共体育课课程思政发展中，公共体育课教师可以与思政课教师与进行交流学习，在交流中，思政课教师可以向公共体育课教师交流一些思想政治教育经验，公共体育课教师关于思想政治教育中的疑问可以及时向思政课教师请教，与此同时，思政课理论性较强，公共体育课实践性较强，公共体育课教师也可以和思政课教师交流一些实践课教学的经验，促进思政理论课的发展。思政课教师与公共体育课教师相互交流，相互学习，有效实现两门课程的互补，共同促进公共体育课课程思政的发展。

（2）公共体育课教师之间的交流。由于不同公共体育课教师的教学年限、知识水平、思想观念等不一样，因此教学经验不一，关于公共体育课课程思政的发展，不同的教师可能有不同的想法和观点，组织公共体育课教师集体备课可以集思广益，教师间相互交流教学经验，关于公共体育课课程思政的发展教师们相互讨论，共同寻找思想政治教育的融入契机，挖掘思想政治教育元素，有助于形成不同的优良观点，公共体育课教师之间相互交流经验，能有效地提升公共体育课的教育教学质量，进而促进公共体育课课程思政的有效发展。

第三节　中华体育精神融入体育课程思政建设的时代意蕴与路径

一、中华体育精神融入体育课程思政的必要性及可行性

（一）有助于引领体育课程思政建设的方向

学校体育课程思政建设的本质是将思想政治有机地融入到体育教育教学体系之中，其主要目标是提高体育课程独特的育人功能。中华体育精神是中华民族精神的重要组成部分，是中华民族宝贵的精神财富，是指引我国体育事业全面发展的灵魂，是推动我国体育强国建设及中国体育梦强大的精神力量。中华体育精神不仅内隐于运动主体的实践行为之中，而且是运动主体的内在驱动器并规范着运动主体的实践行为，更是学校体育课程建设的主要资源，体育课程思政中所主导的人本主义精神、英雄主义精神、公平竞赛精神、团队精神、自强不息精神、超越自我精神等是中华体育精神的延续和表现。

中华体育精神融入学校体育课程思政建设，一方面，是学校培育和弘扬中华体育精神和民族精神的现实载体；另一方面，是增进学生享受乐趣、增强体质、健全人格、锤炼意志的发展和激发学生的爱国情怀，培育学生自强不息、超越自我、公平竞赛、团队合作等的正能量。因此，中华体育精神融入学校体育课程思政建设，能够确保学校体育课程思政沿正确方向前行，引领学校体育课程思政建设的方向。

（二）有助于完善体育课程思政建设的内容

学校体育课程思政建设的内容广泛，在对内容的挖掘整理及课程化处理过程中必须有目的和策略。中华体育精神源于中华民族精神，是体育精神和中华民族精神融合的结晶，是中华民族在体育实践活动历史过程中形成的，以人文关怀为基础，以爱国奉献为核心，

以团结拼搏、自强不息、公平竞争、宽容进取为载体的价值标准和思维模式。中华体育精神的人文关怀是我国体育事业全面发展的基石，不论是从近代中华民族以体育为方式的强国强种，还是新时代全民健身运动的提升、体育强国的持续推动和体育强国梦的发展，皆体现了以人民为中心的中华体育精神的人文关怀。

团结拼搏、自强不息、公平竞赛及宽容进取是中华体育精神的现实载体，也是体育精神所具备的价值品质，纵观中华民族体育发展史，是一部彰显敢于担当、不畏牺牲，不怕挫折、勇于拼搏、敢于胜利，乐观开朗、超越自我的奋进史，并在历年的长河中形成求实创新、遵守规则、协同共进等的禀性。因此，中华体育精神融入学校体育课程思政建设，不但丰富了大学体育的内容和形式，而且也提升了大学体育的价值和功效。

（三）有助于提供体育课程思政建设的动力

中华体育精神深植于中华精神发展过程的土壤之中，凝结着中华民族在体育演变、发展历史进程中形成的集体经验，并上升到一种自觉意识和理性高度，从而又影响着我国体育发展的思维模式及价值取向。学校体育课程思政建设需要大量的中华体育精神案例或素材作为持续推进的支撑和动力。中华体育精神所展示出的健康快乐、拼搏自强、公平竞争和团结协作等方面的特质和学校体育课程思政建设的指向及价值是一脉相承的，以体育课程为载体，为培养学生爱国主义、集体主义、英雄主义、人本主义、公平竞争主义等提供优质的教学资源和独特的环境条件。

体育课程通过培养学生吃苦耐劳独特的意志品质，不仅能让学生能够在赛场上体验敢于担当、不畏牺牲，不怕挫折、勇于拼搏、敢于胜利，乐观开朗、超越自我等中华体育精神的精髓，而且将中华体育精神这种独特的精神品质拓展到人生的拼搏与奋斗之中。中华体育精神这种独特的精神特质，为学校体育课程思政的建设提供了强大的动力，可以持续推动学校体育课程思政建设发展和提升学校体育课程思政建设的能力。

二、中华体育精神融入体育课程思政的时代意蕴

（一）构筑体育课程思政理论基础的需求

体育课程思政的建设是一项复杂而长期的系统性工程，涉及体育课程思政教学资源的开发、教学内容的优化、课程体系的构建，教师对课程思政素材精准把握的程度、教学方法的选择等。理论是指导体育课程思政实践及构筑体育课程思政全面建设的基础，是推动体育课程思政持久发展的内在动力，只有夯实体育课程思政的建设的理论基础，才能形成完整的体育课程思政体系，实现课程育人的目标。

立德树人是学校体育课程思政建设的终极目标，三全育人是学校体育课程思政的具体表现形式，而理论需求是学校体育课程思政建设现实依据。中华体育精神是引领新时代我国体育改革和发展的路线图，是实现体育强国梦的精神支柱，学校体育是培育和践行中华体育精神的主阵地，体育课程思政是发扬和推动中华体育精神发展的主战场。中华体育精神博大精深，与中华民族精神一脉相承，其理论来源丰富，理论基础雄厚，是构筑学校体育课程思政理论的主要渠道，是学校体育课程立德树人的重要理论依据和主要手段。基于此，中华体育精神融入学校体育课程思政，不仅完善和提升学校体育课程思政的理论基础，还有助于树立树牢学校体育课程正确育人理念，引领学校体育课程思政建设的方向，推进学校体育课程思政理论与实践互为促进，彰显体育课程思政育人的独特优势。

（二）优化体育课程思政体系结构的需求

推动体育课程思政的发展，需要精准设计和完善课程思政体系，明晰体育课程思政的教学目标和教学任务，体育课程思政体系整体的系统性、内在结构的协调性、高度的契合性是保证体育课程思政发挥效应的机制。目前，学校体育课程思政体系的规范设计欠佳，主要体现在：第一，体育课程思政资源及思政元素发掘不够深入和系统，各学段思政内容重叠问题突出；第二，专注知识传授思政内容较多，与体育运动实践相结合较少，缺乏价值引领及知行合一；第三，教学方法单一，思政内容融入碎片化问题突出，未能突显学校体育课程思政的优势。

高质量的体育课程思政需要完整的结构体系来支持和保障。从体育课程思政整体分析，体育课程思政体系包含课程观念、课程目标、课程内容、课程结构和课程活动方式等组织，各组织之间彼此串通，相互衔接。中华体育精神涵盖了个人—社会—国家，暗含个人修养、社会责任、国家担当三个层面的贯通，具有较强的逻辑组织性，对优化和完善体育课程思政体系有着重要的价值作用。

从课程观念分析，中华体育精神是民族精神和体育精神的结晶，是指导和优化体育课程实现知识传授、价值观引导、能力培养的内在表现形式。

从课程目标分析，学校体育课程思政目标是引领学校培养人的价值走向，我国体育事业的全面发展是中国特色社会主义伟大事业的重要组成部分，把体育提升到关乎国家前途命运、民族复兴的高度。中华体育精神是体育精神和民族精神的深度融合，是体育精神的灵魂，是推动我国体育事业改革和全面发展的助推器和蓄水池。

从课程内容分析，中华体育精神所呈现出的人文情怀、爱国奉献、团结拼搏、自强不息、公平竞赛及宽容进取等内容丰富，意义重大。

从课程结构分析，中华体育精神是一个庞大的体系，其内在结构相互连接，相互影响。

从课程活动方式分析，中华体育精神都能融入到体育课程的知识传授、运动技能的指导、价值观的引领等领域。

在优化学校体育课程思政体系进行中，通过中华体育精神的内涵、价值等分析，凸显中华体育精神在个人、社会和国家发展中的独特价值，明确体育课程思政体系与新时代中国特色体育发展的目标指向相吻合，从而引领学校体育课程思政的发展。

（三）丰富学校体育课程思政元素实现的需求

体育课程思政的建设需要充分彰显大量的思政元素，达到价值引领及课程育人的协调发展，因此，充分发掘思政元素，储备丰富的思政资源是体育课程思政建设的保障。从目前学校体育课程开设时间来看，体育课程是学校课程体系开设时间最长的课程。因此，在持续推进学校体育课程思政发展中，不仅彰显体育内在独特的思想价值，而且还要充分发掘体育外在的思政元素，扩大体育课程思政的元素。从体育课程开设内容来看，涉及健康知识、基本运动能力和专项运动技能，内容面广，因此需要储备不同内容、不同形式的思政元素；从体育课程体系来看，体育课程体系复杂，涉及学科门类较多，开展体育课程思政难度较大，必须有丰富优质的思政元素支撑体育课程思政；从体育课程授课对象分析，体育课程面向全体学生，学生需求多元化，需要思政元素的增量储备。中华体育精神所孕育出的思政元素，能够为体育课程思政元素不断注入能量。

中华体育精神丰富学校体育课程思政内容构建包括以下维度：

第一，思想哲学资源。中华体育精神根植于中华民族精神的土壤中，其来源与中国传统文化，有着深厚的哲学基础，蕴含着丰富的哲学思想。

第二，教育资源。中华体育精神所展现出的先进事迹、英雄人物、体育竞赛等丰富了体育课程思政的教育内容，所体现出的社会主导价值体系充实了体育课程思政法治教育、道德教育资源。

第三，健康资源。中华体育精神所体现出的人本主义、英雄主义等都强调一种积极健康、乐观的态度，和学校体育目标一致。

第四，文化资源，中国体育精神是我国体育文化的核心和精髓，其来源、价值体现都蕴含着大量丰富的文化元素。

三、中华体育精神融入体育课程思政的路径

（一）把中华体育精神内化为体育课程思政的价值引领

价值问题是课程思政建设的核心，是引领课程思政改革的目标和原动力。课程思政承

担着培养什么样的人，如何培养，为谁培养的历史重大使命，其最终要落实在全体学生身上，在政治方向、价值观和方法论引领下，引导帮助学生树立树牢正确的世界观、人生观及价值观。基于此，体育课程思政必须坚持以学生发展为中心的导向，并将终极目标全面落实到学生的体育知识、运动技能、身体锻炼、情感态度与价值等方面，科学合理地选取与课程教学目标、课程内容相衔接的中华体育精神素材，并内化为体育课程思政的价值引领。

从体育知识教学层面来看，根据不同的内容选取中华体育的内涵、价值选择、主要内容、思想来源等元素，让学生认识到中华体育精神是中华民族宝贵的精神财富，是中华民族活力与能力的具体表现，激发学生对中华民族历史认同感、民族认同感和国家认同感的深度和广度。

从传授运动技能过程层面来看，根据不同运动项目调配能够与运动项目相匹配的中华体育精神元素，如在排球运动教学过程，通过讲解中国女排精神，让学生感悟为国争光、无私奉献、科学求实、遵纪守法、团结协作、顽强拼搏的爱国情怀及高尚的情操；在武术教学过程，将中华体育精神呈现出的重义尚德、内外兼修、自强不息等元素融入到武术教学过程，有助于开阔学生的国际视野，提升文化自信，弘扬民族精神等。

从身体锻炼层面来看，通过中华体育精神对个人、社会及国家发展的价值，能够让学生清楚地明晰体育不仅可以强身健体，愉悦身心，更是社会和人类进步的重要标志，是综合国力和社会文明程度的主要标志，从而激发学生自强不息、不惧强敌、顽强拼搏、永不言弃、团结协作、爱国奉献，德艺双修、苦练技艺。

（二）把中华体育精神贯通于体育课程思政全过程

学生肩负着民族复兴的大任，是民族的希望，祖国的未来，而他们的体质健康关乎着民族和国家发展的未来。体育课程在健康第一教育理念指导下，肩负培养全面发展的社会主义接班人的主要任务，是学校教育回归初心、回归梦想的重要手段。由于学校学科门类、专业建设复杂，不同专业学生体育需求存在差异，体育课程思政应始终围绕人才培养目标，其建设及思政元素的选择应针对不同专业学生主体需求，把中华体育精神贯通于体育课程思政的建设，打通不同专业之间的壁垒，牢牢把握新时代人才培养的方向要求，把中华体育精神所独特的理想信念教育落到实处。

中华体育精神是一个复杂而庞大的体系，具有可构建性、独特的形成机制及表现形式，是引导学校学生爱国、团结、拼搏、乐观、健康等积极心态的助推器，因为理想、本领和担当是建立在健康体魄和健全的人格基础之上的。基于此，中华体育精神融入到体育课程思政中，主要体现在以下几个方面：

第一，以人才培养方向要求为根本，通过中华体育精神的讲解与感悟，教育引导广学生增强"四个认同"，坚定"四个自信"，立志肩负"体育兴则国兴，体育强则国强"的时代重任。

第二，以人才培养目标要求为导向，通过知识传授、体育能力培养、体育价值塑造等多元路径，在创新学校体育教育方式、拓展体育锻炼空间、培养体育兴趣等基础上提升三全育人的深度和广度。

第三，以人才培养改革要求为动机，创新性地将中华体育精神融入到体育课程思政建设，提高体育课程思政建设的质量。

第四，以人才培养社会要求为基准，通过中华体育精神素材的影响，让学生形成健康、快乐、阳光的心理态度，促进学生健康的全面发展。

（三）把中华体育精神强化为体育课程思政的优质资源

课程思政是实现立德树人的主阵地，而课程内容则是全面落实立德树人的主渠道。从体育课程思政建设发展考量，其建设和发展过程本身是对体育课程的优化和改革，改革的主要目标是培养学生爱国主义精神、集体主义精神、社会主义精神及顽强拼搏精神，最终实现"以体育智，以体育心"的价值功能。中华体育精神不仅涵盖了体育精神的全部，而且融合了中华民族精神精髓，其内容丰富，是体育课程思政开发的主要素材。

学校体育课程内容多，开设时间长，不同内容呈现出不同的特征，学校体育课程内容面宽范围广，涉及教学、训练、竞赛赛及体育活动等，充分体现思想性、教育性、创新性和实践性。对此，体育课程思政要以课程内容为抓手，根据不同内容特质，调配不同素材的中华体育精神，在体育知识讲解、运动技能学习、课外体育锻炼、体育竞赛等过程中，使其中华体育精神成为体育课程思政的优质资源。中华体育精神融入体育课程内容时，要注意以下几个方面：

第一，依据不同教学内容的特征，凝练与教学内容相吻合的中华体育精神元素，摒弃广告式的植入理念，做好匹配，避免生搬硬套。例如，在中华传统体育项目教学、训练、竞赛过程，把中华体育精神融入到教学内容中，不仅可以推广和弘扬中华优秀文化，还可以增强学生文化自信，促进学生知行合一、自强不息。

第二，在优化教学内容的基础上，把中华体育精神系统性地融入课程内容中，使中华体育精神各元素逻辑清晰、系统连贯、重点突出，避免连续重复的现象，如在设计体育课程思政时，根据不同年级教学内容尽可能考虑中华体育精神的系统性和连贯性。

第三，以体育运动实践内容为纽带，把中华体育精神外化为体育课程思政的主要优质资源。体育运动实践是体育课程的主要载体，在运动过程中学生不仅承受着运动负荷带来的压力，而且还承受着心理的挑战，通过课前讲解中华体育英雄人物故事等，可以激励学生挑战自我、不惧艰险、顽强拼搏等精神品质。

第四节　女排精神融入体育课程思政的潜在逻辑与驱动效应探索

一、女排精神融入体育课程思政的潜在逻辑

（一）立足实践，指导未来

社会科学研究的方法论基础是实践，实践是社会存在、发展的基础，是认识发生、发展的基础。女排精神充分展现我国文化自信的艺术性，巧妙地传达出了不同年代的价值观，以及国人价值观演变的重要意义。女排精神是让中国人被世界看见的推动剂，是对生活无所适从的中国人的激励剂。老一辈通过训练突破了人体的极限来弥补技术差距，新一代回溯本源并在人类的基础上做出科学努力。

20 世纪 80 年代是众擎易举艰苦奋斗，一个团队站出来就像一个人；如今仍然需要艰苦奋斗，但夺冠已然不再是女排的唯一与必然目标。女排老将们担负着振兴中华体育的重担，新一代的女排姑娘让越来越多的人看到了我们民族自信的成长。

（二）社会主体的变化研究

一群专业的人干专业的事。女排老将们在遇到下雨便会格外在凹凸泥泞的棚内日复一日地、成百上千次地摸爬滚打。还有一面我们无法想象的被球砸出凹痕的混泥土墙。这对我们来说，难以置信，而对于她们早已习以为常。敬畏并推崇极致的专业态度，是我们社会所需要的正能量。体育人最鲜明的特点，即是其专业性。

队员们咬牙坚持的恒心与为国争光的立志，及其团队在特殊时期帮助球队获得诸如素质与技术的提高、耐心与定力的提升等宝贵经验，都需要耐得住打磨的心态与耐得住考验的心智的支撑。此时的专业是不可复制的。中国女排，在实现不留遗憾的自我成就路上向国人和世人展现着体育的专业精神。

二、女排精神融入体育课程思政的驱动作用

（一）女排精神的德育功能

女排精神充满着当代体育精神，无不给国人带来深深的民族自豪感，同时也反映出人

民对美好生活追求的精神享受。当代体育精神，属于当代民族精神，其包含笃实担当的坚忍品格、严谨专业的科学精神、团结协作的队伍作风和爱国敬业的核心价值。女排精神的德育教育功能体现在通过宣扬我国坚持的社会主义核心价值观，在潜移默化中向人民群众传播我国的主流意识形态。通过新媒体资源更为形象化地展现我国发展与大国形象，展现我国的文化自信。"走下领奖台，一切从零开始"是中国女排开启周期训练的代表，"升国旗，奏国歌"是中国女排参加世界比赛的目标，启示我们一个国家职业运动员不止要有扎实的专业知识和技能，更要有爱岗敬业、奉献国家的职业道德。

（二）女排精神的驱动作用

1. 作为一类动态的思政元素与课程内容交融

体育课程思政不是单纯地从字面语上将体育课和思政课做文字累加，亦不是单纯地在原有基础上将思想政治话语塞入体育课程的内容中，而是体育课程与思政教育元素的融合、嵌入式发展，将价值引领贯通于体育课程教学全过程和各环节，实现知识与技能、过程与方法、情感态度与价值观的有效整合，实现立德树人的润物无声。

榜样的力量可大到以至于平凡英雄的一举一动都能激起中国青年的向往与肃立。其爱国情怀以及对体育发展的认同感和自豪感即被精彩的影视片段和经典的历史突现轻松唤起，并更加相信努力拼搏的价值和坚韧不拔的意义。女排精神融入体育课程思政的作用之一，是在实践、认识、再实践、再认识的过程中，其可作为一类动态的思政元素与课程内容交融。

2. 作为一个现代的典型示范与教师素养互勉

体育人的敢拼敢闯、砥柱中流、爱国奉献等精神在超越自我的过程中可以极大地起到促进社会正能量的作用。

作为人民教师，其育德意识和能力与课程思政的人德素质培养实效具有直接相关性。体育教师须把握"用好课堂教学主渠道，守好课程思政这段渠，种好立德树人责任田"的意识形态，对各类课程思政素材的内涵和现实意义进行深入思考，辅以教学智慧的运用，开拓体育思政教育在内容与形式上的创新，充分利用体育在课程思政建设过程中的独特优势，与作为人文学科具有的育人价值，将教书与育人有机统一起来，促进课程思政的成长，发挥中国特色社会主义体育思政教育的重要作用。女排精神融入体育课程思政的作用之一，是在"功成不必在我"的超越自我的教师教学团队精神引领下，其可作为一个现代的典型示范与教师素养互勉。

3. 作为一项多元的评价内容与课程目标共促

无论是从行为，还是认知和情感上，满足这三个方面的关系都可以有效地促进学生学习成绩的提升、学习兴趣的深入和拥有更多积极情感的完善人格的形成。从日常而非常人所能的艰苦，到赛前下训后女排队员能在大年三十晚与家人相拥的温暖，再到中国女排夺冠瞬间画面定格的无声，通过女排精神来丰富评价学生关于家国情怀、社会价值观与责任感等优良品质触发所反映的情感态度价值观目标体现程度，同体育授课中达成知识与技能、过程与方法这两个方面关于学习动机激发和自觉内化运用来实现体育课程思政育人功能。即可将学生自我运动与健康能力同优良的道德素养相待而成的表现，作为新媒体融入体育课程发挥独特育人优势并转化的评价结果。女排精神融入体育课程思政的作用之一，是在打破刻板观念，其可作为一项多元的评价内容与课程目标共促。

第十二章 互联网时代体育教学训练的创新实践

第一节 新媒体时代体育教学的创新实践
——以健美操为例

一、树立以生为本的教学理念

我国高等教育的改革始终坚持以生为本的教学理念，健美操教学中也不例外。以生为本的教学理念可以充分发挥出学生自身优势，挖掘学生潜能，也是尊重学生个性，因材施教教学要求的直接反映，能够有效激发学生的创新精神，增强其实践能力。所以，健美操教学实践过程中，教师要充分考虑学生的身心发展规律、运动水平及兴趣喜好，并据此进行教学，增强学生对健美操的认识，促进健美操教学质量及效率的提升。

学校体育教学的根本目的，在于培养学生的终身体育精神。我国倡导全民健身的背景下，终身体育精神更是得以集中体现。因此，在健美操教学过程中，教师要注意对学生终身体育意识的培养，这就需要教师为学生营造良好的教学氛围，用全新的教学理念指导教学过程。比如，教师借助多媒体设备为学生播放世界健美操比赛视频，为学生普及更多的健美操知识与动作技术，调动学生积极参与健美操学习的热情，培养学生的终身体育精神。

二、完善健美操教学大纲

在健美操教学中，教学大纲对教学结果具有指导性作用。因此，学校健美操教学，要将教学目标明确化，同时，要考虑多种影响因素，比如学校自身的教学条件、健美操课程的教学特点、课时的设置等。此外，还要了解学生的健美操基础水平、兴趣喜好等因素，根据这些具体情况来不断完善教学大纲。新媒体时代下，教师还可以适当地利用新媒体技术和设备的优势，将其作为信息收集、结果考量的有效途径，实现对多种因素的分析和细化，以确保教学大纲更加符合课改的要求和学生需求，并满足人才市场的需要。

三、构建健美操教材体系

有效完成学校健美操教学，必须以实践教学为依托，并辅以科学理论的指导，促进整个教学过程的顺利开展。其中，健美操教学教材的选择十分关键，这需要教师在构建健美操教学体系过程中，既要关注到市场对健美操人才需求的特点，又要清楚健美操教学的最新发展走向以及民族健美操教学的发展动态等，以便选取既适合本校健美操教学特点，又符合市场需求和业态发展的教材。新媒体技术使人们信息的获取及传递打破了时空限制，以丰富的资源支撑着人们的学习和工作。健美操教师可以积极利用新媒体，不断完善教材体系，根据庞大的健美操教学新闻、视频资料及文字、图片等信息资源，为学生构建合适的教材体系，更加科学地指导健美操教学实践。

第二节　物联网在体育训练中的应用

第一，物联网技术远程测试青少年体育生理和训练信息为教练员科学训练提供依据。随着物联网在青少年体育训练中的应用而出现了各类设备，此类设备主要以可穿戴式设备为主。比如，直接面向消费者的健身追踪器、智能眼镜、智能手表、可穿戴体温计等。这些设备不仅可以监测运动员的血压、心率、脉搏、睡眠等基本的生命体征情况，收集健康指标和其他个人信息，还可以在互联网环境中，通过传感器收集、记录并上传用户的各类生理数据。同时，可穿戴式义肢、电子病历、穿戴式胰岛素泵等，有助于运动员即时了解自身的身体状况、在相关数据即将抵达危险数值时及时收到提醒，甚至辅助医生的问诊、治疗等。

第二，物联网可以自动录制比赛并上传到需要平台。物联网系统摄像机有多个镜头，可以捕捉 180 度的视野，并放大显示赛场的比赛情况。然后，教练可以使用物联网系统移动应用程序来远程控制摄像机。除了通过物联网启动和停止摄像机外，还使用物联网向摄像机部署软件更新以及存储设备配置和系统设置。教练们得益于物联网带来的弹性，那样即使摄像机不在线，教练也可以安排比赛；一旦摄像机重新上线，它会处理消息并确保比赛录制下来。使用物联网自动处理视频的方法，使教练和运动员能够更高效地回顾比赛中的表现，消除了与在某个特定时刻可能在线、可能不在线的物理设备来回通信所需的许多繁重工作。

第三，物联网+青少年运动训练驱动运动训练制度创新变革。物联网与青少年运动训练的深度融合，带来了运动训练行业的新产业化，如从体育训练信息数字化来看，减少了人为因素带来的风险，提高了高效体育训练和快速响应能力，增强了场地和运动器材的管理规范。从远程运动训练来看，改变了传统训练模式，远程训练监督、可穿戴训练器材、远程训练等构建了一个以运动员为中心的训练体系。从体育训练行业应用来看，新产业化将涉及更多的信息资源打通、数据安全保护、专业人才培养等问题。这些变化均对训练行业原有的管理制度提出了新的诉求，如何引导并服务好训练产业智能化变革需要整个青少年运动训练体系的创新实践，尤其需要大胆创新、小心求证的精神。

第三节　虚拟现实在体育训练中的创新实践

一、设计体育训练仿真系统，构建标准体育技术动作

一般而言，学校体育训练的关键是需要大量的训练时间与技术动作，并在体育训练中尽可能地把体育动作变得更加标准。当前，越来越多的学校已经重视到了虚拟现实技术的重要优势，并不断地建构一个有关体育训练的仿真系统，以便于更全面地分析出运动员关于体育训练的全部内容，并对运动员技术动作中存在的问题加以分析，在方针系统中为运动员制订出更加规范化与科学化的体育训练计划，以便于运动员可以加强训练，进而提升体育训练的整体效果。对此，体育训练仿真系统依托于计算机"虚拟现实"技术，需要体育教师了解并掌握"虚拟现实"技术的相关知识及使用方法，并结合学生的体育学习现状，对学生进行因材施教。

"在体育训练仿真中应用虚拟现实技术不仅可以增加并提高运动员的科学有效的训练水平以及他们的运动竞技的水平"[1]，更重要的是，体育教师还可以在体育训练仿真系统中添加一些标准化的体育动作，在计算机作用下分解动作。这时候，学生不仅可以更加深刻地认识到自身的训练动作，也在体育训练方针系统中和同学、教师及时交流，以至于体育训练效果逐步增强。为了更加细致地分析出体育训练的动作，借助于计算机"虚拟现实"技术就能在仿真系统中构建科学标准的体育动作，通过和实际体育训练中的动作进行对比，就能找出学生体育训练和标准体育动作之间的差异，并依据标准动作不断地改正体育训练的动作，在最短的时间内纠正体育训练动作并达到标准水平。

---

[1] 鲁竞新. 虚拟现实在体育仿真中的应用探析 [J]. 才智，2012（11）：64.

二、构建虚拟化体育训练环境，营造良好的体育训练氛围

计算机"虚拟现实"技术在体育训练中的创新应用，应积极地构建虚拟化体育训练环境，营造良好的体育训练氛围。由于计算机"虚拟现实"技术主要是结合计算机系统构建虚拟环境，也就是学生想象出来的空间，以至于学生在这样虚拟的环境中进行体育训练，不仅能增加体育训练的趣味性与积极性，也能以更加饱满的热情与力量更专注于体育训练。这时候，体育教师就要依据学生感兴趣的不同环境，借助于计算机"虚拟现实"技术构建超现实的体育训练环境，引导学生以最快的速度适应新的训练环境，以便于提升学生体育训练的水平。

教师还可以在虚拟试训环境中，增加一些体育赛事前的集训，并要求全班同学都在体育训练仿真系统中积极地参加体育赛事，并奖励每周排名前三名的同学。在各种奖励下，学生们的体育训练热情就会日渐高涨，并在竞技氛围中的体育训练中感受到体育训练的真正意义，也在长期的体育训练竞争氛围中提升了自己的体育水平。

三、突破时间、空间限制，实现学校体育的异地互动训练

计算机"虚拟现实"技术在体育训练中的应用，突破了时间、空间限制，实现了学校体育的异地互动训练。由于计算机"虚拟现实"技术具有交互性的特点，这时候，就能对体育训练进行异地交互锻炼。因为部分学校体育竞技科目训练过程中，不仅缺乏典型体育训练项目，也缺乏一些先进的体育训练项目，以至于一些学生对这些体育项目非常感兴趣，却无法进行相应的体育训练。为此，在计算机"虚拟现实"技术下，通过在体育训练仿真系统中，学生就能选择任一体育项目进行训练，并在该系统下学习其他学校的体育课程，这就在很大程度上丰富了学生的体育训练项目，也有助于提升学生的体育水平与培养学生的体育精神。

参考文献

［1］卜另通．浅谈体育教学中如何培养学生的创新思维能力［J］．科学大众（科学教育），2017（02）：169.

［2］陈国华．文化强国背景下的中华体育精神弘扬研究［M］．汕头：汕头大学出版社，2018.

［3］陈文新．学校体育教学方法浅析［J］．才智，2012（16）：68.

［4］陈向．女排精神的当代价值与传承［J］．体育文化导刊，2017（6）：12-15.

［5］程惠哲．发扬女排精神礼赞女排气质［J］．人民论坛，2016（25）：40-41.

［6］程明霞．校园篮球文化建设对高校篮球教学的影响管理［J］．体育世界（学术版），2018（09）：156.

［7］程婉祺，刘淑芳．浅析校园篮球文化建设对高校篮球教学的积极影响［J］．体育世界（学术版），2020（01）：75-76.

［8］崔志强．体育教学初探［J］．学周刊，2019（20）：155.

［9］樊璠．计算机"虚拟现实"技术在高校体育训练中的应用［J］．电子世界，2020（02）：175-176.

［10］高嵩，黎力榕．智慧体育教学环境建设发展趋势研究［J］．广州体育学院学报，2019，39（04）：121.

［11］高振东，李利强，张烁．体育强国视域下青少年校园篮球特色学校文化建设困境及策略研究［J］．体育科技文献通报，2020，28（05）：100-102.

［12］葛春林．女排精神的魅力所在［J］．人民论坛，2016（25）：42-43.

［13］郭彦博．篮球运动在我国高校校园体育文化建设中的作用及对策研究［J］．辽宁体育科技，2022，44（04）：132-135.

［14］韩学民，韩旭，邓子琦，等．物联网在青少年体育训练中的应用［J］．冰雪体育创新研究，2022（02）：143-145.

［15］何顺水，邱礼强．高校羽毛球技术教学与训练的分析［J］．当代体育科技，2021，11（06）：66-68.

［16］蒋坤．终身体育由培养兴趣开始：以培养学生篮球运动兴趣为例［J］．运动，2016（10）：118-119.

［17］蒋旻．论中国女排精神的新内涵及其时代意义［J］．南京体育学院学报（社会科学版），2016，30（6）：20-26.

［18］焦健华，刘鹰．试论大数据时代下的高校体育理论课教学模式［J］．河北工程大学学报（社会科学版），2019，36（03）：120-124.

［19］金成平．体育慕课现象的现实反思与未来展望［J］．成都体育学院学报，2016，42（4）：122-126.

［20］孔祥臻，史兵，侯颖．校园篮球文化的异化现象及其归位研究［J］．辽宁体育科技，2020，42（05）：121-124.

［21］李德玉．物理知识在排球运动教学中的应用［J］．中学物理教学参考，2018，47（22）：42-43.

［22］李烽．创新思维在高职院校体育教学实践研究［J］．体育世界（学术版），2018（03）：10+8.

［23］李继冬．校园篮球文化发展视域下高校篮球教学改革探析［J］．大众标准化，2020（16）：89-90.

［24］李利军．体育强国背景下体育精神在体育教学中的贯彻［J］．冰雪体育创新研究，2022（16）：122.

［25］李淼，冉令华．女排精神与体育文化建设［J］．边疆经济与文化，2021（4）：117-119.

［26］李图南．新时期中国校园篮球文化发展路径探析［J］．洛阳师范学院学报，2021，40（08）：21-23.

［27］李文龙．"女排精神"的文化窥视［J］．广州体育学院学报，2020，40（2）：48-51.

［28］李昕．高校篮球教学中的合作意识培养探析［J］．运动，2013（24）：101.

［29］梁琛．篮球教学中的运球技术提高方法探究［J］．当代体育科技，2021，11（17）：53-55.

［30］刘华波．篮球文化对我国高校体育教育的影响研究［J］．当代体育科技，2018，8（16）：180.

［31］刘鹏．女排精神闪耀时代光芒［J］．人民论坛，2016（28）：6-8.

［32］鲁竞新．虚拟现实在体育仿真中的应用探析［J］．才智，2012（11）：64.

［33］路云亭．人类上肢的意义：篮球在中国的传播学释义［J］．体育与科学，2014，35

（03）：14-19+38.

［34］吕爽，张志辉，郝亮．创新思维［M］．北京：中国铁道出版社，2019.

［35］毛振明．体育教学内容的分类方法［J］．体育学刊，2002（06）：8.

［36］莫铭．体育精神的文化内涵和价值构建的分析［J］．体育风尚，2018（10）：10.

［37］谭文辉．篮球文化对高校校园体育精神文化的影响［J］．体育世界（学术版），2010（06）：7-8.

［38］汤英俊．在构建校篮球文化中，锻造班级的篮球精神，以提升学生综合素养［J］．华夏教师，2017（21）：12.

［39］唐进松，陈芳芳，薛良磊．现代体育运动训练理论与方法探索［M］．北京：中国商务出版社，2019.

［40］田麦久．项群训练理论向项群理论的拓展［J］．中国体育教练员，2019，27（01）：3-7.

［41］王结春，蔡志鹏，聂逸超．传承与发展：新时代"女排精神"的逻辑演进和价值传承［J］．安徽师范大学学报（自然科学版），2021，44（6）：582-587.

［42］王军伟，张岚，余丁友．中国女排精神的内涵、价值及文化效力构建［J］．体育学刊，2017，24（3）：35-39.

［43］王尧鸣．高校篮球精神文化探微［J］．当代体育科技，2018，8（16）：92-93.

［44］王宇航．体育教学对学生人格发展的影响［J］．运动，2015（23）：87.

［45］熊焰．项群训练理论发展若干问题思考［J］．中国体育教练员，2019，27（01）：8-10+18.

［46］徐划萍，王会儒，邱慧，等．铸魂育人：中华体育精神融入大学体育教育的价值及途径［J］．中医药管理杂志，2022，30（07）：55-56.

［47］徐京朝，徐昶楠．我国篮球文化记忆构建与传承［J］．体育文化导刊，2022（01）：54-59.

［48］许砚田，毛坤，邢庆和．高校体育教学模式的探讨［J］．北京体育学报，2001，24（4）：508.

［49］荀丽娟．大理大学公共体育课课程思政研究［D］．大理：大理大学，2021：56-69.

［50］闫茂恭．论高中体育教学中学生创新思维的培养策略［J］．才智，2019（22）：116.

［51］殷晓辉．创造性思维的自组织理论与体育教学中的创新教育［J］．福建体育科技，2001（02）：46-50.

［52］于海．互联网背景下智慧体育教学环境设计策略［J］．武汉冶金管理干部学院学报，2021，31（02）：81.

［53］于莉，黄江林．女排精神融入体育课程思政的潜在逻辑与驱动效应探索［J］．武术研究，2022，7（03）：146-149.

［54］俞智林，黄强．浅析体育教学中学生创新思维能力的培养［J］．当代体育科技，2019，9（08）：115-116.

［55］原梦．新媒体对高校健美操教学发展作用研究［J］．中国报业，2021（22）：124-125.

［56］张瑞瑛．为梦想插上翅膀 大学体育课程思政教程［M］．沈阳：东北大学出版社，2020.

［57］张学军，何亚丽．中华体育精神融入高校体育课程思政建设的时代意蕴及路径研究［J］．体育科技文献通报，2022，30（06）：139-142.

［58］张颖．儒家传统文化与当代中华体育精神的构建［M］．北京：文化发展出版社有限公司，2017.

［59］张永合．体育微课与线上教学［J］．文渊（小学版），2020（5）：322.

［60］赵岑，郑国华．新时代中国女排精神内涵与价值传承［J］．体育文化导刊，2020（9）：29-35.

［61］赵富学，彭小伟．体育课程思政建设的思维向度转换与推进理路生成［J］．上海体育学院学报，2022，46（11）：1-8+18.

［62］赵麑．符号和记忆：女排精神的内涵、特征及价值［J］．体育文化导刊，2017（8）：8-12.

［63］左丹．简论高校排球教学中学生体育精神的有效培育［J］．运动，2017（18）：88.